소박하게 사는
즐거움

소박하게
사는
즐거움

세실 앤드류스 · 완다 우르반스카 엮음
김은영 옮김

느리고 단순한 삶은 어떻게 행복이 되는가

SIMPLI-CITY

추천의 글

여기, 세상을 선도하는 식견을 갖춘 이들이 한데 모여서 소박함과 환경 파괴 없이 생존하는 능력과 적은 자원으로 많은 일을 할 수 있도록 하는 것을 주제로 한 권의 책을 펴냈다. 이 책을 읽는 동안 당신은 편안하게 미소 지으며 고개를 끄덕이며 "옳습니다!"를 연발하게 될 것이다.

— Ed Begley, Jr., 《Living Like Ed》 저자

우리 인류는 삼중의 위기에 직면해 있다. 생물학적으로 다양한 위기상황을 겪고 있으며, 날로 심각해지는 사회적 불평등 문제에 직면해 있고, 세계 경제는 이제 끝이 보이지 않는 불황을 맞이했다. 세실 앤드류스와 완다 우르반스카는 이 책을 통해 이 세 가지의 위기에 동시에 대응할 수 있는 청사진을 펼쳐 보인다. 개인적인 자각과 사회적인 움직임 사이의 연관관계를 깊이 있게 성찰함으로써, 우리 스스로 인간성을 지킬 수 있는 길을 열어 보이는 것이다. 제발 다들 이 책을 읽기만을 바랄 뿐이다.

— Dr. Kevin Danaher,
Global Exchange, Green Festival, Global Citizen Center 공동설립자

위기에 처한 경제와 기후 등을 볼 때, 이 시대 상황은 우리가 살아가는 방식에 변화를 주어야한다고 요구하고 있다. 세실 앤드류스와 완다 우르반스카, 이 두 예지자들은 소박한 삶이야말로 세계가 직면한 이러한 문제상황에 명쾌한 대책임을 제시해 준다. 이 책은 통찰력 있는 명철한 지성들이 작성한 생생한 어록들을 담고 있는데, 그들은 소박한 삶이 우리 지구를 살리고 공동체를 유지시키고 나아가서 우리의 정신을 살찌우는 윈윈윈 win-win-win의 방책임을 우리에게 일깨워준다.

　　　　　　　　　　　　　　　　 － Alisa Gravitz, Green America 사무처장

소박함이야말로 사람들의 안녕과 지구 전체의 안녕에 이르는 길이다. 이 책에 한데 묶인 저술가들은 단언컨대 당신에게 희망과 전망을 불러일으킬 수 있을 것이다. 인류에게는 아직 시간이 있다!

　　　　－ Carol Holst, Simple Living America 공동대표, 〈Get Satisfied〉 편집자

이 책은 실질적인 내용들이 유려한 구성으로 깔끔하게 엮여 있어, 소박함이야말로 우리가 당면한 다양한 문제들에 대한 해결책이라는 본질적인 메시지를 전달하고 있다. 이 책은 소박함을 지향하는 열렬한 신도들뿐 아니라 소박한 삶에 대해 단지 궁금해 하는 이들에게 유용한 지침서가 되어줄 것이다. 두말할 나위 없는 필독서임을 보증한다!

　　　　　　　　　　　　　　　　　　　　　 － Erik Assadourian,
　　　　　 State of the World 2010 기획이사, Worldwatch Institute 연구원

덕망있는 저자들이 모여서 인상적인 결과물이 나왔다. 그들은 수 년간의 경험으로 체득한 내용을 글을 통해 역설하고 있는데, 그들의 논점은 경제안정화, 환경 복원, 건강하고 활발한 공동체 건설 등을 이루기 위해서는 최소한의 자원 소비로 최대한의 효과를 일궈내는 법을 배워야 한다는 것이다. 이 책은 이 도전의 시대에 반드시 읽어둘 만한 가치가 있는 책이다.

— Dave Wampler,
The Simple Living Network 설립자

앤드류스와 우르반스카가 다시 한번 해냈다. 그들은 다방면에 걸쳐서 다양한 작가, 사상가, 실천운동가들을 모아 책을 엮었는데, 그렇게 모인 이들은 자신들의 신념을 말로 주장하는 데 그치지 않고 그 신념대로 실천하는 삶을 살아가는 이들로서 소박할수록 더 좋은 이유를 납득할 수밖에 없도록 해준다. 우리 모두는 행복이나 진실한 친구나 바람직한 공동체 등을 돈으로 살 수 없다는 것을 잘 안다. 소박함과 검소함과 공동체적인 삶에서 기쁨을 느끼고 만족을 얻게 될 때에 야말로 우리는 모두가 공정하게 나눠가지는 세상을 건설할 수 있을 것이다. 부디 이 책에서 교훈을 얻고 더 나은 삶을 살아갈 수 있기를 바란다.

— Lisa Kivirist and John Ivanko,
《ECOpreneuring and Rural Renaissance》 공동저자들

덜어내는 만큼 더 채워진다

소박할수록 풍요롭다. 언듯 이해가 안되는 말이다. '소박함^{Simplicity}'의 의미는 이 책의 저자들이 차차 밝혀줄 것이다. 여기 모인 저자들과 사상가들에게 귀기울이고 있자면 정말 흥미롭다. 이들을 통해 우리는 많은 문제들에 대한 답을 얻을 수 있을 것이다.

먼저 짚고 넘어가야 할 점은, 소박함이야말로 우리 지구가 겪고 있는 위기 상황들에 대한 대응책이라는 것이다. 우리가 '더, 더, 더'를 외치는 동안, 우리는 너무 많은 자원을 소비해 버렸고, 지구를 오염시켜 놓았으며, 이제는 기후변화로 인한 재앙을 야기할 지경에 이르렀다.

그런데 여러 연구결과에 따르면 더 많이 가지려고 기를 쓴 결과가 꼭 행복으로 귀결되는 것도 아니다. 우리가 누릴 수 있는 것이 점점 늘어나는데 반해 우리가 느끼는 행복은 오히려 줄어들고 있다고 하니 말이다.

'소박할수록 풍요롭다'는 자세는 많은 면에서 사람들에게 건강한 삶을 가져다 준다. 미국인들이 자원소비를 줄이면 그밖의 다른 나라들에서 미국으로 보내야 하는 자원의 부담이 덜어지기 때문에 자국민들의 필요에 부응할 수 있는 여력을 가질 수 있다. 부유층이 자신의 몫을 조금 줄이게 되면 중산층이 안정되고 모두가 보다 안전하고 나은 삶의 질을 누리게 될 것이다.

마지막으로 '소박할수록 풍요롭다'라는 자세는 개인적인 평안을 누릴 수 있게 해준다. 사람은 대체로 무엇이든 넘치게 가지고 있는 경우에 아무 것에도 특별한 감흥을 느끼지 못한다. 매 주마다 새 옷이 생긴다고 해보자. 그 옷이 특별할 이유가 있겠는가. 궁극적으로 덜 쓰는 삶이 의미하는 바는 우리가 물질적인 것에서 벗어나 다른 사람들과 나누는 삶에서 진정한 행복을 추구하는 것이다.

소박함Simplicity이란 무엇인가? 소박함이란 아주 복잡한 개념이다. 하지만 그 중심은 소유에 대한 욕심을 줄여서 내면의 안락을 도모하는 것에 이른다. 다양한 연구 및 역사, 개인적인 경험에 비추어 볼 때, 두 가지를 모두 가지는 것은 어려운 일이다. 부자가 되면 행복하게 될 거라는 믿음은 분명히 오류가 있다. 하지만 우리는 계속 그런 믿음에 집착한다.

그렇다면 소박함을 지향하는 운동Simplicity Movement에 참여하는 사람들은 어떻게 소박한 삶을 실천하는가? 대개는 개인적인 범위에서 활동하는데, 일단 소비를 줄인다. 그럼으로써 일하는 시간을 줄이고 자신들에게 중요한 일에 더 많은 시간을 할애한다. 덜 가지는 삶이지만 더 많은 것을 얻는다. 일을 줄이고, 가진 것을 줄이고, 집을 줄이면 가족 및 친구들과 더 많은 시간을 가질 수 있고, 공동체 모임이나 창의성을 발현할 수 있는 여유도 가질 수 있고, 더불어 시민운동에 힘을 보탤 여력도 생긴다는 의미에서 말이다. 스트레스가 줄면 생활에서 얻는 기쁨과 충만감은 커지게 된다. 안달하는 일을 줄이게 되면 평안함을 얻을 수 있다. 빚을 줄이면 평온함을 얻게 된다.

그러나 개인적인 변화만으로는 만족할 수 없다. 정책적인 변화를 이끌어낼 수 있도록 집단적인 행동을 이끌어내야만 한다. 기업활동 및 노동시간, 빈부격차, 최저생활권 등을 규제할 정책들이 있어야 한다. 버클리대학의 조지 레이코프George Lakoff 교수가 말하듯이 정부는 반드시 보호하고 규제하는 역할을 해야 한다.

소박함이란 더 이상 소수의 사람들이 외쳐대는 고리타분한 관념이 아니다. 보스턴 대학교의 앤드류 바세비치Andrew Bacevich 교수는 미국인들이 '방탕함으로 인한 위기' 상황에 처해 있다고 주장한다. 그가 저술한 《권력의 한계 : 미국 예외주의의 종말The Limits of Power: The End of American Exceptionalism》에서 그는 원하는 것은 무엇이든 가질 수 있다고 믿는 미국식의 절제 없는 소비주의가 미국이라는 나라를 무너뜨리고 있다고 설파한다. 만약 미국인이라는 정체성을 한마디로 규정하고자 하면, 그 단어는 '더more'가 될 것이다. 우리 시대의 많은 사람들에게 삶과 자유와 행복추구의 본질은 그저 끊임없이 소유하고 소비하고 향유하려고 하는 한편, 그러한 시도를 방해하는 규제가 있으면 무엇이 되었든 떨쳐내려고 노력하는 것에 지나지 않는다.

우리는 미국이 자유를 수호하는 국가라는 점에서 스스로 자랑스러워 해왔다. 하지만 그 조차도 사실은 그럴싸하게 포장한 허위에 지나지 않는다. 바세비치가 이미 경고한 바 있는데, 소비의 시대라고 규정된 현 시대에 있어 미국에게 자유라는 이상의 추구가 의미하는 바는 수입품 및 석유와 자본에 대한 의존성에 종속적이다. 인정하든 그렇지 않든, 미국인들이 바라는 바는 오직 그들이 원하는 상품과 석유와 자본에 접근하는 데 있어 아무런 장애도 없어야 한다는 것뿐이다.

이러한 태도를 견지하는 한 우리는 '끝없는 전쟁'을 감수해야 한다. 석유를 손에 넣지 않고는 우리의 소비주의를 지속할 방법이 없기 때문인데, 석유를 손에 넣기 위해서는 결국 세계를 손에 쥐어야 한다. 하지만 모두가 알고 있는 것처럼 미국이 들인 노력은 실패로 끝났다.

따라서 우리 미국인들은 '소박할수록 풍요롭다'라는 말을 꼭 새겨야만 한다. 소박한 삶을 영위함으로써 자신이 행복할 수 있고, 국가적으로 또 전 세계적으로도 유익한 길이라는 점을 이해해야만 한다.

궁극적으로 우리는 가치체계에 변혁을 가져와야 한다. 미국인들은 '자기 밥그릇은 자기가 알아서 챙겨야 한다you're on your own' 또는 '자기 앞가림이나 잘하자every man for himself'라고 생각한다. 그리고 이런 가치관은 살벌한 경쟁을 방조하고, 무책임과 무정함이 판치는 사회를 야기한다. 하지만 이제 우리는 다 같이 잘사는 사회에 대한 믿음만이 생존을 보장해준다는 것을 이해하기 시작했다. 우리는 혼자 살지 못하고 서로를 필요로 한다. 소박함이라는 가치를 받아들이는 것도 이러한 변화의 일부이다.

우리는 이러한 변화를 네 가지 측면에서 파악해 보려고 한다. 먼저, 제대로 된 정의를 내리는 것에서 시작할 것이다. '소박함Simplicity'의 의미를 보다 깊이 있게 탐구해서 이것이 얼마나 매혹적인 개념인지 보여주겠다. 여기 모인 저자들은 정말 저마다 형형색색 다른 불빛으로 그 의미를 탐구하고 있다.

그 다음으로 소박함을 실현하는 견고한 방책들을 살펴보겠다. 사람들은 어떻게 소박함을 실현하고 있을까? 사람들이 어떤 방식으로 소박한 삶을 영위하는지 살펴보면 참으로 흥미롭다. 특히 공동체가 결성되어 벌이는 지역화 운동localization movement은 소박함을 실현하는 새로운 동력과 비전을 제공하고 있다.

다음으로는 소박함을 문화로 자리잡게 하는 데 필요한 정책들을 살펴보겠다. 특히 빈부격차를 줄이고 노동시간을 줄이는 것과 관련한 정책을 세밀히 알아보겠다.

마지막으로 변화가 일시적인 현상에 그치지 않고 지속적으로 정착되도록 하려면 어떻게 해야할지 살펴보겠다. 형광등을 사용하고 유기농 식품을 사먹고 프리우스Prius, 하이브리드 전기차를 모는 것만으로는 부족하다. 우리는 사회혁명이 필요하다. 그리고 이러한 혁명에 동참하게 된다면 당신은 다른 어떤 곳에서도 느끼지 못한 충만감을 얻을 수 있을 것이다.

이제 어떻게 해야 할까? 서로 머리를 맞대고 의견을 교환하고 진정한 민주주의의 힘을 발휘할 때이다. 이 책을 활용해 보자. 소모임을 조직해서 공부할 수도 있고, 직장에서 토론을 활성화시켜 볼 수도 있을 것이다. 그렇게 우리는 다양한 방향으로 소박함이라는 가치를 살펴볼 것이다.

책을 읽다 보면 각 장의 내용들이 서로 중복되는 부분도 있을 것이다. 그것은 소박함이 우리 생활 전반에 두루두루 영향을 끼치기 때문이다. 일단 한 곳에 적용하기 시작하면 이내 다른 곳에도 변화가 뒤따르게 된다. 예를 들어 도보 이동량을 늘리면 전 지구적으로는 매연이 줄고, 기름값을 절약할 수 있고, 이웃과 친밀해질 기회를 얻게 되고, 건강에도 큰 도움이 된다.

이 책의 저자들은 여러 해 동안 소박함과 관련한 현안들에 이런 저런 연관을 맺어오면서 서로에게 영감을 주었다. 또한 우리는 어떤 한 사람에게 영감을 받았는데, 소로우Thoreau가 전하는 이야기는 우리가 말하고자 하는 바의 정수를 잘 묘사해 준다.

그의 저서 《월든Walden》에 실려 있는 내용 그대로 소개하겠다.

아주 강인하고 아름다운 곤충 한 마리가 낡은 사과나무탁자에 매달린 말라빠진 잎사귀에서 튀어 나왔다. 사과나무탁자는 이미 60년 동안이나 농부네 집 부엌에 있었는데, 그보다 훨씬 전 사과나무가 아직 땅에 뿌리를 박고 살아 있었을 때 알 하나가 그 속에 자리잡았던 것이다. 어쩌면 뜨거운 단지의 열에 힘입어 부화하게 된 것인지, 몇 주에 걸쳐서 그 벌레가 나무를 뚫느라고 내는 소리가 들렸다. 이 소리를 듣고도 부활과 불멸을 향한 이 벌레의 굳건한 신념을 느끼지 못할 이가 있을까. 뻣뻣한 나무의 안쪽 깊숙이 세파에 말라비틀어진 삶 속에서 몇십 년 동안이나 묻혀 있던 알이 마침내 찬란한 여름을 향유하기 위해 얼마나 아름답게 날개짓 하며 나올런지!

이 글을 읽으면 소박함이라는 가치가 마치 아름다운 곤충처럼 그 모습을 드러내고 있는 중이라는 생각이 든다.

contents

Part 2. Solutions
소박해지는 방법

고독한 개인주의에서 공유의 공동체로 … 96

Part 3. Policies
소박한 미래

조직적인 집단행동이 필요하다 ··· 230

· 닫는 글 | 이제 소박함을 이야기 하자

Part One
Simplicity Defined
소박함이란 무엇인가

❀

다시 한 번 소로우에게 귀기울이기

나는 지금 현재의 내 모습과 지금 내가 가지고 있는 것에 감사한다. 나에게는 일 년 내내 추수감사절이다. 아무 것도 가진 것 없이 그저 존재한다는 것만으로 이토록 마음이 흡족할 수 있다는 것이 놀라울 뿐이다. 그저 숨쉬는 것만으로도 입안이 달콤하다. 내가 헤아리기 힘들 만큼 많은 것을 가진 것을 떠올릴 때면 웃음이 절로 나온다. 내가 모은 재산이 축날 염려라고는 없는데, 그 이유는 내 재산이 물질적인 것이 아니라 오직 즐거움을 모아놓은 것이기 때문이다.

만약 기쁜 마음으로 하루 하루를 맞이하게 된다면 삶이 꽃이나 향초처럼 향기를 뿜어낼 것이다. 더욱 유연하면서 빛나는 순간으로 가득하며 영원하게 느껴질 것이다. 그렇다면 성공한 삶이 아니겠는가.

- 헨리 데이비드 소로우Henry David Thoreau

소박함이란 무엇인가?

나는 이 질문이 지겨웠던 적이 한 번도 없다. '소박함Simplicity'"을 정의하는 것은 일생을 바쳐 도전할 만큼 흥미로운 일이다. 이 책의 저자들은 제각기 다른 정의를 내리고 있는데, 그것이야말로 소박함이라는 것이 얼마나 심오하고 난해한 개념인지 보여준다.

본질적으로 소박함이란 당신이 사랑하는 삶을 창조해내는 것이다. 당신 마음속에 기쁨과 평화를 가져다줄 만한 삶 말이다. 혹은 소로우가 말하듯이 꽃과 향초처럼 향기를 뿜어내고 보다 유연하고 빛나고 영원히 지속되는 삶이 될 수도 있겠다. 소박함은 다음과 같은 소로우의 말에 우리가 동조할 수 있게 만든다.

나는 지금 현재의 내 모습과 지금 내가 가지고 있는 것에 감사한다. 나에게는 일 년 내내 추수감사절이다.

사람들은 소박함이 삶에 새로운 활력을 줄 수 있다고 느끼며 직관적으로 소박함에 끌리고 있다. 하지만 동시에 인생의 재미를 잃게 되는 것은 아닌가 걱정하기도 한다. 그렇게 생각한다면 오산이다. 소박하게 살면서 웃을 일이 더 늘어나지 않는다면 그건 소박함을 제대로 향유하지 못해서이다.

대부분의 사람들이 소박함을 단지 검소한 것이라고 알고 있다. 하지만 검소함이 비록 소박함으로 가는 열쇠이기는 하지만, 소박함은 그보다 훨씬 커다란 개념이다. 소박함은 세상을 바라보는 렌즈이다.

'소박함Simplicity'의 사전적인 의미를 살펴보도록 하자.

- 사치, 허세, 장식 등이 없는 것; 검소함; 소박한 삶.
- 일체의 허위나 속임수가 없는 것; 진정성; 자연스러움; 소박한 태도.
- 인위적인 장식이나 허세스러운 스타일, 사치가 없는 것; 검소함, 의복의 소박함, 스타일의 소박함, 언어의 소박함, 식단의 소박함, 삶의 소박함.
- 모호하거나 난해하지 않은 것; 명확성; 정책의 간결성; 설명이나 시범의 간결함.

검소함, 투명성, 명확함 등은 본질에서 벗어난 부가적인 것들을 허락하지 않는다는 공통점이 있다. 단지 진짜인 것, 중요한 것에 집중하는 것이다. 소로우의 말을 빌리면 '최고로 달콤한 부위인 뼈에 가까운 삶'이 되는 것이다.

그러니 소박함은 단지 돈을 절약하도록 하는 것 이상의 것이다. 궁극적으로 소박함은 스스로에게 이렇게 질문하는 것이다.

'나는 삶을 어떻게 보내고 싶은가?

무엇을 하면 내가 진정으로 행복해질 수 있을까?

내가 하는 행동이 이 지구에 어떤 영향을 끼치는가?

어떻게 삶을 영위하면 공익에 부합할 수 있을까?'

궁극적으로 소박함은 당신이 어떤 사람인지 스스로 파악하고, 당신이 가치있게 여기는 것들에 대해 분명한 판단이 있고, 정말 제대로 잘 살기 위해 필요한 것이 무엇인지 이해하는 것이다. 소비가 미덕이라고 떠들어대는 허위와 조작을 일삼는 광고를 꿰뚫어 보는 것이다. 궁극적으로,

시간을 들여 생각을 정리하고 투명하게 파악하는 것이다. 소박함이란 사물에 대한 안목을 갖추고 사안에 대해 숙고하는 신중함을 갖추는 것이다.

특히 소박함은 명확한 판단력이 요구되는데, 소비중심사회의 본질을 꿰뚫어 볼 수 있어야 한다. 그런 사람을 하나 꼽으라고 하면 바로 달라이라마를 들 수 있겠다.

그는 저서인《새천년에 지켜야 할 윤리Ethics for the New Millennium》에서 우리 문화를 방문한 이방인으로서 자신의 경험을 다음과 같이 말했다.

　　물질문명이 발달한 국가에 사는 사람들은 어떤 면에서는 만족감이나 행복을 느끼는 데 있어 부족함을 느끼고 오히려 저개발국가에 사는 사람들보다 더 힘들어 한다.

또한 달라이라마는 우리가 추구하는 가치가 왜곡되었다고 판단한다.

　　(부유한 사람들은) 더 많은 것을 얻고 싶은 욕심에 사로잡혀 다른 것들을 돌볼 여유가 없다. 그 생각에 매몰되어 버려서 행복을 좇을 여유조차 잃어버리는데, 사실 부유함은 행복을 얻기 위해 필요했던 것이었다. 결과적으로 그들은 앞날에 대한 회의와 더 얻을 수 있다는 희망 사이에 끊임없이 번민하고 정신적 감정적인 고통에 상처 입는다 …… 따라서 많은 이들이 힘들어 하고 자신들의 삶에 만족하지 못한다. 그들은 고립감에 시달리고 결국에는 우울증에 빠지게 된다.

우리가 직면하고 있는 문제에 대해 그가 내린 결과는, 우리는 사람들과의 직접적인 연결이 부족하다는 것이다. 그가 파악한 바에 따르면 '우리는 사람들과 서로 의지하며 서로의 힘에 기대어 존속하는데, 기계나 서비스가 제공되는 영역이라면 바로 그쪽을 통해 해결하는 것을 더 선호하는 경향이 있다. 현대화 된 삶은 타인에 대한 의존을 최소화하는 방향으로 조직되어 있다. …… 고독과 소외의 정도가 높은 수준에 이르러 있다'는 것이다.

우리는 물질적인 부를 제한하고 내면의 성숙에 힘을 기울일 때라야 보다 행복하고 충만한 삶을 누릴 수 있다. 물론 빈곤에 시달릴 정도를 말하는 것이 아니다. 모두가 같이 풍족함을 누리자는 것이다. 소박함은 풍족해지는 것이다. 단지 지나침이 없어야 한다는 것이다. 넘치는 풍요로움은 달라이라마가 지적한 바와 같이 내면적으로나 영적으로 피폐한 삶을 이끈다.

물론 우리 사회에는 실제적인 빈곤도 존재한다. 소박함은 가난한 사람들에게도 해당이 되는 것인가? 답은 '그렇다'이다. 하지만 방식은 조금 다르다. 소박함을 지향하는 운동은 중산층이 주도하는 운동으로, 삶을 살아가는 방식을 선택하는 것과 관련된다. 그런데 가난한 사람들은 선택의 여지가 그다지 많지 않다. 소비를 줄이기는커녕 꼭 필요한 지출을 위한 돈이 필요하다. 가난한 사람들에게 필요한 것은 절약을 위한 조언이 아니라 새로운 정책이다. 그들에게는 최저임금을 올리고 양질의 직업과 적절한 가격의 주거지, 의료보험 등을 보장해줄 정책이 필요하다. 가난한 사람들이 소박하게 살 수 있도록 해줄 수 있는 정책 말이다.

우리가 이윤추구만을 바라고 고삐도 없이 내달리는 한, 사람들은 특히나 기업체들은 거짓말을 하고 노동자들을 불공정하게 대우할 것이다. 궁극적으로 이윤이야말로 우리가 전쟁을 벌이는 이유이고, 전쟁으로 내몰리는 것은 결국 가난한 사람들이다. 미국인들이 자신들에게 할당된 것보다 많은 자원을 사용하는 동안 다른 나라 사람들은 부족함을 겪을 수밖에 없다. 미국인들이 다른 국가들에게 필요한 물품을 공급하라고 강권하면 가난한 국가들은 자국민들의 필요를 무시하게 된다. 미국인들이 계속해서 '더' 많은 것에 욕심을 내면 나머지 인류의 몫에 해당하는 지구를 파괴하게 된다.

미국인들은 '다른 사람들이 소박하게 살 수 있도록 소박하게 사는 법'을 배워야만 한다. 이것은 엘리자베스 세튼^{Elizabeth Seton}이 한 말인데, 그녀는 최초로 성인^{Saint}이 된 미국인이었다.

소박함은 우리가 스스로의 삶을 통제할 수 있는 힘이고, 주류사회에 저항할 수 있는 힘이다. 지금의 사회를 지배하는 가치는 우리에게 결과나 책임에 상관없이 최고, 승리자가 되기 위해 투쟁하라고 말한다. 승리자가 된다고 행복해지는 것은 아니다. 사실 대부분은 그 반대이다.

다시 한번 소로우에게 귀기울이자. 성공이라는 것은 당신이 '존재한다는 것만으로' 흡족하다고 느낄 때 오는 것이다.

세실 앤드류스

완다 우르반스카는 노스 캐롤라이나의 마운트 에어리Mount Airy 시에서 소박한 삶을 영위하고 있다. 12살 된 아들 헨리를 키우며 지역 공동체에서 활발하게 활동 중이다. 그녀는 공저를 포함해서 지금까지 7권의 책을 출간했고, 그 중에 《Simple Living》, 《Moving to a Small Town》과 《Nothing's Too Small to Make a Difference》 등이 있다. 하버드대학교를 졸업했고, 완다 우르반스카와 함께 소박하게 살아가기Simple Living with Wanda Urbanska (simplelivingtv.net)의 제작책임자이다.

이 프로그램은 전국적으로 방영되고 이미 네 번째 시즌을 성공적으로 마친 시리즈이다. 환경을 보전하는 삶의 대변인이며, 블로거이고, 지도사이기도 하다. 워싱턴포스트Washington Post, 로스앤젤리스 타임즈Los Angeles Times, 시카고 트리뷴Chicago Tribune, 아메리칸 라이브러리American Libraries, 마더어쓰뉴스Mother Earth News, 내추럴홈Natural Home, 로테리언Rotarian, 보그Vogue, 이외의 많은 신문 잡지에 글을 기고하고 있다.

소박하고 여유롭게 살아가기 ;
생활방식의 변화

Wanda Urbanska

나는 지난 2000년도에 〈소박하게 살아가기〉라는 TV 프로그램을 제작하게 되었다. 검소하고 친환경적인 삶의 매력을 탐구하는 잡지 형식의 프로그램이었다. 목표하는 시청자층은 미국 중산층 가정이었다.

대본 및 연출을 책임진 프랭크 리버링^{Frank Levering}과 함께 개발한 전략은 살기 좋은 공동체적인 삶과 지역 산물로 조리한 음식의 풍미를 소개해서 시청자에게 여유 있는 삶이 주는 즐거움을 알 수 있도록 하자는 것이었다. 우리는 시청자들이 바람직한 삶의 모습을 보고 마음이 움직여서 결국 생활습관의 변화를 모색하게 될 거라고 확신했다.

〈소박하게 살아가기^{Simple Living}〉가 전달하는 네 가지 지침은 환경에의 책무, 현명한 소비, 공동체적 삶의 지향, 그리고 재정적인 책임감 등으로, 39회에 걸쳐서 면밀히 제시되었는데, 명시적으로 강조하기도 하고 부

지불식간에 각인될 수 있도록 구성하기도 했다.

일종의 주문처럼 되풀이 되던 표어는 '아주 작은 것이 큰 차이를 만든다' 였다. 쓰레기통으로 향하던 페이퍼클립을 줍고, 60년대 어머니가 입던 치마를 부엌 커튼으로 재활용하고, 물 절약을 위해 2단계 물내리기 기능을 갖춘 변기를 사용하는 일 등은 모두 가치 있는 시도들이었다.

우리 프로그램은 모든 사람들에게 좋은 반응을 얻었다. 오히려 우리 내부에서 자성하는 소리가 있었는데, 그가 보기에는 정부정책 문제로 심도 있게 접근해야 할 현안들을 개인적인 사안으로 취급하고 책임을 개인들에게 전가하고 있다는 것이다. 하지만 〈소박하게 살아가기〉 프로그램은 사회적인 이슈를 다루는 프로그램이 아니라 생활방식을 소개하는 프로그램으로 편성을 받았기 때문에, 프로그램이 조금이라도 주제에서 벗어난다 싶으면 편성담당자들이 그냥 두고 보지 않을 터였다.

우리 프로그램은 그때그때 다루는 소재에 따라 변화무쌍한 특성을 갖는다. 우리는 미국인들의 삶을 그대로 보여주고 시청자들이 그들이 바라는 삶의 모습을 스스로 결정하도록 한다. 그들은 편리함과 일회성과 무절제함으로 대표되는 생활방식을 선택할 수도 있고, 그렇지 않은 쪽을 선호할 수도 있다.

한 번은 무작위 거리 인터뷰를 진행한 적이 있었다. 지나친 업무량을 극복하자는 주제를 다룰 때였다. 노스캐롤라이나 윈스턴세일럼Winston-Salem에 있는 쓰루웨이 쇼핑센터에서 진행했고, 사람들에게 시간을 충분히 가지고 있는지, 그리고 과거에 비해서 현재 더욱 시간에 쫓기고 있지는 않은지를 물었다.

인터뷰 결과는 매우 분명했다. 2006년 그 여름날, 우리 인터뷰에 응할 만한 시간적 여유가 있는 사람은 어디에도 없었다. 내가 마이크를 들고 접근하자, 중년 남자 한 사람은 주차장에서 서점까지 서둘러서 발을 재촉했다. 어떻게든 인터뷰를 모면해 보려는 모습이 안쓰럽기까지 했다.

"미안합니다. 제가 이 지역 사람이 아니라서요."

그가 이렇게 말했지만 그다지 신빙성 있게 들리지는 않았다.

"어디서 오셨나요?" 나는 다시 물었다.

"노스캐롤라이나요." 그가 말했다.

"잘됐네요."

나는 어떻게든 대화를 이어가려고 노력했지만 그 사람은 이미 눈앞에서 사라져 버렸다.

1980년대에 로스엔젤리스에서 신문기자로 일할 때, 이와 유사하게 쇼핑몰에 온 여자 손님들에게 무작위로 인터뷰를 진행한 적이 있었는데, 그때만 해도 사람들은 내 주의를 끌려고 이리저리 기웃거렸다. 어떻게든 지면에 자신들의 얼굴을 내밀 기회를 잡고 싶어했었다. 하지만 요즘의 현대인들에게는 다른 곳에 할애할 시간이 없었다.

또한 우리는 미국인들이 물건을 구매하는 행태를 웃음거리 삼아 담아냈다. 많은 미국인들은 거의 기계적으로 신제품을 구매하는데, 심지어 현재 사용하고 있는 제품이 멀쩡한 경우에도 그렇다. 그들은 또한 굳이 필요한 물품이 없어도 습관처럼 쇼핑을 즐긴다.

우리는 '폐기되기를 거부하는 물품'이라는 꼭지를 종종 내보냈는데, 유통기한이 훨씬 지났음에도 여전히 사용 중인 물품을 소개하는 꼭지였다. 첫 회에는 내 고향인 노스캐롤라이나 마운트에어리에 있는 팔라스 이발소에서 쓰는 1923년형 금전등록기를 소개했다. 내 고향은 소박한 삶 운동의 본거지라 할 만하다. 금전등록기 주인은 신형 전자식 금전등록 기로 교체해 주겠다는 제안을 여러 차례 거절해 왔다고 한다. 자신이 쓰 는 금전등록기는 고장나는 법이 없었고, 전기가 없어도 거뜬히 동작하는 데다 가끔씩 기름칠만 해주면 되는데 굳이 바꿀 이유가 없다는 것이다.

그런 물품들은 줄지어 등장했다. 그 중에는 1920년대에 나온 모델 T^{Model T, 포드사에서 생산한 역사상 최초로 대량생산된 차} 가 있었고, 1960년에 사서 50 년이 흐른 시점에도 여전히 착용하고 있는 의상도 있었으며, 뉴욕시 소 방청에는 1930년대에 제작한 소방보트도 있었다. 그 보트는 9·11테러 로 쌍둥이빌딩의 화재를 진압할 때 다시 작동시켰는데 여전히 잘 작동 했다고 한다.

우리는 좀 더 큰 주제에도 관심을 두었다. 지구온난화 및 물 보전, 공 지보존, 대중교통 및 친환경 빌딩 등, 채식위주 식단 및 선택 메뉴를 간소 화해서 좋은 점이나, 소음공해와 수면장애의 상관관계 및 공동체적인 삶 을 선택하면 누리게 될 특전 등에 대해서도 살펴보았다. 우리는 또한 지 역경제 및 지역 식품, 그리고 지역사회에서 시행하는 교육프로그램들을 적극 홍보해주기도 했다. 우리는 함께하는 소박한 삶을 위한 단초를 제시 하였다. 시청자들을 초대해서 그들이 삶을 간소화하도록 도와서 자신들 의 뿌리를 찾아볼 수 있는 시간을 가질 수 있도록 해주기도 했다.

우리는 친환경 관련 예를 찾으러 전국 방방곡곡을 다녔고, 외국도 마 다하지 않았다. 그중 북해에 있는 덴마크 섬 삼소^{Samso}는 태양력, 풍력 그

밖의 재생되는 에너지원들을 활용해서 에너지를 자급자족하는 모범적인 예로 국제적으로 유명한 곳이다. 비엘리치카 소금광산Wieliczka Salt Mine은 900년이나 존속하고 있는 '폐기되기를 거부하는 사업'으로 소개되었다. 이 광산은 폴란드 크라코프 인근에 위치해 있는 소금광산으로 1104년부터 시작한 채굴이 계속되고 있다. 비엘리치카 소금광산은 세계에서 가장 오래된 현존 사업이 될 수 있을까? 안타깝게도 2004년 우리가 취재를 다녀온 이후에 소금광산은 채굴을 중단했다. 하지만 지금도 광산 지하동굴 속 미로처럼 얽인 길 곳곳에 형성된 방 같은 공간, 중세에 형성된 조각들 그리고 소금바위를 깎아서 만든 샹들리에 등은 남아서 세계적인 관광지로 조성되었다.

우리는 몬태나Montana 보즈먼Bozeman 외곽에 위치한 플라잉디렌치Flying D Ranch를 횡단하기도 했다. 살을 에는 추위가 기승을 부리던 2월의 어느 날 아침 뷰 터너와 함께였는데, 그는 가족들과 함께 멸종 위기에 처한 대평원의 아메리칸 들소를 다시 살려놓겠다는 각오를 다졌고, 그 과정을 기록하기도 했다.

'당신의 영혼을 구원하려면 자전거를 타고 다니고 걸어 다녀야 합니다'라는 특별한 예배를 주관하는 교회가 있어서 메사추세츠Massachusetts 웨이랜드Wayland까지 달려간 적도 있었다. 그 교회의 신도들은 예배에 참석하러 올 때 자전거를 타고 오거나 걷거나 카풀을 이용하며, 목사님은 '자전거에게 축복'의 은사를 내리는 것으로 예배를 마친다.

우리는 물물교환이 가져올 좋은 점들에 대해 대도시의 시장들과 대담을 했고, 각 도시들이 소박한 삶 운동의 메카가 될 수 있을지 질의하기도 했다. 센터시티파크Center City Park라고 부르는 대규모 도심 녹지를 조성한 것을 계기로 다시 부흥하는 모습을 보이는 미조리Missouri 스프링필드Springfield 와 노스캐롤라이나 그린보로Greenboro를 심층 취재하기도 했다. 도심 녹지는 지역공동체의 의견을 반영해서 조성되었다. 우리는 또한 한 가정 차 한 대 캠페인과 차를 공유하는 프로그램을 소개하였고, 텍사스 오스틴에서는 전기자동차용 충전소 설치를 확대하자는 플러그인 파트너스 내셔널 캠페인the Plug-In Partners National Campaign을 취재하기도 했다.

우리는 묶음으로 장을 보고, 천으로 된 행주나 걸레를 쓰고, 시장바구니를 사용하고, 일상에서 낭비되는 것들의 사용을 줄이도록 계도하는 일도 했다. 심지어 마운트에어리에 내가 가지고 있는 낡은 벽돌집을 친환경적으로 개조하는 작업을 일일이 중계하기도 했다. 이중창을 설치하고, 로이 유리를 도입하고, 포름알데히드가 들어있지 않은 절연제를 쓰고, 실내에 빨래건조대를 들여놓는 한편, 마당에 빨랫줄도 달아서 에너지를 절약할 수 있도록 집을 개조했다.

무엇보다도 우리가 가장 열광했던 순간은 지미 카터 대통령 내외와 독점 인터뷰 기회가 왔을 들었을 때였다. 나처럼 자연과 더불어 성장하는 건강한 삶의 가치를 신봉하는 열혈교도들에게 카터 대통령은 오랜 세월동안 아이콘 같은 존재였다. 그는 환경을 고려한 에너지 정책을 도입한 개척자였으며, 대통령직을 수행하기 전부터 재임기간 내내, 이후에 이르기까지 변함없이 소박한 삶을 실천하는 모범을 보여주었다. 그가 우리에게 세세하게 실천지침을 주지는 않았을 수도 있다. 하지만 그가 환경을 지키고자 하는 많은 사람들에게 영감을 주는 존재임은 부정할 수 없다.

이 프로그램을 진행하면서 만난 사람 중에 가장 인상 깊었던 사람도 카터 대통령이다. 어쩌면 35년간의 경력을 통털어 가장 인상깊다고 해야 하리라. 소박한 삶에 헌신한 사람, 일생동안 말한 대로 실천하는 삶을 살았던 사람으로서, 그의 검약함은 몸에 배인 것으로 워싱턴에 입성해서도 그곳에 만연한 다양한 특권들에 도전하면서도 카터는 의심할 바 없이 그 자세를 견지했다.

카터는 국민에 대해 굳건한 신뢰를 가진 정치인으로서 먼저 국민에게 모범을 보이고 이를 지켜나가야 한다고 믿었다. 에너지 위기 상황에 직면했을 때, 그는 스웨터를 껴입고 백악관의 실내온도를 낮추었다. 대통령에 취임하고 처음 100일 동안은 에너지 자립을 국가 우선과제로 정했는데, 1977년 4월 발표한 교서에서 이를 전쟁에 준하는 과제라고 표방했다. 재임기간 동안 그는 에너지부를 신설했으며, 전략비축유the strategic petroleum reserve: SPR를 도입하고, 현대적인 태양력 활용 산업을 비약적으로 추진했고, 자연보호를 지지하고, 백악관 지붕에 태양전지판을 설치했다. 1977년의 교서를 발표할 당시에 카터는 '희생'이라는 단어를 사용했는데, 그 단어는 이후의 대통령들에게는 완전히 잊혀졌다가 이후 버락 오바마 대통령에 이르러서야, 2008년 11월 당선 수락 연설을 하면서 다시 사용되었다.

로잘린 카터는 카터 대통령이 소박한 삶을 지향하며 내딛는 매 걸음마다 그를 지지하는 동반자였다. 1977년 대통령 취임기념 무도회에서 그녀가 입었던 드레스는 그녀가 보여주는 '폐기되기를 거부하는 물품'의 상징적인 예였다. 새로운 드레스를 맞춰 입는 대신, 1971년 남편의 주지사 취임 기념만찬 때 입었던 의상을 다시 꺼내 입었다.

우리는 플레인즈히스토릭 모텔의 귀빈실에서 카터 대통령 부부의 인터뷰를 진행했다. 나는 당시에 비단 소재의 정장 상의와 린넨 소재의 치마를 갖춰 입고 정장 구두를 신고 있었는데, 로잘린 카터가 내 의상을 보더니 자신들이 너무 편하고 격의 없이 차리고 왔다며 사과를 건넸다. 전직 대통령은 체크무늬 셔츠를 입고 있었고, 로잘린 카터는 진녹색 골덴 재킷 상의에 하의는 바지에 단화를 신고 있었다.

나는 카터 대통령의 취임사 한 구절을 인용했다.

"우리는 우리가 더 많은 것을 가진다고 해서 그것이 반드시 최선은 아니라는 것을 배웠고, 위대한 우리 조국은 한계가 있음을 명확히 인식하고 있습니다."

그리고 그에게 질문했다.

"지금이라면 미국인들이 그때보다 당신의 메시지를 더 잘 이해하고 받아들일 수 있을 거라고 생각하십니까?"

"지금이 그때보다도 더 그 메시지가 필요하기는 합니다."

카터 대통령의 답변이었다.

"우리는 자원과 에너지를 낭비해 왔습니다. 효율적인 삶을 지향하면 에너지를 절약할 뿐 아니라 삶의 질을 향상시킬 수도 있는 것인데, 그런 면에서 우리는 다른 나라들에게 좋은 선례를 남기지 못했지요."

로잘린 카터는 남편이 제기한 문제를 가정에 적용해서 설명했다. 그녀는 물질을 탐하는 욕망과 그로 인해 파생되는 빚으로 많은 사람들이 고통을 받고 있다는 점을 지적했다.

"우리는 너무나 많은 것을 가지려고 욕심을 내고 있어요. 그리고 어떻게 하면 원하는 것을 얻어낼지, 어떤 수단을 강구해야 할지, 빚을 내야하는 건지 걱정하지요. 굳이 다 가질 필요가 없다는 생각을 못하고 말이에요. 우리가 가지고 있지 않은 것에 대해 쓸데없이 신경쓰지 않는다면 우리 생활이 훨씬 무사평안해질 거랍니다."

실제로 1980년 대통령 선거에서 로널드 레이건Ronald Reagan에게 진 후, 카터 부부는 플레인즈에서 영위하는 소박한 생활 속에서 마음의 평안을 찾았다. 그들은 자신들이 1961년에 직접 건축한 시골 벽돌집으로 귀향했다. 그들은 집필활동뿐 아니라 다양한 공동체에서 활약하면서 바쁘게 생활했다. 해비타트Habitat for Humanity에도 힘을 보탰는데, 해비타트는 소박한 삶의 기치 하에 맹렬하게 활동 중인 밀라드 풀러와 린다 풀러 부부가 1976년 설립한 단체로, 우연찮게도 플레인즈가 속해 있는 섬터 카운티Sumter County가 그 근거지였다.

인터뷰를 진행하는 내내 전직 대통령의 명석함과 긍정적인 태도는 빛을 발했다. 그는 수십 년 전에 만났던 세계 각국의 지도자들의 이름을 바로 바로 떠올렸고, 그가 자동차 연비 효율을 높이는 방안으로 추진했던 법안을 그의 후임자가 되돌려버린 일을 '참으로 비극적'이라고 논평했고, 미국은 군사적인 힘에 의지해서가 아니라 세계평화를 지키려는 노력으로 '초강대국'이 되어야 할 것이라고 말했다.

카터 대통령 내외의 모습 중 인상 깊었던 것은, 관광객들과 기념사진을 촬영하는 모습이었다. 그들은 마라나타Maranatha 침례교회에 다니면서 10시면 주일성경학교에서 봉사를 한다. 그리고 그 시간의 방문객은 누구나 원하면 대통령 내외와 기념촬영을 할 수 있었는데, 대통령 내외가 귀중한 시간을 그렇게 할애해준다는 점뿐 아니라 그 과정에서 보여주는 효율성은 나에게 충격으로 다가왔다. 그들이 한 무리의 방문객들과 촬영을 하고 있을 때면 다음 무리의 방문객은 미리 차례를 기다리도록 안배되고, 대화는 삼가하도록 했다. 유명인사가 시간을 할애해서 영원히 기념으로 남을 사진을 찍게 해주는 것보다 더 확실하게 보통사람들에게 호의를 표현하는 방법이 있을까? 카터 대통령 내외가 수십 년 동안 기념촬영에 응해준 시간을 합해 본다면 엄청난 시간이 될 것이다. 더욱이 이 내외는 더이상 젊지도 않고 무슨 공직에 출마하려는 것도 아닌데 말이다.

〈완다 우르반스카와 함께 소박하게 살아가기 프로그램〉은 시즌4를 거치는 동안 대체로 좋은 반응이었다. 전국적인 보급률이 75퍼센트에 달한 적도 있었다. 그렇다면 이 프로그램은 얼마만큼의 영향력을 끼쳤을까? 가늠하기는 어렵지만, 사실 반응은 압도적으로 긍정적이었다.

우리 프로그램은 몇 가지 좋은 모범을 제시하기도 했다. 형광등 사용을 촉진했고, 환경보전과 검소한 삶을 가르치는 수업이 소비중심주의에 매몰되다시피한 상황이었는데, 다시 전면에 등장할 수 있도록 했다. 특히나 잊지 못할 시청자 한 명이 있었는데, 그는 〈개인용 컵을 소지하고 다니자〉편을 보고 난 후에 이렇게 시청소감을 보내왔다.

"프로그램을 보고 느낀 점은, 외출하면서 개인용 컵을 챙겨나가지 않는다면 커피를 마실 자격도 없는 거라고 생각하게 되었습니다."

그렇다면 십 년 가까이 소박한 삶을 찬양하는 프로그램을 방송으로 내보내면서 나는 무엇을 배웠을까? 나는 나에게 영감을 주는 수많은 사람들을 만나는 복을 누렸다. 그들을 인터뷰하기도 하고 때로는 친구가 되기도 했다. 그들은 자신들의 신념을 생활 속에 실천하면서 삶 속에서 보다 높은 가치를 실현하고자 했고, 그들의 진심어린 자세는 동참하지 않을 수 없도록 만들었다. 나는 이제 페이퍼 클럽을 쓰레기에 섞어 버리지 않으며, 수도꼭지가 열려 있으면 내가 해놓은 게 아니더라도 잠그는 습관이 생겼고, 마주치는 사람들에게 미소 짓고 즐겁게 대하려고 노력한다.

사람들의 사연을 듣다보면, 세상에는 변하지 않는 것이 없다는 것을 알게 된다. 텔레비전이 인터넷의 도래로 그 위치가 흔들리는 것처럼, 지출을 줄이고 낭비하는 풍조를 청산하고 국제사회적으로도, 우리 내부적으로도 더 나은 본을 세우는 시대를 만드는 일은 우리 손에 달려 있다.

총체적인 경제위기가 닥친 2008년, 훨씬 더 많은 사람들은 몸을 사리고 검소한 삶으로 전환하는 거 외엔 선택의 여지가 없게 되었다. 그리고 우리는 살아남았다. 차를 덜 몰게 되고, 도보로 이동하는 경우가 더 잦아지고, 많은 경우 집에서 보내는 시간이 배로 늘어났다. 명절에 준비하는 선물의 양이 훨씬 줄어들었다. 이런 모습이야말로 소박한 삶을 전도하는 사람들이 그렇게나 오랫동안 장려해온 일들이 아니었나?

소박하게 사는 것은 의식을 가지고 명분에 얽매이지 않는 삶을 살아가는 것이다.

듀웨인 엘진은 《단순한 삶Voluntary Simplic-
ity, The Living Universe, Promise Ahead, and Awakening
Earth》의 저자이고, 예지력을 갖춘 사회활동
가이자 저술가로서 세계적으로 명망을 떨치
고 있다. 그는 스탠포드 국제연구소SRI Interna-
tional의 선임연구원으로 재직하고 있으며, 미
래 미국을 위한 자문위원회에도 함께 하고 있
다. 와튼경제학교Wharton Business School에서 경
영학 석사를 받았고, 펜실베니아주립대학교
에서 경제사 전공으로 석사학위를 받았다. 미
디어 책임성media accountability과 시민에게 권
한을 이양한 민주주의empowered democracy를 달
성하는 것을 목표로 하는 비영리 조직체 세 곳
을 공동으로 설립했다.

2006년에는 지구를 위한 비전과 지구에 대한
책임감과 이를 위한 삶의 자세를 제시하여 보
다 환경친화적이고 영성이 있는 문화를 부양
하도록 한 공로로 고이국제평화상the interna-
tional Goi Peace Award을 수상했다. 그의 웹사이
트는 awakeningearth.org이다.

뜨거운 지구를 식혀줄 시원한 생활방식 ; 자발적인 소박함

Duane Elgin

때가 되었다. 이상기후 현상에서부터 에너지와 식량의 위기에 이르기까지 전 세계에서 들려오는 뉴스들이 우리에게 경고등을 울리고 있다. 우리가 살아가는 생활태도에 변혁을 꾀해야 할 시점이 바로 눈앞에 다가왔다. 우리가 빠르게 그리고 능동적으로 행동에 나서야만 이러한 파국을 기회로 전환시킬 수 있을 것이다. 작은 변화 몇 개로는 어림도 없다. 우리는 현재의 에너지 시스템에 전면적인 변화를 모색해야 하고, 도시환경도 혁신적으로 재구축해야 하며, 이러한 변화를 추진할 동력으로 양심적인 민주주의도 갖추고 있어야 한다.

우리가 그러한 변화를 이끌어낼 주제가 되냐고 항변할 수도 있겠다. 우리가 할 수 있는 일이라야 아주 제한적일 수밖에 없다고도 할 것이다. 하지만 실제상황은 정반대이다. 우리 개개인의 삶에서부터 변화가 일어나야만 비로소 그러한 변화가 제대로 안착된 인류의 미래를 굳건하게 세울 수 있다. 그리고 그러한 토대 위에서 그 이상의 발전을 도모할 수도 있을 것이다.

자발적으로 실현하는 소박함Voluntary Simplicity은 뜨거운 지구를 식혀줄 수 있는 시원한 생활방식이다. 그러한 소박함은 양식 있는 선택이면서, 신중한 고려의 결과이고, 보다 나은 삶을 추구하려는 의지와 노력의 산물이다.

다음은 소박함이 양식 있는 선택이 될 수밖에 없는 이유들이다.

· 소박함은 지구환경과 보다 조화로운 관계를 조성하게 한다.
· 소박함은 지구촌 사람들 사이의 공정함과 공평함을 장려한다.
· 소박함은 불필요한 잡동사니와 복잡함을 깨끗이 제거해준다.
· 소박함은 내면과 외면, 일과 가정, 가정과 이웃공동체 사이에서 균형잡힌 생활을 할 수 있도록 해준다.
· 소박함은 자연 그대로의 모습에서 볼 수 있는 자연의 현명함과 아름다움을 일깨워준다.
· 소박함은 미래 세대를 위해 보존할 수 있는 자원의 양을 증가시킨다.
· 소박함은 다양한 동식물을 멸종의 위기에서 구해내도록 돕는다.
· 소박함은 석유와 물, 그밖의 필수적인 자원들이 고갈되는 현실에 대응책이 될 수 있다.
· 소박함은 우리의 삶에서 가장 중요한 것들의 가치를 눈여겨 볼 수 있도록 해준다. 우리가 가족과 친구, 공동체, 자연, 더 나아가서 우주와 맺고 있는 관계를 성찰하게 해준다.

- 소박함은 소비를 통해 얻는 찰나의 쾌락을 보상하고도 남을 만족감을 이끌어낸다. 그리고 그 만족감은 오래도록 지속된다.
- 소박함은 자신을 되돌아 볼 수 있도록 정신을 바로잡아주고 삶에 대해 전인적으로 바라볼 수 있도록 해준다.
- 소박함은 공동체 활동으로 얻어지는데, 그렇게 우리를 둘러싼 세계와 소통할 수 있도록 연결해 주고, 소속감과 함께 공동의 목표로 나아가고 있다는 결속감을 준다.
- 소박함은 21세기에 우아하게 어울리는 보다 경량화된 생활방식이다.

자발적으로 실현하는 소박함은 희생이 아니다.

- 희생은 스트레스가 넘치고 정신 없이 바쁜 일상에서 과중한 업무에 시달려야 하는 소비중심의 생활방식을 택했을 때 치러야 할 값이다.
- 희생은 의미 없고 어떠한 만족도 얻을 수 없는 일을 하느라 긴 시간을 투자해야 하는 것이다.
- 희생은 생계를 위해 가족과 여타 공동체로부터 멀어져야 하는 것이다.
- 희생은 장거리 출퇴근을 감수하고 막힌 교통에 시달려야 하는 것이다.
- 희생은 문명사회가 배출한 백색소음 때문에 자연에서 들려오는 은은한 소리가 묻혀버리는 것이다.
- 희생은 광고판의 홍수 속에 자연의 아름다움이 가려지는 것이다.

· 희생은 지구의 향기보다 강렬한 도시 냄새에 묻혀 사는 것이다.

· 희생은 몸속에 200여 가지가 넘는 독성 화학성분이 쌓여서 다음 세대에게까지 넘겨주게 되는 것이다.

· 희생은 수많은 동·식물종이 멸종에 이르게 되는 것이고, 생물권 biosphere, 생물이 살 수 있는 지구 표면과 대기권이 급격하게 살기 힘든 곳이 되는 것이다. 희생은 자연이 그 야생성과 치유력을 잃어버리는 것이다.

· 희생은 이상기후 현상이 발생하고 흉년이 들고, 기아로 인한 이주민이 발생하는 것이다.

· 희생은 이웃이나 공동체라는 의식이 부재하는 것이다.

· 희생은 삶이 일과 가정 등 여러 조각으로 분리되어 있는 가운데 전인적인 자신의 삶을 영위할 방법을 모르는 것이다.

· 희생은 다른 사람들과 영혼의 교류를 나눌 기회를 잃는 것이다.

소비지상주의는 온갖 희생이 요구되는 삶을 야기하는데 반해, 소박함을 추구하는 삶은 기회가 열린 삶을 이끌어낸다. 소박함은 일 속에서 더 큰 성취감을 얻을 수 있도록 하고, 다른 사람들과 공감할 수 있도록 하며, 그렇게 모든 생명과 친밀해질 수 있는 기회를 주고, 생명이 충만한 우주에서 살아숨쉬는 것에 대해 경외감을 느끼게 해준다. 아이러니한 것은 소박한 삶의 방식이 사실은 행복한 미래를 열어줌에도 불구하고, 방송에서는 종종 초라하고 뭔가 퇴보한 듯한, 기회를 포기한 듯한 삶으로 비춰진다는 것이다.

다음에 제시하는 세 가지 관점은 오늘날 방송매체가 소박함이라는 가치를 어떤 식으로 포장하고 있는지를 특징적으로 보여준다.

얼뜨고 퇴보하는 듯한 소박함

주류방송은 소박함을 삶이 진보하는 경로가 아니라 퇴보하는 경로로 보여준다. 그리고 또 빈번하게 소박함을 기술적 진보나 혁신을 거부하면서 낭만적 감상에 빠져 지나간 시대로 회귀하고자 하는 퇴행적인 삶의 방식인 양 바라본다. 퇴보하는 소박함은 비현실적이고 자연회귀적인 삶의 형태로 내보내지는데, 스트레스 많은 도시생활을 뒤로 하고 귀농하거나 유유자적하며 전원생활을 즐기는 모습들이 주가 된다. 오래 전의 낙후된 환경으로 회귀한 듯한 단순한 생활 양상이 전형인 양 제시된다. 실내화장실도 없고, 전화도 없고, 컴퓨터도 없고, 텔레비전도 없고, 차도 없는 생활을 누가 감내하겠는가. 이렇게 보면 소박한 생활은 만화 속에서나 가능할 것만 같다. 마냥 천진하고, 이것저것 재면서 따지지도 않지만, 현실적이지 않고 실행하기도 난감해서 쉽게 무시되기 십상이다.

거죽뿐인 소박함

최근에는 소박함을 다르게 바라보는 시선도 생겨났다. 소박함이라고 할 수는 있겠지만, 속으로는 결함투성이 현대적인 생활방식을 유지하면서 겉으로만 의미 있는 외양을 씌우는 것이다. 그렇게 진지하지 않는 소박함은 녹색기술의 도입으로 모든 문제를 해결할 수 있으리라 낙관한다. 차의 연비효율을 높이고, 형광등으로 교체하고 재활용에 신경쓰는 것만으로도 충분한 소임을 다하는 것이라고 안위하고, 생활함에 있어서나 일을 진행하는 데 있어 근본적인 변화를 도모하려고 하지는 않는다.

소박함이라는 화장술은 자연과 융화되지 못하는 우리의 삶에 친환경이라는 립스틱을 발라서 겉으로만 건강하고 행복한 모양으로 꾸민다. 이렇게 거죽뿐인 소박함은 마치 작은 수고로움만으로, 닥쳐올 거대한 도전을 막아낼 수 있을 것처럼 보이게 해서 모든 게 괜찮을 거라고 안심하는 오류를 범하게 만든다. 거죽뿐인 소박함은 그렇게 친환경 기술만 있으면 우리가 환경에 끼치는 영향을 줄일 수 있고, 따라서 앞으로 반세기 혹은 그 이후까지도 성장을 추구하는 현재의 기세를 지속할 수 있을 거라는 가정을 만들어, 오히려 현상유지를 공고히 한다.

성숙하고 양심적인 소박함

고상해 보이는 소박함은 방송에서 거의 보기 힘들고 다들 잘 이해하지도 못하는데, 이런 소박함은 우리의 삶을 깊이 있고, 우아하고, 성숙하게 변화시킬 수도 있다. 우리가 하는 일이나 사용하는 교통수단, 거주하는 집과 동네, 먹는 음식, 입는 옷 등의 많은 것들에 변화를 가져올 수 있다. 이런 고상하고 성숙한 소박함은 우리가 지구와 맺은 관계를 회복시키고, 세상만물과의 관계를 개선시켜서 조화로운 우주를 완성시킨다. 양심적인 소박함은 단순하지가 않다. 이것은 삶의 방식을 뜻하는 것으로 다양하게 표출되는 기치들을 종합하면서 점차 틀을 세우고 온전히 발화하게 될 것이다. 성숙한 소박함은 미학적으로, 또 그 생존력 측면에서도 21세기의 세계에 가장 맞는 가치이다.

얼뜨기 같은 소박함, 거죽뿐인 소박함, 성숙한 소박함 중에 어떤 것이 이 세상에 제일 적합할까? 어떤 종류의 소박함이 어울릴까?

지금 흘러가는 국제적인 정세를 보면 그야말로 '전 세계를 휩쓸 만한 폭풍'이, 그것도 맹렬한 기세로 형성 중임을 알 수 있다. 이는 행성급 위기상황이라 할 만한 것으로, 우리 인류가 삶을 영위하는 방식에 근본적인 변화를 가져오게 될 것이다. 전 지구적인 이상기후 현상, 대도시 인구의 비약적 증가, 맑은 물과 저가 석유가 고갈되고 있는 현실, 동·식물 멸종 위기, 더욱 두드러지는 빈부격차의 심화, 대량살상무기의 보급 등에 이르기까지 우리는 도처의 동시다발적인 도전에 노출되어 있다. 우리는 생존하기 위해 이러한 상황을 제대로 직시해야 할 뿐만 아니라 사는 법, 소비하는 법, 일하는 법, 세상과의 관계를 맺는 법 등의 모든 면에서 심각한 변화를 모색하지 않을 수 없도록 내몰리고 있다.

소박함은 소수 비주류들의 대안적인 생활방식이 아니다. 소박함은 주류사회의 구성원들, 특히 선진국가 시민들이 선택해야 할 가치이다. 우리가 하나의 인류로 존재하기 위해서는 풍요로움을 누리고 있는 국가의 시민들이 성숙하고 깊이 있는 소박함을 삶의 바탕으로 선택해야 할 것이다.

소박함은 개인의 선택인 동시에, 문명사회의 선택이어야 하고, 전 인류가 지향해야 할 가치이다. 아무리 획기적인 에너지 및 교통수단의 혁신이 이루어진다고 해도 생활방식 및 소비행태에 급진적인 변화가 필요하다. 쉽게 말해, 우리가 보다 일할 맛이 나고 의미있는 미래를 건설하고자 한다면, 필히 '제대로 된, 깊이 있는 소박함'으로 우리의 삶을 보다 고상하게 가꾸어야 할 것이다.

자발적인 소박함으로 꾸려가는 삶, 또는 지구친화적으로 살아간다는 건 어떤 모습일까? 현 시대에 있어서 소박함 삶이라는 요리를 할 쉬운 조리법들을 갖춘 요리책은 없다. 세계는 지금 새로운 미래를 앞에 두고 있다. 우리가 움직이는 대로 녹색의 새로운 삶의 모습이 탄생하게 될 것이다. 30년이 넘는 세월 동안 소박한 삶을 탐구하면서, 이를 묘사할 만한 표현마저도 정말 다양하다는 것을 알았다. 정원에 비유하는 것이야말로 이를 묘사할 가장 정확하고 쓸 만한 표현인 듯하다.

소박함이 가진 깊고 풍부한 면모를 제대로 그려내기 위해서 '소박함의 정원'에 피어난 일곱 개의 표현들을 소개해 보겠다. 서로 중첩되는 면도 있지만, 각각의 표현들은 다양한 면모의 소박함을 뚜렷이 볼 수 있게 해준다.

깔끔한 소박함

소박함은 지나치게 바쁘고 스트레스가 넘치고 해야 할 일의 가짓수도 많은 생활 속에서도 제대로 중심을 잡는 것이다. 소박함은 정신을 산만하게 만드는 어수선하고 복잡하고 소소한 것들을 잘라내고 보다 본질적인 것(우리를 남과 다른 유일한 존재로 만들어 주는 것)에 집중하는 것이다.

소로우가 말한 바에 따르면, '우리는 인생을 세세한 일들을 따지느라 허비한다. 단순하게 살자. 그저 단순하게.' 또한 플라톤은 '자신이 나아갈 바를 찾아내기 위해서는 일상에서 반복해야 하는 잡다한 일들을 간단히 정리해야 할 것이다'고 했다.

생태적인 소박함

소박함은 지구에 대한 간섭을 줄이고 인류가 생태계에 미치는 영향을 줄일 수 있는 생활방식을 선택하는 것이다. 이러한 생활방식을 취하게 되면 우리가 가진 대지와 공기와 물과의 깊은 결속을 기억하게 될 것이다. 그렇게 우리는 자연과 그 속의 계절과, 전 우주와 보다 교감하게 된다. 자연과 교감하는 소박함은 지구상의 생명 공동체를 향한 깊은 숭배를 느끼게 하고, 인간 이외의 동·식물들도 인간과 마찬가지로 존엄성과 권리를 가지고 있다는 것을 받아들이게 해준다.

공감하는 소박함

소박함은 다른 이들과의 결속감을 느끼게 해준다. 그 결속감은 너무나 강력해서 다른 사람들이 소박하게 살아갈 수 있도록 하려는 목적으로 우리도 소박한 삶을 선택하게 한다. 공감하는 소박함은 우리가 생명공동체에 속해 있다고 느끼는 것이다. 그리고 인간이 아닌 다른 종들과 화해하고, 미래 세대와 화해하는 것이다. 그리고 엄청난 빈부격차로 사이가 벌어진 이들을 화해시키는 길을 열어준다. 공감하는 소박함은 상호 신뢰를 바탕으로 모두에게 발전적인 미래를 추구하도록 하는 공생과 공정함으로 향한 길이다.

영혼을 교류하는 소박함

소박함은 명상하는 삶을 지향하는 것이고, 존재하는 모든 것들과 친밀한 관계를 경험하도록 하는 것이다. 소박하게 생활하면 직접적으로 살아 숨쉬는 우주, 우리를 둘러싸고 지탱해주는 우주에 대해 자각할 수 있게 된다. 영혼을 교류하는 소박함은 특정 기준이나 잣대로 규정된 물질적인 측면의 삶보다는 꾸밈없는 그 자체의 풍부한 삶을 음미하는 데 보다 관심이 있다. 영혼을 교류하는 삶을 영위하게 되면 표피적인 것의 이면을 보려고 하고, 모든 관계에 있어 생생한 내면을 그대로 드러내게 된다.

사업적인 소박함

소박함으로 인해 새로운 종류의 경제가 성장하게 되었는데, '바르게 사는 삶right livelihood'이라 할 만한 시장이 급속히 성장하고 있다. 주택건설자재나 난방에서부터 식자재와 교통수단에 이르기까지 다방면에서 건강하고 자연친화적인 온갖 종류의 생산품과 서비스가 생겨나고 있다. 개발도상국가들이 지속가능한 사회기반시설을 도입하면서 선진국가들의 주택, 도시, 작업장, 교통수단을 차용하거나 설계에 참고하게 될 때, 거기서 파생할 수 있는 친환경 경제활동의 규모는 어마어마할 것이다. 새로운 경제는 새롭게 등장한 이러한 사업적 흐름을 필히 안고 가야 할 것이다. 새로운 경제 하에서는 '쓰레기가 곧 식량'이고, 어떤 경제활동에서 파생하는 폐기물이 또 다른 생산체계에서는 원료로 쓰일 수도 있다.

시민의식으로의 소박함

소박함은 정치 및 우리 사회의 지배구조에 대해서 새롭게 접근하게 한다. 지구에 가능한 한 해를 끼치지 않으면서 오랫동안 생존하기 위해서는 공공부문에 있어서도, 교통과 교육 문제에서부터 도시계획과 공공시설, 그리고 근무환경에 이르기까지 전 영역에 걸쳐서 변화가 필요하다. 소박함의 정치학은 여론정치이기도 하다. 대중매체는 소비중심주의에 대한 전 사회적인 경계를 일깨우고 계도하는 첨병이 될 것이다.

검소한 소박함

소박함은 우리 삶을 지탱하는 데 불가결하지 않은 지출항목은 줄이고, 세심하게 재정을 관리하도록 해서 우리가 지나치게 돈에 연연하지 않을 수 있도록 해준다. 검소함과 꼼꼼한 돈 관리를 통해 재정문제로부터 자유로울 수 있고, 삶의 여정에서 보다 의식 있고 양심적인 선택을 할 수 있게 된다. 또한 덜 쓰는 생활은 우리가 지구에 배출하는 폐기물을 줄여주고, 더 많은 자원을 다른 주체들이 사용할 수 있도록 남겨둘 수 있게 한다.

이렇게 일곱 개의 관점들에서 볼 수 있는 것처럼, 점차 입지를 넓혀가고 있는 소박함이라는 문화는 그 표현의 다양성에 있어서 정원의 화려함이 무색할 정도이다. 그리고 이러한 표현의 다양성은 생태학을 회복력 있고 강인하게 구축하는 토양이다. 여기서 생태학은 보다 자연에 무해한 생존력을 키우고 보다 의미 있는 삶을 살아가는 법을 배울 수 있도록 해주는 것이다.

여타의 다른 생태계에서와 마찬가지로, 표현의 다양성이야말로 유연함과 적응력과 회복력을 성장시키는 자양분이다. 소박함의 정원에는 무척이나 많은 길이 다양한 방향으로 뻗어있기 때문에 이 문화적인 흐름은 엄청난 성장 잠재력을 가질 것으로 보인다.

데이브 완은 《Simple Prosperity: Finding Real Wealth in a Sustainable Lifestyle》의 저술했는데, 이 책은 그가 공동 저술해서 9개 국어로 출간된 베스트셀러 《어플루엔자Affluenza: The All-Consuming Epdemic》의 후속편이다. 그는 〈Designing a Great Neighborhood〉라는 TV 다큐물과 〈Building Livable Communities〉이라는 단편작의 제작자이기도 하다.

진정한 부를 찾아서 ;
두 배의 가치 얻어내기

Dave Wann

전체적으로 볼 때 북미 사람들은 넘치게 먹어대면서도 영양결핍 상태에 빠져 있다. 사회적 · 심리적 · 물리적으로 인간이 갖추어야 할 수준을 충족시키지 못하고 있다. 비록 방송에서는 가려운 곳을 긁어주는 데 필요한 모든 것을 쇼핑센터에서 구할 수 있을 것처럼 떠들어대지만, 진실을 직시해 볼 때 우리는 더 많이 소비하면서 더 적게 향유하고 있다. 미국 국립과학재단이 지난 30년 동안 조사한 통계에 의하면, 수입이 꾸준히 증가 추세에 있음에도 불구하고 우리가 느끼는 행복의 수준은 점차로 줄어들고 있다.

그 이유는 무엇일까? 많은 이들은 소비과잉의 생활방식이 오히려 절실히 필요로 하는 것들을 결핍 상태로 만들기 때문이다. 건강 및 사회적인 관계, 안전, 재량껏 사용할 수 있는 시간 등이 위협받고 있다는 것이다. 이러한 결핍은 우리를 취약하게 해서 의존적인 일상과 수동적 소비로 밀어 넣는다. 그저 일하고, TV 보고, 기다리는 삶의 연속이다. 전형적인 도시 거주민들은 줄서기에 5년을 소비하고, 신호등을 기다리느라 6개월을 보내고, 스팸메일을 열어보느라 8개월을 보내고, 제자리에 없는 물건을 찾느라 1년을 보내고, 집을 치우느라 4년을 소요한다고 한다.

전형적인 고등학생의 경우 매년 1,500시간을 텔레비전 앞에서 흘려 보내는데, 학교에서 보내는 시간이 900시간에 지나지 않는 것과 비교해보면 상당한 양이다. 더욱이 미국인들만 이렇게 중독되어 있는 것이 아니다. 2004년 72개국 25억 인구를 대상으로 프랑스에서 조사한 설문에 따르면, 하루 평균 TV 시청시간은 3.5시간에 달한다.

그런데 변화가 일어나고 있다. 일상 전반에 걸쳐 소비가 정점에 달한 시기에, 자원 고갈과 같은 변수가 발생해 우리가 사는 모습에 변화를 꾀할 필요성이 생겼다. 좋은 소식은 우리가 성공이 가지는 의미를 재정의하게 된다면 소비를 줄이는 것이 결코 희생이 아니라 오히려 보너스가 될 것이라는 점이다.

이미 넘치게 가지고 있는 상태에서 거기서 더 얻고자 하기보다 물품의 수를 줄여 보다 양질의 물건을 선택할 수 있다. 의사에게 진료하는 횟수를 줄이고, 박물관이나 친구집에 가는 횟수를 늘려볼 수도 있을 것이다.

우리의 손과 정신을 더 유용하게 쓰는 방법도 있다. 플롯을 연주하거나 식탁을 새로 만드는 등의 창조적인 활동을 할 수 있을 것이다. 이러한 것들을 문화로 정착시킬 수 있다면 우리 경제를 좀 먹는 낭비와 부주의로 인한 손실을 줄임으로써 우리가 하는 거래마다, 유지하는 관계마다,

사용하는 에너지 단위마다 더 많은 가치를 확보할 수 있을 것이다. 알루미늄 캔, 플라스틱 병, 거대한 잔디 구장, 지나치게 잦은 항공여행, 가축용 고기, 상가를 추방한 교외 주택촌 등, 지금은 편하게 사용하지만 장래에는 유지하지 못할 것들을 사용하지 않도록 생활방식의 전환을 꾀하도록 자금을 지원할 수 있을 것이다.

가치관이 변화하고 있다

문화적으로는 풍요롭고 물질적으로는 부족한 삶의 형태를 상상해보자. 이러한 생활방식은 스트레스, 불안, 오염, 의심과 빚 등은 적으면서, 많은 자유시간에 자연과 보다 단단한 결속력을 느낄 수 있고, 예술이나 스포츠, 정치 등에 할애할 여유를 가질 수 있다. 탄수화물로 충전된 우리 몸에서 나오는 에너지에 더 많이 의존하게 되고, 고대의 태양열로 만들어진 오염덩어리 화석연료에 대한 의존도는 줄어든다. 수퍼마켓의 형광등 조명에서 보내는 시간이 줄고 텃밭에서 오후 햇살을 즐기는 시간은 늘어날 것이다.

과잉생산된 소비재에 둘러쌓여서 다람쥐 쳇바퀴 돌 듯 끝없는 소비를 지속하는 수동적인 소비자의 입장에서 벗어나, 건강하고 재생가능한 형태의 부를 선택하게 될 것이다. 사회적 자본을 예로 들 수 있을 텐데, 우리가 사용할수록 가치가 상승하고, 일을 진행하면 꼬리를 물고 새로운 일로 연결되고, 능숙해지면 여가시간도 더 많이 확보할 수 있고, 보다 스트레스에서 자유롭게 돈을 벌 수 있는 형태이다.

물질적인 부를 강조하는 것에서 시간적인 여유와 관계 및 경험을 중시하는 것으로 가치관이 변화하는 현상은, 18세기 일본에서 벌어진 것처럼 이미 여러 사회에서도 거쳐간 일이다.

경작지가 부족하고 산림자원은 고갈되고 금과 구리 같은 광물 또한 급작스럽게 귀해졌을 때, 일본의 문화는 중용과 효율을 중시하는 방향의 국가 윤리를 받아들였다. 물질적인 부에 연연하는 것을 천한 것으로 치부하며 장인의 기술과 지식의 진흥이 숭고한 목표가 되버렸다. 질을 우선시하는 것이 문화 속에 뿌리박혀 끝내는 세계적인 품질의 태양열 전지와 도요타 프리우스를 생산해내게 된다.

미학적이고 기예가 중심이 되는 분야에서 엄격한 훈련과 교육이 이루어졌고, 펜싱, 무예, 다기, 꽃꽂이, 문학, 주판 등의 분야에서 커다란 발전이 있었다. 일본에서 제일 큰 도시 세 곳에서만 1,500개의 서점이 있었고, 대부분의 사람들이 기본적으로 교육 및 의료 혜택을 받고 기본적인 생활을 유지하는 데 어려움이 없었다. 그 속에서 돈보다는 정성을 쏟는 문화가 무르익었다.

캐나다와 유럽연합(EU)에서도 이미 부러운 일은 일어나고 있다. 금전적인 부를 초월하는 가치들이 점차 정치적으로나 문화적으로 자리를 잡아가고 있다. 예를 들어 대부분의 EU 국가들은 법적으로 육아 및 간호휴가를 보장하고, 시간제 노동인 경우에도 각종 복지혜택을 부여하며, 소득세를 낮추는 대신에 에너지 소비와 환경오염 행위에 고세율을 부과하고, 기업체는 자신들이 생산한 제품이 용도를 다했을 때 이를 수거해서 폐기할 책임을 진다.

일상의 윤리에서도 가능한 한 환경을 보전하고자 하는 행동을 장려하는 움직임이 많은 지지를 얻고 있다. 《소비중독 바이러스, 어플루엔자 Affluenza: The All-Consuming Epidemic》의 공동저자인 존 그라프John de Graaf는 '서

유럽 국가들은 사회보장제도에 심혈을 기울여 왔다. 의료보험과 교육, 교통, 공공을 위한 공간의 확보 등으로 개인들이 굳이 자신들의 수입을 극대화할 필요가 없도록 전략적으로 투자해 왔다'고 말했다.

반면에 미국이나 호주의 경우에는 국가보조의 개발, 사생활 개입에 대한 저항감이 크기 때문에 바람직하지 않게도 이러한 흐름에서 비껴나 가고 있다.

2007년 미국국립과학재단이 주도한 연구조사에 따르면, 미국인 중 4 분의 1에 해당하는 인구가 속마음을 털어놓고 기쁨을 나눌 지인이 하나 도 없는 것으로 나타났다. 그리고 나머지 인구의 경우에도 가깝게 지내 는 지인은 두세 명에 지나지 않는 것으로 조사되었다. 사회적인 결속을 보다 강화하고, 다른 일보다 우선해야 할 필요가 있다. 사실 이것은 말 그 대로 죽느냐, 사느냐의 문제이다.

딘 오니쉬Dean Ornish 박사가 《Love and Survival》에서 인용한 연구조 사에 따르면, 심장 절개 수술을 앞둔 남녀에게 두 가지 질문을 했다고 한 다. 종교적인 믿음에서 기운을 얻느냐? 그리고 당신은 정기적인 모임을 갖는 집단에 소속되어 있느냐? 두 가지 질문에 모두 '아니오'라고 대답한 사람들은 6개월 내에 모두 사망했는데, 두 가지 질문에 모두 긍정을 표한 사람들의 사망률은 3퍼센트에 지나지 않았다고 한다.

또 하나, 인간이 가진 원초적인 욕구는 자연과의 소통이다. 푸른 초 원과 시내를 담은 사진들을 슬라이드로 보여주면 사람들의 혈압이 안정 을 찾고, 벽돌담을 마주한 환자보다 나무에 둘러싸여 지낸 환자들이 더 빠른 속도로 회복된다. 주의력 결핍 및 과잉행동장애를 겪고 있는 사람들을 자연과 더불어 지내게 하면, 종종 리탈린주의력 결여 치료약보다도 효과적이다. 하지만 미국인들은 갈수록 살균처리된 깔끔한 실내에 갇혀 지내고 있다. 네모반듯한 학교 운동장에 '달리기 금지!' 팻말까지 붙여 놓은 형국이다. 운동장을 설계할 때도 아이들이 맘껏 뛰어 놀 수 있는 푸른 공간은 고려대상에서도 제외되고, 오직 법적 책임을 면할 수 있는 범위에서 유지비용을 줄이고, 관리가 용이한가 여부가 최우선 고려대상이 된다.

건강하고 굳건한 문화의 경우에 음식에도 주의가 남달랐음은 인류학적으로 밝혀진 바이다. 하지만 시장경제 하에서의 음식은 웰빙과 공동체의 결속과 명석함의 근원으로 존중받던 지위를 잃고 그저 즐기는 대상의 하나로 전락했다.

야생 원숭이도 보통 사람이 먹는 것보다 건강한 음식을 먹는다.

인류학자인 캐서린 밀튼Katharine Milton의 말이다.

우리가 살고 있는 돈에 미친 세상에서 주 관심사는 인간적인 삶이 아니라 요기가 될 만한지, 먹기 편한지, 유효기간이 언제까지인지 뿐이다. 걱정스럽게도 지난 세기 동안 음식의 질이 큰 폭으로 떨어졌다.

유엔의 자료를 참고하면, 1900년도에 일반 농장에서 재배되는 밀에는 단백질 성분이 90퍼센트였다. 하지만 오늘날은 9퍼센트에 불과하다. 또한 각종 무기질과 효소가 넘쳐나서 토양이 매우 비옥했던 1950년대에 뽀빠이가 사먹은 시금치 캔 하나에 들어있는 철 성분은 오늘날엔 백 개의 캔을 먹어야 섭취할 수 있다.

어떻게 하면 이렇게 소멸되고 있는 심리적, 물리적, 영적 영양소들을 되돌릴 수 있을까? 어떻게 하면 이렇게 중차대한 문제들이 정치적으로, 문화적으로 보다 쟁점화 되도록 할 수 있을까?

한 학교의 경우를 예로 들면, 단순히 탄산음료 자판기를 치우고 학생식당에서는 피자와 햄버거 같은 패스트푸드 대신 신선한 채소와 과일, 샐러드 바를 들여놓은 것만으로 학교폭력과 기물 파괴와 같은 행동들이 급격히 줄어들었다고 한다.

택지 개발 및 재개발에 있어서도 주민들 간에 상부상조할 수 있는 사회관계망을 조직하고, 토착 동식물의 서식지를 보존하면서 생활체육의 기회를 제공할 수 있도록 고려하는 새로운 방식이 도입되었다. 정책적으로도 트랜스 지방을 규제하고 지구온난화 주범을 규명하고, 병에 담아 파는 생수에 세금을 매기고, 유기농 농업인을 양성하는 등의 발전적인 행보를 보이고 있다.

전반적인 경제 운용면에서도 불필요한 소비는 가능한 줄이면서 최대한의 만족을 추구하는 방향으로 기조가 바뀌기 시작했다. 우리는 낡은 경제학적 가설들로 둘러쳐진 상자 속에 갇혀 있는 대신, 중용이 있고 온정적인 경제학, 더욱 높은 수준의 건강, 희망, 행복을 가져다줄 경제학을 지향하는 방향으로 나아가고 있다.

샐리 빙햄은 The Regeneration Project(도시재생사업을 추진하는 기독교 단체)와 Interfaith Power and Light 캠페인(종파를 초월해서 지구온난화에 대처하는 종교단체)에서 활동하면서 종교적인 믿음이 환경문제를 해결하는 데 기여할 수 있도록 많은 노력을 기울여왔다. 지구온난화 문제는 근원적으로 도덕이 관건인 문제라고 인식한 선구적인 종교지도자로서, 수천 명의 종교인들을 에너지를 관리하는 첨병으로서 행동에 나서도록 조직화해 왔다. 샐리는 샌프란시스코에 있는 그레이스 대성당Grace Cathedral에서 환경부장의 책임을 맡고 있으며, 캘리포니아 교구 환경위원회의장단에 속해 있기도 하다.

한때는 온전하였으나 ;
지구에 대한 책임

Rev. Canon Sally Bingham

종교는 수천 년 동안 우리와 함께 해왔다. 그러니 종교가 자생력이 높다는 점에 동의할 것이다. 사실 종교가 자체적으로 생존한 것인지, 아니면 우리 인간들이 생존하게 놓아둔 것인지를 생각해 보면 흥미롭다.

지구의 자생력을 놓고 말한다고 해도 같은 질문을 하게 된다. 대답 또한 유사할 것이다. 이 세계의 창조주는 사람들이 있든 말든 존재할 것이다. 마찬가지로 이 지구도 인류가 같이 하든 말든 살아남을 것이다. 두 가지 경우 모두, 인류는 그 주체를 보살피거나 해악을 끼치는 역할을 수행할 수 있지만, 각각의 주체가 생존하는 데 인류의 기여가 불가결한 것은 결코 아니다.

그동안 종교와 지구 양쪽은 인간의 행위로 인해 많은 고난을 겪어 왔다. 인간의 행위는 진실되고 자연스러운 관계를 존중하기보다는 오히려 그 관계를 해치는 쪽으로 영향을 끼쳐왔다. 문화가 발전하고 변화하면서 시대도 변화를 거듭해 왔고, 다양한 종교 교리들은 동시대의 사회를 반영해서 정립되었다. 종교는 대략적으로 말해서 늘 우리 곁에 머물러 있었다. 대부분의 사람들은 고집스럽게 인간을 능가하는 위대한 존재가 세상을 관장한다는 믿음을 간직하고 있다. 그 신성한 존재는 사실 인간이 그에 대해 무엇이라고 기록하고 논쟁을 벌이는지 여부와 상관없이 그 존재를 지속할 것이다.

사실 인간이 환경과 불협화음적인 관계를 가지고 있는 현실에 비추어서 과연 인류가 살아남을 수 있을 것인가가 오히려 질문다운 질문일 것이다. 더 위대한 존재(사실 내가 생각하는 존재는 하나님이다)는 이 다채롭고 복잡한 생명체들의 체계를 창조하고 각 종種들 및 생태계가 조화롭게 돌아갈 수 있도록 안배했다. 우리가 과도하게 탐욕을 부리고 이기심을 드러내지만 않는다면 모두가 공존할 수 있을 것이다. 그리고 그 모든 피조물 중에 인간이라고 하는 종이 다른 모든 생명체를 '지배'하도록 안배되었다. 여기서 '지배'라 함은 여타의 피조물들이 조화롭게 유지되고 생존하고 번성하게 할 책임을 말한다.

믿음 안에 사는 신도들에게 천지창조 이야기는 우리가 자연과 더불어 생존해야함을 일깨워 준다. 하지만 최근에 이르기까지 우리는 그 의미를 깨닫지 못했었다. 사실 깨달을 필요가 없었는데, 우리가 생각 없이 무절제한 생활을 한다고 해도 모든 것이 넘치게 충분한 것처럼 보였기 때문이다. 자연 자원은 무한히 막대하게 존재하는 것으로 보여서 미래 세대의 생존을 위해 비축해 두어야 한다는 생각은 굳이 하지 않았다. 적어도 한동안은 에너지 및 자원의 공급이 영원히 풍족하리라는 기대가 있었다.

도대체 언제부터 인간이 자연과 더불어 생존하는 것을 고민하기 시작한 걸까? 수년 동안 많은 사람들이 다가올 문제점에 대해서 자각하기 시작했지만 구조요청을 외쳐대는 이들은 없었다. 과학자들은 이러한 인식을 공유한 지가 제법 되었다. 종교적인 사람들은 모든 생명체에게 생존을 위한 권리가 천부적으로 주어진다는 점을 이해하고 있다.

이 천부적인 생존권에는 그러나 중요한 예외조항이 하나 있다. 다른 어떤 것을 살리기 위해서는 희생이 따를 수 있다는 것이다. 기독교의 기초적인 가르침이기도 하고, 이 글이 바탕으로 삼는 관점이기도 하다. 인류가 생존하기 위해서는 일부 동·식물은 죽게 될 것이다. 하지만 어떠한 동·식물이든 멸종에 이르러야 한다는 것은 아니다. 오히려 그 반대인데, '생육하고 번성하라'라는 구절을 기억할 것이다. 천지창조 이야기에 나오는 구절로, 인간은 지키고 관리하는 의미의 '지배권'을 받은 것이지, 군림하고 파괴하는 권리를 받은 것이 아니다.

하버드대학교의 에드워드 윌슨 박사에 따르면, 한 해에 생물 2만여 종이 멸종된다고 한다. 자생가능한 삶의 방식이 미래세대들에게 어떠한 부담도 끼치지 않으면서 현재의 삶을 누릴 수 있는 것을 의미한다면, 이러한 비도덕적인 생명 파괴 현상은 죄악일 뿐 아니라 종국에는 인류의 멸망을 불러오게 될 것이다.

인간은 먹이피라미드의 맨 꼭대기에 위치하고 있으며, 다른 모든 종들을 돌보는 특별한 소임을 담당하고 있다. 하나님이 창조하신 모든 피조물들을 제대로 돌보고 관리해서 보존하지 못한다면 우리 스스로의 생존을 보장할 수 없을 것이다. 우리는 모두가 조화를 이루어 전체를 이룰 수 있는 존재로 창조되었고, 각 생명체 종은 서로 그물망처럼 연결되어 한 편으로는 의존하고, 다른 한편으로는 의존받는 관계에 있다. 이렇게 서로 의존적인 관계는 우리가 먹이피라미드 내의 각자의 위치를 존중하지 않을 수 없도록 한다. 각각은 피라미드를 유지하는 중요한 축으로 중요할 뿐 아니라 하나님에게도 소중한 존재이다. 하나의 축을 파괴하게 된다면 전체가 영향을 받을 수밖에 없으며, 결국 피라미드 꼭대기에 있는 종들도 멸종에 이르게 될 것이다. 밑에서 지탱해 주는 시스템이 자생력을 잃게 될 때 꼭대기가 무너지는 것은 필연적이다.

그렇다면 사람들이 이런 문제를 자각하지 못하고 눈앞에 들이밀어도 이해조차 못하고 있는데 우리는 어떻게 생존할 수 있을까? 우리가 자생하기 위해서는 우리의 가치체계에 변화가 필요하다. 그리고 종교 공동체야말로 가치체계의 변화를 촉구하는 데 있어 최적의 장소라고 할 수 있다. 종교공동체는 우리가 희망을 발견하기도 하고, 또 주입할 수도 있는 곳이다. 희망이야말로 전례없이 대량으로 배출되는 이산화탄소와 메탄가스로 인해 세상이 무너질 위기가 눈앞에 다가왔을 때 사람들을 결속시킬 수 있는 아교라 할 것이다. 기후변화는 우리시대가 맞닥트린 가장 중요한 도덕적인 문제이다.

기후변화는 도덕적인 도전일 뿐 아니라 우리가 마주한 가장 파멸적인 상황이기도 하다. 미래세대의 건강한 삶을 파괴하는 결과를 초래하지 않기 위해서는 시급히 해결을 모색해야만 한다. 화석연료를 태워서 에너지를 얻어내는 것이 하나님이 만들어낸 이 생명공동체의 조화를 어지럽히는 일임은 과학적으로도 익히 증명되었다. 각종 동식물의 멸종 사태와 질병의 확산, 가뭄, 홍수 및 갈수록 파괴력이 강해지고 주기도 빨라지는 태풍과 빈번하게 발생하는 화재 등 이 모든 것이 대기 중에 이산화탄소가 너무 많아서 생긴 결과이다.

한때는 우리가 에너지를 얻기 위해 석탄, 석유, 천연가스 등에 의지해도 좋은 시기가 분명 있었다. 하지만 종교가 변화하고 문화가 변화하며 성숙해지듯, 에너지를 생산하는 방식도 바꾸고 개선할 필요가 있다. 애초에 문제를 발생시킨 기술을 사용하면서 문제를 해결할 수는 없다.

한때 종교가 노예를 사고파는 것을 용인하던 시기도 있었지만, 우리가 성숙하고 보다 지각을 갖추게 되면서 노예를 소유하는 것이 비도덕적임을 깨우쳤다. 종교가 그 문제를 수면 위로 끌어올리고 모든 인간이 존엄성을 가진다는 것을 일깨웠다. 종교가 도덕적인 근거로 노예제도를 반대하는 목소리를 높이자 변화를 촉구하는 실체적 움직임이 시작되었다. 종교가 다시 한 번 자연에 해를 끼치는 행동이 죄악임을 밝힘으로써 도덕적인 힘을 보여줄 필요가 있다.

더 나아가서 우리에게는 기후변화로 인한 위해에 상대적으로 더 많이 노출되는 가난한 삶들의 입장을 대변해야 할 소명이 있다. 가난하고 힘없는 무리들은 이러한 문제에 가장 책임이 적음에도 불구하고 가장 많은 고통은 받고 있고, 앞으로도 가장 큰 피해자들일 것이다. 이것은 부당한 일로써 종교적인 가르침에도 반하는 것이다. 서로 봉사하는 것이야말로 불변의 종교적 과제이며 다른 사람들을 착취하는 것은 하나님의 뜻에 반하는 일이다.

지금 이 글을 쓰고 있는 시점에, 인간이 된다는 것이 의미하는 바가 무엇인지를 종교적으로 재정의하기 시작했다. 미래 세대를 고려대상에 넣게 되면 각종 사업을 이제까지 해온 대로 진행할 수는 없음을 우리는 자각하게 될 것이다.

이제 많은 종교 교파들이 각자의 차이를 한 옆으로 치워두고 자생력 있는 세상을 만들기 위해 공조하고 있다. 다른 존재들 및 자연과 조화를 이루는 관계를 가져야 함을 깨닫게 되면 필요한 변화들도 이루어지게 될 것이다. 문화가 변화함에 따라 종교가 자체적인 변화를 모색해 온 것과 같은 방식으로 이 인간과 지구 간의 관계도 변화를 모색하게 될 것이다.

자연친화적인 자생력이라는 것이 사실은 가치의 문제라는 인식이 자리잡아가고 있다. 하나님과 창조론에 대한 믿음이 있는 신자라면 피조물에 대한 관리책임과 자연친화적 자생력이 불가분의 관계임을 이해해야 할 것이다.

우리에게는 현재 우리가 걸어가고 있는 파멸을 향한 길과는 다른 길로 노선을 변경할 수 있는 기술과 능력과 자원이 있다. 우리는 기존의 가치를 버리고 새로운 가치를 받아들이기 위해 각고의 노력을 기울여야 할 것이며, 정치 지도자들이 인류의 생존을 위해, 적어도 다음 선거에는 큰 목표를 향해 나아갈 수 있도록 압력을 가해야 할 것이다.

하나님은 그 자체로 완전한 세상을 창조하셨다. 하지만 인간의 탐욕이 조화로운 자연, 하나님이 주신 세상을 어지럽히고 있다. 우리는 인류와 함께 하나님이 주신 세상을 보전할 사명이 있다. 한때는 완전했으나 더 이상은 그렇지 못한 세상은 모든 가치 중에서도 자연친화적 자생력을 가장 염원할 수밖에 없다.

종교가 시류에 맞게 변화를 거듭해 왔듯이 인류가 변화하는 세상에 적절한 대응을 할 수 있다면 우리는 자생력 있는 사회를 건설해낼 수 있을 것이다.

세실 앤드류스는 스스로를 소박함을 추구하는 운동 내에서의 쾌락주의자로 간주하며, 《Circle of Simplicity: Return to the Good Life》와 《Slow is Beautiful: New Visions of Community》, 《Leisure, and Joie de Vivre》를 저술했다. 그녀는 피니 에코빌리지Phinney Ecovillage라는 도시지역 시민공동체의 설립자이기도 하다. 스탠포드대학교에서 교육학 전공으로 박사학위를 취득했다.

타인에 대한 관심 ;
공동체적인 삶

Cecile Andrews

우리는 소박함이라는 가치에 끌리는 한편, 아직은 겁을 내고 있다. 모든 것을 박탈하는 삶을 원하는 사람은 아무도 없을 것이다. 하지만 많은 사람들이 버릴수록 더 얻게 되는 이치를 깨달아가고 있다.

버릴수록 더 얻게 된다. 많으면 많을수록 좋다고 배워 온 미국인들에게는 받아들이기 어려운 명제이다. 하지만 이제 바뀌어야 할 때가 왔다는 것을 우리는 알고 있다. 그렇게 욕심을 좇아 산 결과로 미국인들의 감정은 우울증, 불안감, 적대감, 두려움, 화, 욕망, 무시, 질투, 회의감 등으로 채워졌다.

그래도 우리는 버락 오바마를 선출해냈다. 우리에게 조금이라도 더 나은 선택의 여지가 있다면, 우리는 그 선택을 외면하지 않는다. 그것은 소박함이라는 가치에 대해서도 마찬가지이다. 미국인들은 이미 소박함이라는 가치에 마음이 끌리고 있다. 일단 그 가치를 이해하게 된다면 그 가치에 동조하게 될 것이다.

사실 이 소박함이라는 것은 모든 종교와 지적 전통들 속에서 발견할 수 있는 매우 기본적인 생각이다. 소박함은 물질적인 부를 제한함으로써 내면을 살찌울 수 있도록 하는 것이다. 역사를 봐도, 연구결과를 봐도, 또한 우리가 살면서 경험한 바에 의해서도, 사람이 물질적인 부에 집착하면 내면에 많은 것을 채울 수 없게 된다. 이치가 그렇다.

소박함을 바라보는 또 다른 관점이 있다. 소박함은 양심에 따라 의식 있는 선택을 하는 것이다. 그리고 무엇에도 조종당하지 않고 자유의지로 선택하는 것이다. 소박함은 중요한 것이 무엇인지, 그리고 꼭 따져보아야 할 것은 무엇인지를 제대로 판단해서 선택하는 것이다. 소박함은 꼭 필요한 것이 아닌 것을 벗겨내고, 꼭 필요한 것이 빛을 발하도록 해주는 것이다.

많은 사람들은 '버릴수록 더 얻게 되는' 경험을 스스로도 해보았을 것이다. 삶에서 더 큰 만족을 얻기 위해서 외형적으로 쌓이는 재산을 제한해 본 경험이 있을 것이다. 손에 쥘 수 있는 재산을 제한함으로 내면적으로 성장했던 경험이 있었을 것이다. 대부분의 경우 소비를 줄이면서 개인적으로 관심 있는 분야에 투자할 시간적 여유를 얻기도 했을 것이다. 우리가 지출을 줄이게 되면 해야 할 일의 양도 줄일 수 있다. 우리 가진 게 적을수록 그것들을 관리하는 데 필요한 시간도 덜 들게 된다. 물건을 구매하고, 건사하고, 고쳐 쓰고 하는 데에는 시간이 소요된다. 그리고 무엇이든 갖춰 놓으면 여기저기 말썽이 끊이지 않는 법이다.

소박함을 선택한 사람들은 남들과는 다른 많은 변화를 갖게 된다. 내 경우는 대학행정직으로 일하던 정규직을 그만 두고, 공동체 및 자연친화적 자생능력을 개발하도록 촉구하는 글을 집필하고, 지역주민을 교육시키고, 지역활동을 실천하는 교육자로서의 삶을 시작했다. 많은 사람들은 이건 좀 '위험한 행보'라고 생각할 것이다. 하지만 어떤 사람이 더 안정적일까? 적게 벌어서 그 안에서 생활하면서 빚 같은 것을 얻을 엄두도 내지 못하는 사람일까, 아니면 고임금을 받아서 맘껏 사들이고 그러다 빚까지 내고서는 불시에 직장을 잃을 수도 있는 사람일까?

보다 소박하게 사는 것의 혜택 중 하나는 아무도 당신에게 큰 기대를 걸지 않는다는 것이다. 아무도 내가 부엌을 새것으로 뜯어 고칠 거라고 기대하지 않는다. 아무도 내 옷장 속에 뭔가 건질 것이 있으리라고도 기대하지 않는다. 내가 늘 같은 옷을 입고 다녀도 사람들은 내가 패션센스가 부족하다고 생각하기보다는 원칙을 실천하는 사람이어서 그렇다고 생각해준다. 다른 사람의 기대에 부응해야 한다는 압박감이 없는 삶은 정말 자유롭다. 그리고 나는 스스로를 실패자라고 생각한 적이 없는데, 사실 사회가 정해놓은 성공이라는 개념을 받아들여 본 적이 없기 때문이다.

소박함은 무엇보다도 내가 보다 분명한 인식을 가질 수 있도록 해주었다. 특히나 내면에 대해서 말이다. 무엇을 믿고 있는지, 어떤 생각을 가지고 있는지, 또 추구하는 가치가 무엇인지 명확하게 알고 있다는 것은 정말 멋진 일이다.

무엇이든 신중하게 생각한 후에야 분명해진다. 사실 이러한 신중함이야말로 소박함에 꼭 필요한 요소라고 할 수 있다. 충분히 시간을 들여 생각하고, 자신이 무엇을 원하는지 스스로에게 물어보도록 하자. 소로우도 《월든》에서 이렇게 말했다.

> 내가 숲으로 간 것은 삶을 사는 데 신중을 기하기 위해서였다
> …… 내가 죽게 되었을 때 제대로 살아보지 못했다고 깨닫게 되
> 고 싶지는 않았다.

우리는 소박함이 있는 신중한 삶을 선택해야 한다. 그 속에서 우리
가 온전히 살아있다는 것을 느낄 수 있기 때문이다. 어떻게 온전히 살아
있다고 느낄까? 차이를 만들어내면 된다. 소박하게 살게 되면 우리는 차
이를 만들어내게 된다. 우리 별의 존립은 우리가 자원 소모를 줄여야 가
능하다. 가난한 사람들의 안녕한 삶은 우리가 좀 더 소박하게 살 수 있을
때 가능하다. 미국인들이 자원 소모를 줄이면 다른 지역 사람들의 분노를
야기하지 않을 수 있고, 세계가 테러로부터 더 안전해질 수 있을 것이다.

사람들과 지구의 안녕을 바란다면 우리가 변화해야만 한다는 점은
분명하다. 일부에서는 소박함이라는 것이 경제에는 치명적이라는 반응
을 보인다. 누가 경제를 망친다는 걸까? 돈에 대해 양식이 있고 주의 깊
은 사람들? 나는 그렇게 생각하지 않는다. 소박함은 경제에 해가 되지
않는다. 원칙도 없고 규제에서도 벗어난 탐욕이 경제를 망치는 것이다.

그렇다면 소박하게 살기 위해서 해야 할 일이 무엇일까? 궁극적으로
우리는 미국인들이 돈에 대해 갖고 있는 기본적인 믿음에 도전해야만 한
다. 돈에 대한 우리의 믿음이 우리가 당면하고 있는 많은 문제들을 일으
킨 근본 원인이다. 이 믿음으로는 두 가지가 있는데, 하나는 부자가 되면

행복해진다는 것이다(사실 모든 연구조사들이 부가 일정 수준에 도달한 후에는 상관관계가 없다는 결과를 보여주었다). 두 번째는 열심히만 일하면 부자가 된다는 것이다. 이것도 틀렸다. 이러한 믿음 속에 사는 한 당신은 자신도 언젠가 부자가 될 꿈에 부풀어 부자감세를 반대하지 않게 된다. 그렇게 되면 수입격차는 갈수록 커지고, 그렇게 부유층에게 점점 더 많은 권력이 몰리고, 삶은 더욱 치열해지며, 사람들은 더 많은 돈을 움켜쥐기 위해 더욱 극렬하게 움직일 것이다.

부자가 되는 것이 목표인 이상 사람들은 부패하기 쉽고, 다른 사람들이 부패하는 것에도 쉽게 눈감게 된다. 탐욕과 부의 무조건적인 추구는 기업체들이 편법과 속임수를 일삼게 만들기도 한다. 그리고 자신들도 부자가 될 수 있다는 희망으로 이를 눈감아 주게 된다.

2008년도 가을의 경제위기는 분명히 윤리는 도외시한 채 부를 추구한 탐욕 때문에 발생한 것이다. 토마스 프리드만Thomas Friedman은 2008년 11월 25일자 뉴욕타임즈에 기고한 칼럼에서 다음과 같이 말했다.

이번 재정적 파탄은 개인적인 책임감에서부터 정부규제 및 재정 윤리에 이르기까지 전국적으로 만연한 부패로 인해 야기된 것이다.

참으로 많은 사람들이 이에 연루되어 있다. 계약금도 없고 융자를 갚아 나갈 돈도 없으니 집을 사서는 안됐던 사람들도 있고, 대출을 권유해서는 안 되는데도 그렇게 조율해준 사람들도 있고, 그런 채권을 묶어서 증시로 돌려서 우량주인 양 제3자에게 인수하고 자신들의 배를 불린 사람들도 있고, 그런 증권에 우량등급을 내주고 한 몫 본 사람들도 있고, 채권 거래가 금지된 위치에서도 한 몫

보겠다고 부당거래로 자기이익을 취한 자들도 있다.

맹목적인 부의 추구가 당신을 변화시키는 것은 분명하다. 사람들을 더욱 탐욕스럽고 이기적으로 만든다. 마치 섭식장애와 같다. 어린 소녀들은 심하게 다이어트를 한 후에 폭식과 구토를 거듭하다가 결국 외부의 도움 없이는 정상적인 식사를 할 수 없게 된다. 사람들이 부를 추구하면서 보이는 행태가 이와 비슷하다. 탐욕이 점점 더 커지고 멈추는 법을 모르게 된다. 그들도 법과 규제라는 외부의 도움이 꼭 필요하다.

앞에서 얘기했듯이 부를 따라간다고 해서 행복을 잡게 되지는 않는다. 그런데 이와 연관된 연구조사 중 특히나 주목하지 않을 수 없는 것이 하나 있다.

수명과 관련해서 건강의 가장 큰 적은 빈부격차로, 차이가 클수록 평균수명이 낮다.

이는 빈부격차가 가난한 사람들의 건강에만 악영향을 끼치는 것이 아니라 부유한 사람들도 마찬가지로 영향을 받는다는 것이다. 미국에서 부유한 사람들의 수명은 빈부격차가 심하지 않은 노르웨이 중산층의 수명보다도 짧게 나타난다.

그렇다면 그 이유는 무엇일까? 빈부 차이는 사회적인 결속력을 파괴하고, 서로를 상관없는 존재로 느껴 서로에 대한 책임도 느끼지 못하며, 공동의 이익을 생각할 수 없는 사회를 만든다. 빈부 차이를 용인하는 사회는 구성원에게 다음과 같은 메시지를 준다. 바깥세상은 정글이다, 치열한 각축장이다, 생존을 위해서 무엇이든 해내야 한다, 뒤를 조심하고 아무도 믿어서는 안 된다, 도움을 기대하지 말고 공정함을 기대하지 마라, 자기 앞가림에만 충실해라, 믿을 사람은 자기 자신뿐이다 등.

이런 사회에서 사는 한 사람들은 생존하기 위해서 끊임없이 분발해야 한다고 느낀다. 남들보다 앞서기 위해 거짓과 편법을 꺼리지 않게 되고, 범죄와 폭력도 증가일로에 있게 된다. 물론 시민들은 아무도 믿을 수 없고 사회적인 결속은 온전히 파괴된다. 그로 인한 고립감과 소속감의 결여도 치러야 할 대가이다.

그러나 이것이 끝이 아니다. 불평등한 구조 또한 문제이다. 불평등은 심각하게 병적이다. 상대적으로 가난한 사람들은 수치심과 투기심을 느낄 수밖에 없다. 부유한 사람들은 오만하고 남들을 경멸하며 업신여기게 된다. 또한 죄책감 및 보복에 대한 공포도 있다. 물론 더 높은 지위에 오르는 것이 기분 좋은 일임에는 분명하다. 하지만 높은 위치에 있는 사람은 결코 만족을 모른다. 누군가 항상 더 높은 지위에 있기 때문이다. 그리고 최고의 위치에 오르게 되면 모두가 자기의 위치를 노리고 있다는 것을 알기 때문에 불안하다. 누가 최고 자리에 앉은 사람들을 좋아할까? 그 위치에 있는 사람들끼리는 서로 좋아할까? 그렇지 못할 것이다. 누구든 갑자기 옆구리를 칼로 찌를지 모르는 상황이기 때문이다.

궁극적으로 가장 커다란 손실은 누구도 자기보다 크고 의미 있는 무언가의 일부라고 느끼지 못한다는 점이다. 당신은 고립되고, 단절되고, 무시당하고, 버려져서 혼자만 남았다고 느낄 것이다. 모든 연구조사가 보살핌과 결속력을 느끼게 되면 건강해지고, 행복감을 느끼게 되고, 수명도 늘어나게 된다는 사실을 보여준다. 화, 공포, 후회, 고독감 등은 사람들에게 엄청난 타격을 준다. 이러한 감정들은 빈부격차가 해소되어야만 사라질 수 있는 것이다.

중산층이 두텁고 안정적인 나라는 정부가 소수에게 이익을 독점하도록 하는 것이 아니라 공공선을 추구하는 것을 더 중시해서 적극적으로 개입하는 나라들이다. 경제학에서는 오랫동안 통화침투설trickle-downtheo-ry, 부유층에 돈이 흘러들면 소비 등의 형태로 서민층까지 흐름이 확산되므로, 부유층 및 대기업을 위한 경제정책을 쓰면 전체적인 경기부양이 가능하다고 주장하는 이론에 대해 논쟁을 거듭해 왔다. 우리는 이것이 실효성 없는 공염불임을 익히 목격해 왔다. 실제로 효과가 있는 것은 평등과 사회결속의 실현이다. 사람들이 우리의 운명이 서로 연결되어 있다는 것을 이해해야 가능한 것이다.

그렇다면 이런 종류의 평등과 결속을 실현하려면 어떻게 해야 할까? 먼저 사람들이 진실을 받아들여야 한다. 미국은 유럽국가들과 비교해서 행복, 평등, 건강, 아동복지, 투표 등에 있어서는 꼴찌이거나 꼴찌에서 두 번째에 자리한다는 점이다. 우리는 항우울증 약물사용, 의료보험비용, 자살률, 투옥률 등에 있어서는 선두를 달리고 있다.

우리 국민들은 우리가 선진개발국가 중에서 제일 장시간 노동에 시달리고 있으며, 행복체감지수는 갈수록 떨어지고 있다. 우리는 유럽인들의 두 배나 되는 의료보험 비용을 지불하고 있지만, 그럼에도 불구하고 건강지표들은 바닥 수준이라는 점도 알아야 한다. 이러한 현실에 대해서 대중들을 계몽할 필요가 있다. 그리고 보다 평등을 보장하고 근로시간은 줄이고 석유사용을 경감시키는 내용이 정책에 반영될 수 있도록 노력할 필요가 있다.

하지만 부정적인 면을 부각하는 것만으로 이러한 목표를 이룰 수는 없다. 우리의 곤란한 처지에 대해 공포를 유발하는 것만으로는 안 된다. 소박함을 실천하는 삶이 신나고 만족감이 넘친다는 것을 깨닫도록 방법을 모색할 필요가 있다.

나는 《어린 왕자》의 작가 생 텍쥐페리의 말에서 중요한 교훈을 찾았다. 그는 배를 만들도록 지시할 때, 사람들에게 나무와 연장만 주지는 않을 거라고 했다. 그것으로는 충분하지 않으며, 사람들에게 광대하고 끝이 없는 바다를 향한 갈망을 가르치겠다고 했다.

우리는 사람들에게 새로운 삶에 대한 비전, 너무나 신나고 흥미로워서 그 비전을 실현하기 위해서라면 할 수 있는 것은 무엇이든 하겠다는 마음가짐을 갖게 할 만한 비전을 제시해야만 한다. 사람들의 소비주의 행태에 손가락질을 하기보다는 사람들이 구매 욕구를 버리고도 살 수 있는 삶의 방식을 찾아내도록 도와주어야만 한다.

나는 슬로푸드 운동slow food movement에서 그러한 비전을 발견했다. 슬로푸드 운동은 텔레비전 앞에서 혼자 맛없는 패스트푸드를 씹어 먹는 대신 친구나 가족들과 함께 대화와 웃음 속에 맛있는 음식을 여유롭게 즐겨야 한다고 우리를 설득한다.

슬로푸드 운동이 전 세계를 강타하고 있다. 사람들은 직관적으로 이를 받아들인다. 물론 이것은 단순히 유쾌한 저녁시간 이상의 매력이 있다. 기쁨이 가득한 이미지 속에는 환경문제 및 사회정의에 대한 함의가 담겨 있다. 당신이 좋은 음식을 얻고자 한다면, 그것이 어떻게 재배되고 사육되는지에 대해서도 주의를 기울일 필요가 있다. 그리고 기업형 농업이 인간과 지구에 끼치는 영향에 대해서도 주의를 기울일 필요가 있다.

슬로푸드 운동의 성공은 우리에게 좋은 동기부여가 될 수 있다. 이것은 결속력과 서로에 대한 배려와 기쁨이 함께하는 바람직한 생활을 담은 기본적인 비전이다. 기쁨이 넘치는 공동체.

모든 연구조사에서 분명히 밝히고 있듯이, 우리가 다른 객체들과 맺는 관계야말로 행복의 중심이다. 사람들이 서로 연결되어 있고 서로 돌봐주고 서로에 대한 책임을 느끼고 산다면, 더욱 행복해지고 더욱 건강해지고 더욱 오래 살게 될 것이다.

우리는 공동체를 개발해야만 한다. 한편으로 공동체의 중요성에 대해 들으면 절로 고개를 끄덕이게 된다. 하지만 현실적으로는 실행 순위에서는 제일 하단으로 밀려날 것이다. 사람들은 공동체를 위해 할애할 시간이 없을 뿐 아니라, 사실 정말 중요하다고 생각하지 못한다. 또는 쇼핑센터에 가거나 프렌즈^{Friends, 미국시트콤} 재방송을 보면서 공동체를 경험하고 있다고 생각한다.

사람들이 공동체를 구성하도록 움직이게 하려면, 그들에게 공동체 경험, 보살피고 보살핌을 받는 경험을 제공함으로써 '광대하고 끝이 없는 바다를 향한 갈망'을 느끼게 해야 한다. 보살핌을 받아보아야 비로소 보살핌을 줄 수 있게 된다. 치열함 속에서는 보살핌을 받는 기분을 느끼지 못한다. 그저 끝까지 해내는 법, 목표를 이루는 법, 당신이 남보다 낫다는 것을 증명하는 법을 배운다. 남을 평가하고 자신을 남과 비교한다. 노숙자들을 무시하는 것을 배우고, 진짜 감정은 거짓 시늉으로 감추는 법을 배운다. 편법을 쓰고, 남을 속이고, 사기치고, 조종하는 법을 배운다. 홀로 버려지고 고립되는 것, 약물에 취하고 휠체어 신세가 되는 것, 다른 노인네들과 양로원에 처박히는 것 등을 누구라서 걱정하지 않을 수 있겠는가.

올더스 헉슬리Aldous Huxley는 이를 '조직적인 애정결핍'이라 불렀다. 우리는 사람보다 기술과 더욱 친밀하고 자동응답기, 이메일, 현금인출기 등 기계와의 소통이 점점 더 늘고 있다. 심지어 도서관에서 책을 빌리는 경우에도 모두 자기 손에서 해결된다. 당신은 아무도 필요치 않고, 누구도 당신을 필요로 하지 않는다.

하지만 역사 속에서 사람들이 남긴 말들을 살펴보자.

> 영웅은 붉은 하늘 자락을 등지고 선 거대한 석상들이 아니다. 영웅은 다음과 같이 말하는 사람들이다. 이곳이야말로 내가 속한 공동체이고, 이곳을 더 좋은 곳으로 만드는 것이 나의 책무이다. 이 모든 공동체들을 하나로 엮어보자. 그러면 다시 굳건하게 일어서는 하나 된 미국을 얻게 될 것이다. 나는 무엇이 영웅을 이루어내는지 재평가해야 할 것이라고 생각한다.
> — 스터드스 터클StudsTerkel

> 오늘날의 젊은이들은 무엇을 하며 살아야 할까. 분명 많은 것을 할 수 있을 것이다. 하지만 고독이라는 끔찍한 질병을 치료할 안정적인 공동체를 만드는 일이야말로 가장 대담한 일이라고 할 수 있을 것이다.
> — 커트 보네커트Kurt Vonnegut, Jr.

"이 도시라는 게 무슨 의미가 있나요? 당신들은 서로 사랑해서 이렇게 한데 모여 살고 있는 건가요?"라고 낯선 이가 물어본다면 당신은 어떻게 대답할 것인가. "우리는 서로에게서 돈벌이를 하기 위해서 한데 모여 사는 것입니다"라고 할 것인가, 아니면 "우리는 하나의 공동체입니다"라고 할 것인가.

— 엘리어트^{T.S. Eliot}

공동체 만들기

일단 공동체를 경험하게 되면 친구나 가족의 테두리 밖의 '타인'에게도 마음을 쓰는 법을 배우게 된다. 그리고 남에게 마음을 쓰는 법을 배우는 동안, 공공의 선이나 대의 등을 생각하는 마음을 갖게 될 것이다.

지역사회복원운동처럼 우리는 새로운 공동체 모임을 만들어야 한다. 지역기반의 사업체를 지원하고 지방의회에도 적극적으로 참여해야 한다. 하지만 그것으로는 충분하지 않다. 가능한 우리가 하는 모든 일에 공동체를 개입시켜야 한다. 시의회에 건의할 내용으로 모임을 가질 때도 시작은 다과를 나누면서 이런저런 한담을 주고받는 여유도 가져보자. 빡빡하게 규칙대로만 회의를 이끌기보다는 좀 더 편안하고 대화를 할 수 있는 분위기로 모임을 이끌어 가는 것이 필요하다. 녹림을 보호하기 위한 모임을 준비할 때도 마음을 나눌 수 있는 식사 모임이나 간단한 소풍을 주선할 수 있을 것이다. 우리에게는 지구온난화에 대처하는 모임도 필요하지만 지인들과 가벼운 오락을 즐길 밤시간도 필요하다. 지지하는 정치 캠페인에 지원금을 내려가는 일도 필요하지만, 가는 길에 만난 이웃 사람들과 담소를 나눌 여유도 필요하다.

공동체가 없다면 결국에는 서로 나누고 의지하는 법을 배울 도리가 없다. 같은 인간들끼리도 서로 돌보며 사는 삶을 배울 수 없다면 다른 종과의 관계는 더 말해 무엇하겠는가? 남을 돌보는 마음은 인간이 기본적으로 가진 능력이지만 훈련과 개발을 거쳐야 제대로 성숙하고 발현될 수 있는 능력이다. 그리고 공동체는 버리면 얻어지는 것이 있다는 것을 알면서 소박함을 귀하게 여기는 문화 속에서라야만 활성화될 것이다.

오늘날 소박함을 추구한다는 것은 더 이상 의류구매비를 절감하거나 부엌을 새로 바꾸려는 계획을 철회하는 것과 같은 차원이 아니다. 그보다는 사람들이 서로 마음을 나누고 상부상조하는 문화를 만들어 가는 것이다. 이것은 우리가 돈에 대한 기존의 생각을 버리면 가능해질 일이다. 돈에 대한 생각은 우리가 공동체를 조직해서 활동하다 보면 자연스럽게 수정될 것이다. 공동체는 동네 커피점에서 둘레둘레 모여 앉아 노닥거리다 보면 자연스럽게 조성될 수 있다. 그렇게 서로 간의 유대감과 그 사이에 오가는 온정을 경험하게 되면, 사람들과 지구의 안녕을 기대할 수 있게 될 것이다.

인류역사상 거대한 변혁의 시기는 여러 차례 있었다. 한때는 대부분의 사람들이 노예제도를 당연하게 받아들였다. 한때는 왕권신수설을 진리처럼 떠받들었다. 한때는 고문이 불가피하다고 받아들여지기도 했다.

지금 우리는 소박함이 미덕인 문화를 구축함으로써 돈에 대한 우리의 가치체계를 바꿀 때이다.

레베카 니일 굴드는 《At Hone in Nature: Modern Homesteading and Spiritual Practice in America》의 작가이다. 미들베리 칼리지Mid-dlebury Colleage에서 종교와 환경연구 전공 조교수로 재직하면서 종교와 자연, 환경 윤리, 미국에서의 종교와 사회, 미국문화에서의 소박함 등의 과정을 가르치고 있다. 최근에는 종교와 결합한 환경 운동을 주제로 연구하고 있다. 그녀는 시간 되찾오기Take Back Your Time 캠페인의 열성회원으로 임원직을 맡고 있기도 하다. 소박함을 추구하는 삶의 일환으로 가장 최근에 보이는 그녀의 행보는 양치기 시범사업에 참여한 것으로, 동반자인 신시아 스미스Cynthia Smith와 같이 양 세 마리를 뒷뜰에서 방목하고 있다.

밤새 훌쩍 자라난 옥수수처럼 ;
시간감각 되찾아 오기

Rebecca Kneale Gould

이 글의 시작은 내가 가장 좋아하는, 소로우의 《월든》에 나오는 구절로 시작하고 싶다. 〈소리^{Sounds}〉라는 장에서 비교적 앞부분에 있는 문구로, 독서의 미덕에 대한 장문의 담론 바로 다음에 나온다. 자신의 저술 방향과 함께 자신과 같이 마음의 안식을 찾는 자라면 반드시 읽어 두어야 할 중요한 저작물들을 소개하는 와중에 소로우는 갑자기 말을 돌린다.

'처음 여름을 나게 되었을 때 책을 읽지 않았다. 나는 콩밭에서 괭이질을 하고 있었다. 아니, 종종 그보다 더 좋은 시간을 보냈다.'

그는 계속해서 말을 이었다.

머리를 쓰는 일이든 몸을 쓰는 일이든 다른 어떤 중요한 일이 있다고 하더라도 지금 이 순간을 음미하는 기회를 희생할 수 없는 때가 있었다. 나는 삶 속에서 공백이라고 여겨지는 때를 사랑한다. 때때로 여름날 아침이면 늘 하던 대로 목욕을 한 후 문가에 자리잡고 앉아 해 뜨는 새벽부터 정오까지 햇볕을 쬐곤 했다. 소나무, 히코리나무, 옻나무에 둘러싸여 아무런 방해 없이 고독과 고요를 즐기며 넋 놓고 몽상에 잠긴 것이다 …… 그러다 지나가는 마차소리에 깨어나 시간이 한참 지난 것을 깨닫곤 했다. 그리고 그러한 시절 속에 나는 성장했다. 마치 옥수수가 밤 사이 훌쩍 자라 있듯이 말이다. 그리고 그러한 시간들은 애써 노력해서 얻어낸 것보다도 훨씬 값진 깨달음을 주었다. 그렇게 흘려보내는 시간은 결코 버려진 시간이 아니라 오히려 실제보다 더 많은 시간이 주어진 듯 했다 …… 대부분의 경우 나는 어떻게 시간이 가는지 마음에 두지 않았다. 내가 해놓은 일들에 빛을 밝히려는 듯 날이 밝았고, 그러면 아침이었고 '어' 하는 사이에 밤이 되고, 그렇게 별로 하는 것 없이 시간이 흘렀다.

이 글을 읽을 때면 눈물이 차오르곤 한다. 깨달음의 눈물인데, 나는 밤사이에 자라는 옥수수처럼 성장하는 것이 어떤 의미인지 알기 때문이다. 눈물은 상실감에서 오는 것이기도 한데, 개인적으로 바쁜 일상에 쫓겨 천천히 한숨 몰아쉴 여유도 없는 처지 때문이기도 하고, 우리 미국 문화가 무한한 소비와 끊임없이 바쁜 행보에 가치를 두면서 소로우의 말이 의미하는 종류의 성장을 허용하지 않는다는 애석함 때문이기도 하다.

나는 아주 어렸을 때부터 지적인 차원에서 소로우와 깊이 연애 중이다. 그리고 운 좋게도 헬렌 니어링Helen Nearing과 가까워졌고, 그 인연으로 이제는 고인이 된 그녀의 남편, 사회학자이며 급진주의적 경제학자이자 평화주의자인 스코트 니어링Scott Nearing을 알게 되었을 때, 나의 소로우에 대한 사랑은 다시 불붙었다. 니어링 부부 또한 소로우를 경애하고 있어서, 소로우가 2년 동안 월든에서 은거한 것에 고무되어, 그들도 1932년 뉴욕을 떠나 버몬트 서부에 있는 농가로 은거에 들어가 자급자족의 삶을 영위했다.

나는 그들이 은거하기 전부터 그리고 그 이후에 이르기까지의 삶을 연구하지 않을 수 없었다. 부분적으로는 소로우가 보낸 2년보다도 더 긴 세월을 은거의 삶을 지속한 사람들에게 '자연으로 돌아간다'는 의미가 무엇인지 알고 싶었다. 그들은 50년 이상 그런 삶을 유지했다. 조사를 확장해감에 따라 더 많은 인물들이 포함되었다.

역사를 거슬러 가다보니 존 버로우즈John Burroughs를 만나게 되었다. 그는 소로우의 발자취를 좇아 은거에 들어간 최초의 인물이었다. 그는 19세기 중반 워싱턴 D.C.에서의 촉망받는 문필가로서의 삶을 뒤로한 채 유년기를 보낸 허드슨 강가로 돌아가서 밭을 일구고 집필하며 소박하게 살아가는 삶을 선택했다.

그 이후의 인물들에 대해서도 꾸준히 탐구를 지속했다. 특히 니어링 부부에게 감명받아(대개는 소로우에게 받은 영향 또한 무시할 수 없었다.) 자연으로 회귀한 삶을 선택한 요즘 사람들을 인터뷰 했다. 이러한 탐구의 결과물로 《At Home in Nature》라는 책을 펴냈고, 그 안에 이러한 삶에 대한 진지한 질문을 담아냈다.

그들은 무엇 때문에 도시의 삶을 뒤로 한 채 직접 농사를 지어 자급자족하고, 손수 지은 통나무집에 살면서 작물을 팔아 필요한 비용을 해결해 가며, 그렇게 자연과 더 친해지는 삶을 살려고 하는가? 그들이 털어 놓은 이야기는 종종 그들의 삶이 전환되는 사연들로 채워지고, 반복적으로 이루어지는 자급자족의 일상이 사실 실용적인 이유에서 비롯된 것일 뿐 아니라 영적인 훈련이기도 하다는 것을 알 수 있었다. 직접 집을 짓고 매일 우물에서 물을 떠오면서, 그들은 곳곳의 장소들과 특별한 관계를 형성하고, 그럼으로써 자연에 보다 친밀해지고, 자연에 대한 경외감을 갖게 되는 것이다.

하지만 이렇게 드러나는 소박한 삶의 이면에는 내가 주장하고 싶은 다른 주제가 숨어 있다. 보통 '장소에 대한 감상' 때문에 드러나지 않는 주제인데, 그것은 시간을 저당 잡으려고 하는 기관 및 조직들로부터 시간을 되돌려 받는 일이다. 감히 아무 것도 하지 않음으로써, 혹은 니어링 부부처럼 자기들이 원하는 일정대로 절충적인, 실용적이면서 예술적인 다양한 일들을 함으로써 말이다. 그들은 창작 욕구를 불사르기도 하고, 불을 피우기 위해 나무가 필요하는 등의 일상의 필요에 대응하며, 그리고 계절에 따라 작물을 재배하고 제철음식을 먹어가면서 생활해 나갔다.

헬렌은 늘 지적했던 것처럼 '정월에 딸기를 먹는 건 너무 사치스럽고 무책임하게 느껴진다'고 말했다. 처음 이 말을 들었을 때는 사실 그다지 와닿지 않았다. 너무 금욕적이고 희생을 요구하는 것처럼 들렸다. 지금은 그녀가 말하고자 하는 바를 보다 잘 이해한다. 제철음식을 먹는 것은 소비사회에서 강제하는 시계가 아니라 자연의 시계에 따라 섭생하고 살아가는 것이다. 내 텃밭에서 캐낸 배추가 그토록 달콤한 것에는 다 이유가 있다. 가을 배추가 제일 실한 법이다. 11월의 서리가 잎사귀의 쓴 맛을 다 걷어내 주었기 때문이다.

일면 자급자족하고 자연의 법칙에 순응하면서 살기로 선택하는 것은 시간을 들여 그 법칙이 무엇인지 알아내겠다는 의미이기도 하다. 여지껏 내가 인터뷰 했던 사람들은 시간에 대한 다양한 접근법을 보여주었다. 다수는 미국 문화 속에서의 시간 개념과 시간 사용법에 대해 문제의식을 표출했다. 그들은 고삐 풀린 물질주의와 그에 수반되는 환경파괴만큼이나 미국 문화 속에서 '시간'은 문제가 크다고 비판한다.

예를 들어, 존 버로우즈는 소로우와 유사하게 시간을 개념화한다(그는 많은 면에서 소로우의 영향을 받았다). 소로우와 그의 친구인 월트 휘트먼Walt Whitman에게서 영감을 얻은 버로우즈는 걸으며 보내는 시간의 미덕을 자주 이야기했다. 그냥 걸을 수도 있고, 소소한 잡일을 하면서 걸을 수도 있고, 그저 산책삼아 걸을 수도 있다. 그는 그 모든 순간을 소중하게 여기며 '내 영혼에 양식을 주었다'고 적기도 했다.

자연에 귀의하는 삶을 추구하는 사람들과 그외의 진지한 독자들 모두에게 들은 바에 의하면, 니어링 부부의 저서인 《Living the Good Life》에서 가장 인상적인 점은 부부가 하루 일과를 시간을 활용하는 데 용이하도록 조심스럽게 계획했다는 것이다.

그들의 초기 생활 기록을 보면, 니어링 부부는 반나절은 먹고사는 것(자신들의 양식과 시장에 내다 팔 작물 생산)을 해결하는 데 투자하고, 반나절은 자아실현(저술활동 및 일광욕, 작곡활동 등)을 위해 할애하였다. 하지만 점차 그들이 세상에 널리 알려지고 그에 따라 감수해야 하는 일들이 늘어나면서, 니어링 부부 또한 시간과 분투해야만 했다. 그들은 저작물을 출간하고, 텃밭을 일구면서 늘어만 가는 방문객들을 맞이해야만 했다. 그 순례자들은 니어링 부부가 자기들과는 달리 자유로운 삶을 살고 있다고 보았고, 자신들의 삶을 보다 건전하게 전환한 데 있어 영감을 구하기 위해서 부부를 찾아왔지만, 그렇게 하는 동안 아이러니하게도 그들이 본받고자 하는 부부가 그렇게 애써서 얻으려고 하는 시간과 공간을 침탈하는 결과를 초래했다.

하지만 니어링 부부가 비록 나름의 어려움에 봉착했다고 하더라도, 그들의 일과표는 여전히 남다르다. 그들의 작품을 읽는 사람은 그들이 시간을 재정의해서 활용하는 것에 통쾌함을 느낀다. 그들이 시간을 쓰는 원칙은 직장 상사나 사무실 정책 또는 회사 강령에 따른 것이 아니라 계절의 변화와 하루 하루의 필요에 따라서 정해진다. 니어링 부부는 명상을 했고, 고요 속에 해초를 캐서 퇴비를 마련했으며, 전동기구보다는 구식 연장을 사용했고, 근면하고 면밀하게 작물을 돌보았다. 니어링 부부는 소로우나 버로우즈가 그랬듯이 공간에 대해서도 나름의 개념을 정립했다. 시간도 마찬가지로 중요하다는 것을 알았다. 게다가 시간 없이 공간은 존재하지 않는다. 시간이 부재한 경우, 장소는 그저 위치에 지나지 않는다.

헬렌을 처음 만나러 간 날 메인Maine 주에 위치한 그들의 농가에서 단순한 파란색 나무 팻말이 차량 진입구 바위에 꽂혀 있는 것을 보았다. 팻말에는 '오전 시간은 우리에게 속합니다. 방문객들은 3~5시에 와주세요. 우리의 삶을 지켜주세요'라고 적혀 있었다.

자연에 은거하는 사람들의 삶은 우리 사회를 주도하는 문화에 결여된 것이 무엇인지 분명히 보여준다. 하지만 그들의 삶을 조금 멀리 떨어져서 보면, 몇 가지 근본적인 의문을 던지게 된다. 그들은 자신들의 삶을 스스로 빚어내는 예술가가 되어서 스스로를 보다 자연친화적이고 기성 문화에서 벗어난 모습으로 재창조해낸다. 그들은 의지가 강하고 위험을 감수할 만큼 굳센 심지를 가지고 있어서 그들의 삶을 그토록 급진적으로 뒤바꿔놓을 수 있었다.

하지만 나머지 사람들, 평범한 일을 하면서 자식을 부양하고 승진을 기대하고 살고 있는 우리들은 어떻게 하나? 미국 문화에서 시간과 연관해서 가장 큰 문제는 (내 생각에는), 이러한 문제들이 극히 개인적인 수준에 머물러 있다는 것이다. 우리에게 문제가 있을 수 있고, 시간 활용면에 있어서 개선해야 한다는 인식도 있다. 그게 아니라면 우리가 이렇게 어찌할 바를 모르고 동동거리는 것은 심리적으로 무언가 결핍되어서일 것이다.

극도로 시간에 쫓기면서 사는 우리의 모습은 소비주의와 개인주의와 환경을 등한시하는 등의 여러 요인이 얽혀서 나타나는 현상으로 결코 단순히 개인적인 문제라고만 치부할 수 없다. 이것은 사회적, 문화적 차원의 문제이다. 과도한 업무와 시간에 쫓기는 삶이 정상이 되어버린 문화에서 어떤 문제들이 발생하는지 말이다. 가장 큰 문제는 과소비, 망가진 가정생활, 환경 문제, 인류의 건강이 위협받는 상황 등이다. 이제 각각의 문제상황에 대해 하나씩 살펴 보도록 하겠다.

과소비

줄리엣 쇼어Juliete Schor는 지난 30년 동안 1인당 소비지출이 $11,171에서 $22,152(인플레이션을 고려해서 조정된 금액)로 두 배나 껑충 뛰었다고 보고했다. 그녀의 연구조사는 1980년대와 90년대에 특히 불거진 '양날의 검' 현상을 밝혀주고 있다.

양적으로 팽창하는 경제상황이 '돈 벌어서 쓰는' 순환체계를 강화시

컸다. 그리고 그 안에서 소비표준은 극적으로 늘어났다. 전 세계를 단위로 영향력을 행사하는 소비경제에 휘둘려 신제품을 사들이기 위해 더 많은 일을 해야만 했다. 그리고 그렇게 생기는 스트레스는 다시 소비수준을 상향조정하는 것으로 풀어냈다.

경제가 안 좋아지면 소비가 줄어들어야 하는데 반해, 미국인들은 다른 나라와는 비교할 수 없는 그들의 소비행태를 그다지 바꾸지 않는 것처럼 보인다. 이렇게 계속해서 높은 소비가 이루어지게 되는 여러 요인이 있지만, 그중에서도 시간이 없다는 것이 가장 큰 요인인 것으로 나타났다. 원래는 스스로 해결했을 많은 것들을 물품과 서비스를 구입해서 해결하고 있었다. 예를 들면, 아이들과 같이 다니고 대화하는 데 시간을 보내는 대신 비싼 장난감을 안겨주면서 보상해 주는 것이다.

가정생활

과도한 업무의 문제는 미국인들의 가정생활과 건강에 안 좋은 영향을 가져온다는 것이다. 2000년도에 백악관의 지원을 받아 청소년들을 대상으로 한 여론조사 결과에 따르면, 5분의 1에 해당하는 응답자가 가장 심각한 고민으로 부모와 보내는 시간이 충분하지 않다는 점을 꼽았다.

그런데 부모가 자녀와 시간을 보내지 못하는 이유는 아이러니하게도 아이들이 바빠서이기도 하다. 피아노 교습이니, 축구훈련에다, 학교 신문부 모임 등이 아이들의 시간을 온통 점거해 놓아서 아이들도 집에 있을 시간이 없다. 부모들이 집에 있어주지 못해서 가지게 되는 죄책감을 덜기 위한 마음과, 아이들이 좋은 기회를 놓치지 않길 바라는 마음이 복합적으로 작용해서 초래된 결과이다.

이렇게 바쁜 아이를 대상으로 이미 많은 연구조사가 이루어졌다. 그리고 그 결과는, 비록 시간을 효율적으로 쓰는 것이 집에서 TV만 보고 앉아있는 것에 대한 대책이 될 수 있을지는 모르지만, 아홉 살짜리 아이가 일정표를 팔에 끼고 다니는 생활에 내몰리는 것은 아이의 인생에도 우리 문화 전반적인 측면에서도 바람직하지 않다는 것이다. 더 이상 동네 숲을 휘젓고 다닐 수 없는 아이는 '자연결핍장애nature deficit disorder'의 위험에 노출될 뿐 아니라 시간과 공간을 자기에 맞게 창조적으로 운영하는 능력이 결여될 수 있다.

환경

심리학자 팀 캐서Tim Kasser의 연구 〈물질주의로 인한 비싼 대가The High Price of Materialism〉에 따르면, 1인당 생태면적이 주당 근무시간과 연계해서 꾸준히 증가하는 추세에 있으며, 주당 35시간을 초과해서 일하는 사람들의 경우에는 그 증가율이 훨씬 크다고 한다. 캐서는 생태면적이 증가하는 동안 전반적인 삶의 만족도는 떨어지고 있다는 사실도 보여주었다.

건강

반복성 피로 장애, 수면부족, 정신적 스트레스, 비만, 운동 부족, 불안, 우울 등은 개인적으로 모두 매우 위험한 증상들일 뿐 아니라, 당뇨, 심장병, 암 등을 불러오는 요인이 될 수 있다. 이 모든 질병들이 과로를 부르는 문화와 어떻게든 연관되어 있다. 수잔 슈와커트Suzanne Schweikert

박사는 단순한 노동시간의 문제를 넘어서 우리가 사회적 정치적 차원에서 고민해야 할 필요가 있다고 지적한다. '건강보험 혜택을 유지하려는 욕심에 우리는 건강을 해쳐가면서도 일을 그만두지 못한다'는 것이다.

우리는 시간에 대해 보다 진솔하고 신중한 논의를 공적으로 끌어내야 한다. 정신적으로 건강한 삶을 위해서는 여분의 시간과 생태적인 안녕과 공동체의 활성화 등이 필요하다는 것을 널리 알려야 한다.

내가 재직하고 있는 대학교에서는 학생들이 생각할 시간, 또는 그저 가만히 있을 시간을 얻어 내기 위해서 한바탕 몸살을 겪고 있다. 그러면서도 자유시간이 너무 많아지면 당황할 수도 있다고 인정한다. 막상 자유시간이 생겨도 어떻게 써야할지 잘 모를 수도 있다는 것이다. 이러한 역설적인 상황은 우리 문화에 대해 많은 것을 말해준다. 앞날이 창창한 젊은이들이 분주함으로 표상되는 미국문화에 완전히 잠식되어 그것에서 벗어나려고 분투하는 와중에도 너무 멀리 벗어나게 되는 것을 두려워하는는 것이다. 그들이 무엇을 할 수 있을 것이며, 또 어떤 사람이 되겠는가?

요점은 우리가 모두 자연 속으로 은거하자는 것이 아니다. 모두가 시간과 공간에 대한 남다른 개념을 구축할 필요는 없다. 문제는 시간 부족으로 고통받는 시급한 사안을 어떻게 공론화할 것인가 하는 것이다. 시간부족 현상은 개인의 선택 문제인 동시에 사회구조적인 문제이기도 하다. 우리가 머리로는 맘껏 생활 속의 여유를 상상한다고 한들, 몸과 영혼이 일터에 묶여 있고 정부가 규제를 통해서 우리를 막아선다면 그게 무슨 소용이 있겠는가? 문제를 정확히 규정해서 명칭을 부여하고 그것이 단순히 개인적인 문제가 아니라 시급히 해결해야 할 사회·문화적 문제임을 주지시키는 것부터 시작해야 한다. 그 다음에는 우리 스스로가 나서야 한다. 효율성과 성취하는 것 이외에도 우리는 스스로를 육성해야 할 필요가 있다.

하는 일을 그만두고자 하는 사람은 거의 없다. 우리는 우리가 하는 일을 사랑한다. 하지만 지금과는 다른 방식으로 일하고 싶어 한다. 어떤 의사는 환자를 볼 때 보험회사에서 제한한 진료시간 15분보다 오래 환자를 보고 싶다고 한다. 또 폐질환이 있는 환자의 경우에는 생활 전반에 대한 이야기를 듣고 그 사람 자체에 대해서 더 많이 알고 싶다고도 한다. 그리고 나 또한 교수로 재직하면서 학생들에게 보다 많은 시간을 할애할 수 있었으면 한다. 그들이 무슨 생각을 하고 있는지, 그들이 듣는 수업이 그들의 삶에 어떤 영향을 미치는지 등을 들으려면 한 사람당 한 시간은 필요할 것이다. 그러자면 상담시간만 50시간을 확보해야 한다.

대부분 우리는 일을 크게 만들고 싶어하지 않는다. 그저 시간이 흘러 저절로 모든 것이 제자리를 찾아가기를 바랄 뿐이다. 그런데 우리가 가진 바람은 어떻게 해야 하나? 우리는 야외로 나가고 싶고, 투표율도 높이고 싶고, 2년 동안 모은 잡지책을 재활용하고 싶고, 제대로 안식일을 보내고 싶기도 하다. 운동, 자연, 시민활동, 환경보호, 정신적인 삶 등 모든 것이 시간이 없다는 미명 하에 모두 무시되어 버린다.

하지만 우리는 할 수 있다. 우리는 시간을 되찾아 오기 위한 공론을 일으키고 조직적인 운동을 전개할 수 있다. 사실 이미 모든 것은 시작되었다. 다수가 바라는 일이지만 입을 다물고 있는 문제들에 대해 목소리를 내는 것을 계속해 나간다면, 소로우처럼 우리도 밤사이 훌쩍 자라있는 옥수수가 될 수 있을 것이다.

톰 터닙시드는 법조인이자 작가이며 인권운
동가로서 사우스캐롤라이나주 컬럼비아에 거
주하고 있다. 톰은 전직 시의회 상원의원으로
환경단체 및 소비자단체를 결성해서 이끌기
도 했다. 라디오와 텔레비전 프로그램을 진행
하기도 했는데, 다양한 이슈와 흥미로운 출연
자들을 다루면서 정치적, 사회적 풍자의 색채
가 강한 프로그램들을 진행했다.

간단히 말해서, 소박함이 답이다 ; 자원의 소비

Tom Turnipseed

우리는 필요한 것보다 더 많은 자연자원을 소비하고 있다. 우리의 나쁜 습관이 생명을 파괴하고 있다. 우리는 탐욕 때문에 우리 자신과 우리 삶의 기반을 해치고 있다. 우리 아이들, 손주들, 그리고 미래 세대들에게 무엇을 남겨줄 수 있을까? 우리 인류는 생태계를 파괴하고 있다. 소박한 생활은 그러한 파괴행위를 줄여줄 수 있을 것이다.

내 아내 주디와 나는 십 년 전 사우스캐롤라이나대학교에서 존 드 그라프^{John de Graaf}의 강연에 참석한 인연으로 자발적인 소박함을 추구하는 운동에 참여하게 되었다. 존과 대화를 나누고 PBS에서 그가 제작한 다큐멘터리 《Affluenza》를 시청한 후에, 우리는 소박함이야말로 소비를 부추기는 매체가 조장하고 있는 탐욕을 치료할 수 있으리라고 확신했다. 그때부터 우리는 오벌린, 오하이오, 시애틀, 워싱턴, 시카고, 일리노이 등으로 자발적 소박함을 주제로 한 학회에 참석하고 다녔다.

이제는 소박함이란 것이 부유하고 배운 사람들이 자발적으로 실현하는 단계를 넘어서 보다 확산될 때가 되었다. 사람들에게 소박한 삶의 중요성을 이해하고 받아들이게 하는 것은 시급한 문제이다. 소박한 삶은 인간의 과도한 낭비 행위로 야기된 지구 온난화와 기후 변화와 같이 전례가 없는 생태적 재앙에 대한 해답이다.

탐욕에 끌려다니는 우리 경제는 석유 및 여타의 화석연료에 지나치게 의존하고 있다. 대기 중에 이산화탄소를 배출하는 화석연료로 우리가 사용하는 에너지의 80~85퍼센트를 충당하고 있다. 대기 중에 탄소량이 증가하면서 지구온난화가 나타났고, 이로 인해 기상이변, 해수면 증가, 변화무쌍한 강수 패턴, 환경 및 농업에서 나타나는 교란현상, 질병의 확산 등의 현상이 발생하고 있다. 미국정책결정권자들이 교토협약과 같은 국제적인 노력을 지지하지 않은 것은 환경적인 자살행위이다.

세계 기후는 점점 극단적으로 변해가고 있으며 온갖 생명체들의 서식지가 파괴되고 있다. 높은 수준의 이산화탄소 함유율은 이미 바닷물의 산성화를 가져왔으며, 과학자들은 잠재적으로 해양 생물들과 어류들을 황폐화시킬 수 있다고 경고하고 있다.

2004년에 이러한 파괴적인 결과를 예측한 논문이 과학전문지인 《네이처Nature》에 실렸는데, 미국과 영국의 저명한 과학자들 18명이 공동으로 집필에 참여했다. 이들이 다양한 생명체들이 서식하는 지역을 6군데로 나누어 각기 개별적으로 연구를 진행한 결과, 지구온난화로 인해 2050년까지 100만에 이르는 생물종이 멸종에 이르게 된다는 결론 내렸다. 극지방의 빙하가 지구온난화로 인해 급속히 녹아내리고 있으며, 2008년 8

월에는 삼십 년 전 인공위성 관측이 시작된 이래 두 번째로 큰 규모의 여름철 빙하 감소량을 보였다고 국립빙설자료센터National Snow and Ice Data Center 과학자들이 보고했다. 간단히 말해서, 사람들이 석유와 석탄을 너무 많이 태우고 있다.

소박함을 전도하는 사람들에게도 피해가기 어려운 문제는 여행이다. 심지어 자발적으로 소박함을 추구하는 운동에 관련된 사람들도 너무 많이 세계를 돌아다녀 막대한 양의 탄소 배출량에 기여한다. 자발적인 소박함 관련 학회에 참석한 많은 학자들은 보조금이나 자신들이 속한 기관의 지원을 받아서 경비를 충당하는데, 우리들이 배출한 탄소량이 궁금해졌다. 대부분은 비행기를 타고 장거리를 날아왔다.

세계를 여행하고 직접 눈으로 보면 세계 각지에서 벌어지는 일들에 대해 견문을 넓힐 수 있을 것이다. 하지만 수많은 자연전문채널과 다큐멘터리들은 지구상에 존재하는 생명의 신비를 놀랍도록 생생하게 집에 있는 우리 앞에 대령해 준다. 그리고 컴퓨터는 굳이 탄소를 배출하지 않고도 손끝으로 자연을 집안으로 가져다 놓을 수 있다. 나는 내셔널 지오그래픽이나 뉴욕타임즈에 나오는 사진을 보고 기사를 읽으면서 이름조차 낯선 먼 곳을 대면하는 즐거움을 누린다.

우리는 집에서 멀리 떠나지 않아도 되는 여행이나 스테이케이션stay-cation, 집에서 보내는 휴가을 장려할 필요가 있다. 그리고 주변에서 멋진 자연 경관이나 재밋거리를 찾아보자.

간단히 말해서, 소박함이 답이다.

Part Two

Solutions

소박해지는 방법

고독한 개인주의에서 공유의 공동체로

이제 소박함이 무엇인지는 이해할 것이다. 그런데 소박함을 실천하는 사람들은 무엇을 해야 할까?

소박하게 사는 사람들은 부자가 되면 행복해질 거라는 생각을 거부한다. 그들은 다른 사람들과 서로 돕고 의지하는 관계에 따라, 그리고 인생의 목표 및 즐거움을 어디다 두느냐에 따라 행복이 좌우된다는 것을 알고 있다. 행복은 공동체를 만들고 '우리 모두가 한 가족이다'라고 느낄 수 있도록 서로를 보듬어주는 사회를 건설할 때 얻을 수 있다.

첫걸음으로는 신중함과 분별력이 있게 스스로에게 중요한 것은 무엇이고, 신경쓸 만한 일은 무엇인지 물어보자. 당신에게 에너지가 샘솟게 하고 삶의 환희를 느끼게 해주는 것이 무엇인지 답하는 데는 시간이

걸릴 것이다. 이것들은 근원적이고 궁극적인 질문이기 때문이다.

소박함을 실천하는 사람들은 남들과는 다른 길을 걷고 있다. 하지만 그 길은 각 개인의 독특한 자신만의 특질에서 나온 행로들이다. 어떤 이들은 일에 목숨을 걸고, 그에 방해되는 것은 모두 쳐내버린다. 다른 어떤 이들은 여가생활이 삶의 목표가 되기도 한다. 대부분의 경우는 균형 잡힌 삶을 바란다. 하지만 어떠한 상태에 있든 상태 자체가 그들의 목표는 아니다. 그저 부자가 되겠다거나 중요한 사람이 되기 위해서 텅 빈 출세주의를 지향하지는 않는다.

그 다음 행보는 대개 지출을 줄인다. 사람들은 일단 원하는 것이 정해지면 원하는 것을 얻기 위해서 절약하는 생활을 감수할 수 있다. 사실 특별한 흥미가 생기면 쇼핑센터에 가고 싶은 마음도 없어지기 때문에 소비를 억제하는 일은 쉽다. 인생이 마냥 흥미롭다. 대부분의 사람들은 자신들이 원하는 것을 잘 모른다. 그래서 무턱대고 광고에 홀려서 물건을 사들인다. 그렇게 돈을 아무 생각 없이 쓰고 다니는 건 인생의 목표가 없이 혼란스러울 때 하는 일이다. 당신의 소비패턴을 생각해 보면, 우리 문화가 얼마나 교활하게 원하는 것이 있으면 그저 나가서 사오면 된다고 믿도록 하고 있는지 알게 될 것이다. 어떠한 문제가 생기든 그저 돈을 쓰면 된다. 돈을 중심에 두는 사고방식이 우리 안 깊숙한 곳에 각인되어 있다.

세 번째로 하는 일은 '균형'이라는 개념을 분석하는 것이다. 아무리 하고 있는 일을 사랑한다고 하더라도 지나치면 고역스러운 법이다. 온통 일에 파묻혀서 놀 짬이 없다니……. 소박함을 실천하는 사람들은 일하는 시간 외에 가족과 공동체 활동 및 개인적인 목표에 할당할 시간을 원한다. 그래서 근무시간이나 쇼핑시간, 텔레비전 시청시간, 외모 가꾸는 시간 등을 줄이려고 노력한다.

소박함과 관련된 사람들은 항상 신중하려고 노력한다. 그들은 어떻게 하면 건강한 삶을 살 수 있을지를 깊이 숙고한다. 오늘날 소박함을 지향하는 삶은 개인별로 주류사회의 물질만능주의적 가치로부터 벗어나려는 노력 이상을 요구한다. 그것은 공동체를 기반으로 한, 특히 지역사회 및 이웃 공동체를 기반으로 한 새로운 사회의 건설을 의미한다.

이것이 소박함을 지향하는 운동이 채택하고 있는 흥미로운 새로운 방향이다. 고독한 개인주의를 벗어나 사람들을 한 자리에 모으고 서로가 연결되는 문화를 일구어나가는 것이다. 그들은 동네에서 물건을 사고, 동네가게를 후원하며, 생활협동조합에 가입하고, 자동차 공유 모임도 신청해 두고, 농산물 직거래 장터에도 자주 들른다. 이웃 간의 단체를 조직하고 동네 커피숍에서 친목을 도모한다. 여행을 가게 되면 서로 집을 바꾸거나 농장에서 자원봉사하고 머무르거나 카우치 서프couch surf, 무료로 다른 사람의 집에 머무르는 대신 자기집도 여행객에게 무료로 내주기로 동의하는 것를 이용한다.

이러한 활동들은 돈을 절약할 수 있을 뿐 아니라 자원사용량을 줄일 수 있다. 게다가 당신이 다른 사람들과 친해질 수 있는 기회도 제공한다. 궁극적으로 공동체 없이 환경친화적이며 자급자족적인 삶을 유지할 수는 없다. 공동체 안에서 살아갈 때 우리는 더욱 많은 것들을 공유하고 나눌 수 있다. 우리 모두가 각자 집이며, 자동차며, 전동도구들을 갖추고 있을 필요는 없다. 동네 커피숍에서 노닐다 보면 시내에 나가거나 쇼핑센터를 찾아가느라 운전할 필요도 없다.

무엇보다도 공동체 경험은 주변에 관심을 가지고 마음을 쓰는 법을 배우게 해준다. 이것은 사실 격려하고 고무해야 할 인간의 능력임에도 불구하고 소비중심 사회에서는 환대받지 못하고 억눌려 있었다. 이웃에 있는 사람들에게 마음을 쓰다 보면 인간이 아닌 다른 생명체들을 돌보는 마음도 배우게 될 것이고, 가난한 나라 사람들의 안녕에도 관심을 가지게 될 것이다. 공동체는 자원 사용량도 줄이도록 해주지만, 다른 무엇보다도 관심과 배려가 있는 문화를 키울 수 있게 해준다.

사람들이 소박함을 마음으로 받아들이게 되면 자신만의 고유한 품성이 행동으로 드러나게 된다. 그래서 어느 누구도 같은 행동을 하지 않는다. 하지만 누구에게나 공통적으로 나타나는 모습이 있는데, 다들 소비를 줄이고, 일도 줄이면서 자신들을 삶을 누리기 시작한다는 것이다. 점점 더 많은 사람들이 공동체 안에서의 삶을 누리고 있다.

세실 앤드류스

어니스트 칼렌바크가 저술한 《Living Poor with
Style》은 독립적인 정신이 소비자 권익보호에 소
극적인 문화에 대항하고 소박함을 이끌어낼 수
있는지를 다룬 가장 초기에 나온 책 중 하나이다.
(요약본인 《Living Cheaply with Style》이 발매 중
이다.) 그는 소설 《Ecotopia》와 《Ecotopia Emerg-
ing》에서는 모두가 소박한 삶을 영위하는 미래 사
회를 그렸다. 다른 저서로는 《Ecology: A Pocket
Guide》가 있다.

비자발적인 소박함 ;
석유산업의 종말

Ernest Callenbach

내가 《Living Poor with Style》을 집필했을 때는 60년대 후반에서 70년대 초기였다. 소비지옥에서 벗어나 우리가 정말 하고 싶은 일을 할 수 있는 시간과 에너지를 남겨줄 수 있는 방편으로 자발적인 소박함을 얘기했었다.

'밖으로 소박하지만 속으로 알찬'이라는 구호는 많은 사람들에게 그럴 듯하게 여겨졌다. 그 시대에는 반나절 일해서 받는 수입으로도 살기가 수월했고, 반나절짜리 일자리도 어렵지 않게 찾을 수 있었다. (때로는 추가혜택이 있는 경우도 있었다.) 그 시대에는 관찰력 좋고 사려 깊고 의지력만 있으면, 가진 돈이 아주 적은 경우에도 괜찮은 삶을 꾸려나갈 수 있었다. 수입의 규모나 눈에 보이는 재산의 가짓수보다 삶의 질을 우선시하는 경우에 한해서 말이다. 일이나 소비쪽으로 소모될 감정에너지를 가져다가 사랑, 정신적 가치, 음악, 또는 시민동지들의 생활을 향상시키기 위한 운동에 가담하는 일 등에 몰아줄 수 있었다. 비상사태가 생기면 친구들에게 가서 끼어 살면 됐다. 음식이든 잠자리든 술이 되었든 냄비가 되었든 같이 나누었다. 옷을 돌려 입고 재활용함에서 공짜로 구할 수도 있었다. 운이 좋으면 지원금을 받아서 몇 날 며칠을 돈 걱정 없이 보내면서 보다 행복하고 생산적인 고민거리에 매달릴 수도 있었다.

지금은 소박함이 자발적인 참여에만 기댈 수 없는 시대이다. 이제는 어쩔 수 없이 소박함을 실천해야만 하는 시기가 온 것이다. 사실 이 상황은 그리 새로운 것도 아니다. 그저 미디어재벌들이 당신의 눈을 가리고 있었을 뿐이다.

70년대 이후 미국인들의 실제 소득(한 시간 노동으로 살 수 있는 빵의 양)은 정체상태에 머물러 있다. 우리는 '남보다 잘사는' 사람들이 아니다. 시간제 일자리는 상당수 사라졌고, 전일제 일자리도 많은 경우 단기계약으로 안정적이지 못하다. 인구 중 상당수는 의료보험과 연금의 혜택을 받지 못한다. 한때 저렴하고 영양 많다고 권장하던 식료품(생선, 땅콩잼, 쌀 등) 중에서 아직까지 부담 없이 구입할 만한 것은 콩과 감자 정도이다. 직장이 있는 지역은 대부분 임대료가 너무 올라서 다른 사람과 공유하는 아파트나 주택을 구하더라도 여전히 부담을 느낀다.

충분히 최악의 상황이지만, 사람들은 임시변통으로 살아간다. 광고가 불러일으키는 제품에 대한 갈망은 중국산 저가품으로 그럭저럭 충족시킬 수 있다. 대부분 맞벌이에 나서고, 일을 두 개, 세 개 뛰는 경우도 있다. 가정생활이나 자녀훈육은 엉망이 되었고, 그런 상황에서도 모두들 먹고는 있다(사실 너무 먹어대고 있다. 비록 제대로 된 음식은 아니지만).

그런데 갑작스럽게 상황이 더 악화되었다. 저유가 시대의 종말과 함께 직·간접적으로 석유에 기반한 모든 제품의 가격이 연쇄적으로 상승하고 있다. 가장 확실하게는 연료비가 올랐다. 우리는 갑자기 도시를 교외로까지 확산해 놓은 비용을 치르게 되었다. 이는 또한 식료품 가격에도 영향을 미쳤다. 현대농업은 식품을 생산하는 데 화석연료의 에너지에 의존한다. 1칼로리에 해당하는 식료품을 생산하는 데는 10칼로리에 해당하는 화석연료가 필요하다. 그러니까 당신이 아무 생각 없이 베어 먹은 당근이 사실은 기름이나 다름 없다는 것이다. 그리고 유가는 플라스틱의 가격에 큰 영향을 미치는데, 플라스틱은 자동차에서부터 음료수병에 이르기까지 여기저기 사용되지 않는 곳이 없다.

석유를 기반으로 하는 소비산업은 다음 세대에까지 지속될 수 없다. 식료품에서 운송트럭, 선박, 항공, 냉난방에 이르기까지 가격이 너무나 뛰어서 사람들은 식품비조차 해결하지 못할 수도 있다. 일부에서는 사태가 그렇게 급박하지는 않을 것이고 충분히 제어가능한 상황일 것이라고 희망을 갖기도 한다. 그쪽에서 그리는 시나리오대로라면 유가상승이 대체에너지 개발을 견인할 것이고, 그때까지는 보다 효율적인 에너지 사용으로 혼란을 피할 수 있으리라는 것이다. 하지만 다른 많은 사람들은 경제적 붕괴와 기관들의 와해 및 폭력의 확산 등을 예상하며 사태를 낙관하지 못하고 있다.

지금으로서는 소박함이 우리가 이 상황에 대처할 수 있는 힘이 되어줄 것이다. 소비욕구로 가득한 삶은 감정적으로 불편할 뿐만 아니라 경제적으로도 불가능하게 되었다. 우선순위가 바뀌고 있다. 장난감에서 생활필수품으로, 새 신발 대신에 식품을 구입한다. 아울렛에서 할인상품을 사겠다고 차량을 몰고 가는 대신에, 골목 상점을 이용한다. 대형 평수의 집을 보러 다니는 대신 그저 불편하지 않을 크기에 출퇴근 거리가 짧은 아파트를 구한다. SUV를 사는 대신 경차를 찾아다니고 전기자동차를 구할 수 있기를 바란다. 그도 아니면 차 없이 지낼 수 있지 않을까 곰곰히 따져보기 시작한다. 다른 사람과 차를 공유할 수도 있고, 교대로 태워줄 수도 있고, 카풀을 할 수도 있고, 걷거나, 자전거를 타거나, 버스를 이용할 수도 있다.

석유에 의존하는 습관에서 벗어나서 얻게 되는 장점 하나는 우리가 남과 더불어 살아가는 법을 배울 수 있다는 것이다. 미국인들은 개인주의로 유명하다. 서부가 아직 비어 있을 때, 개척자들은 이웃집 굴뚝에서 나오는 연기도 보고 싶어 하지 않았다. 우리는 무엇이든지 우리 소유로 가지고 있어야 직성이 풀린다. 자동차와 텔레비전과 아이팟이 그렇게나 우리 삶을 지배하고 있는 이유는 그것들이 우리를 다른 사람들로부터 떨어져서 대신 기계와 소통할 수 있도록 해주기 때문이다. 하지만 우리는 어쩔 수 없이 소박함으로 내몰려서(물자도 부족하고, 기동성도 떨어지고, 공간도 적고, 일반적으로 선택의 여지가 많이 없는 상황에 처해서) 우리는 공유하고, 공조하고, 다른 사람들의 필요와 우선 순위를 이해할 수 있게 되었다. 다른 사람들과 교류함에 따라 조금씩 조금씩 더 나은 사람이 되어 간다. 그리고 여러 연구에 의하면, 행복은 무엇을 가졌냐가 아니라 어떤 관계를 맺고 사느냐에 달려있는 것이기 때문에, 우리는 결국 더 행복해질 것이다.

더 이상 혼자서 모든 것을 해결할 수 있는 좋은 소비자가 될 수 없다면, 서로 상부상조하며 살아야 한다는 것을 깨달을지도 모른다. 당신 자신만이 아니라 모두의 복지가 중요하다. 우리에게는 선거자금을 지원해준 후원자들을 위해서 일하는 것이 아니라 보통사람들을 도울 수 있는 정치가나 정치기관이 필요하다.

경제학자들의 관심은 부에만 있다. 그들은 경제가 모든 것을 결정한다고 생각하고 부와 물질적 성장이 있으면 그로 인해 야기되는 문제까지도 해결해낼 수 있다고 생각한다. 저유가 시대의 종말에도 불구하고 기술이 우리의 모든 곤경을 해결해줄 것이라고 믿는다. 불행히도 그렇지 않다. 미국, 유럽, 일본 등 부유한 국가들은 가난한 국가들보다 환경에 훨씬 더 많은 해악을 끼치고 있다. 부유하면 할수록 환경에 끼치는 손상이 더 크고, 가지고 있는 기술이 아무리 훌륭해도 결국 생물학적 복구체계를 악화시켜 우리의 안녕을 위협한다. 그렇게 볼 때, 선진국가에 나타나는 실질소득의 감소는 생태학적으로는 이득이다. 이제 관건은 우리가 소박하게 산다면 개인적, 사회적으로도 이득일까 하는 것이다.

현대사회를 사는 사람은 그 누구라도 음식과 주거지와 의료혜택이 없는 상황을 받아들일 수는 없을 것이다. 인본적인 정부라면(비록 미국에서는 오랫동안 보기 힘든 현실이지만), 국민들이 그저 부유한 삶이 아니라 최소한의 존엄성 있는 삶을 누릴 수 있도록 보장하기 위해 힘쓸 것이다. 우리는 정치인들이 이러한 목표를 위해 움직일 수 있도록 가지고 있는 모든 힘을 짜낼 필요가 있다. 정치인들을 움직일 수 있는 유일한 힘은 두려움뿐이니, 우리는 투표함 앞에서 그들이 자신들의 금전적 후원자들보다 우리를 더 두려워 할 수 있도록 만들어야 한다. 이 일을 조직적으로 추진하는 것이 얼마나 성공적일 수 있을지는 전적으로 우리에게 달려 있다. 그리고 우리가 주의를 기울여 대응해 나간다면 이 변화하는 시대에 놀랄 만한 면도 발견하게 될 것이다.

우선 첫째로, 상대적으로 빈곤한 시대를 맞아 구매할 수 있는 선택의 범위가 줄어들 것이다. 버는 족족 식료품 구입비, 연료비, 병원비로 다 나가버린다면 수퍼마켓에서 파는 시리얼 종류가 219가지나 되고, 값비싼 런닝화가 16가지 색상으로 구비되어 있더라도 무슨 소용인가? 물건의 종류는 넘치게 많은데 판매량은 떨어지는 상황이라면 제조업자들은 각 품목별로 옵션을 줄일 수밖에 없다. 인터넷이나 우편으로 받아보는 상품 정보지의 경우도 수량면에서도 감소하고 내용적으로도 빈약해질 것이다. 선택할 범위가 크면 우리의 시간과 에너지를 더 많이 소비할 것이기 때문에 오히려 다행이라고 할 수도 있겠다. 적어도 내 생각에는 말이다.

기껏 고심해서 돈을 지불해 놓고도 그다지 만족스럽지 못한 경우도 많다. 그리고 들여놓은 물건이 끊임없이 에너지를 소모시킬 수도 있다. 행복하기 위해 사들였는데, 건사하느라 할 일이 너무 많아지는 것이다. 할부금을 갚아나가야 하고, 작동법을 배우고, 아이나 애완동물로부터 보호해야 하며, 고장나면 수리받을 곳을 물색하고, 망가지거나 싫증났을 때는 안전하게 폐기처분까지 해야 한다. 물건을 사는 데 쓸 돈은 적어지고 시장에 나온 물건의 가짓수도 줄어들었기 때문에, 우리는 어쩔 수 없이 돈과는 상관없는 선택에 보다 집중하게 될 것이다.

그중에는 우리의 정신건강과 행복에 도움이 되는 관계를 선택하는 문제가 있다. 관계는 우리가 고립에서 벗어나 공동체의 품에 안기도록 해준다. 즉, 물질세계가 아닌 인간들과의 교류를 선택하게 해준다. 현재의 환경에서는 많은 사람들이 실제 사람들과 교류하기보다는 자동차며, 옷, 방송 및 전자제품과 보다 밀접한 관계를 가지는 경향을 보인다. 하지만 점차적으로 사람들과 같이 어울리는 것이 매우 흥미롭고 즐겁다는 것을 알게 될 것이다.

심지어 생산적인 선택이 소비적인 선택보다 더 흥미진진하다는 것도 배우게 될 것이다. 내가 가진 시간과 에너지를 어디에다 사용할까? 정원 넓히는 일? 지붕 수리? 아니면 조각상 만들기?

마찬가지로 우리 문화 속에 있는 몹쓸 개인주의적 성향에도 불구하고, 우리는 집단적인 선택에도 더 많은 관심을 보이게 될 것이다. 동네 사람들을 위해 전동형 잔디깎기 기계를 사는 일에 연료를 절약하고 운동도 되는 수동형 기계로 살까 고민하게 되고, 후보 X가 진정으로 우리의 이익을 위해 애써줄까, 아니면 그 후보가 자금지원을 해준 후원자의 입김대로 흔들릴까, 우리가 원하는 건 주차공간을 늘리는 쪽일까, 아니면 대중교통편을 확충하는 쪽일까에도 관심을 갖게 될 것이다.

요약하자면, 개인들과 그들을 둘러싼 환경 사이에 있는 균형은 고유가시대를 맞이해서 근본적으로 변하게 될 것이다. 과거에는 우리가 무엇을 어떻게 구매할 것인지에 주로 관심이 있었다면, 앞으로는 반드시 이루어져야 하는 일에 시간과 자원을 집중하게 될 것이다. 그리고 줄어들고 있는 자원과 비용이 늘어나고 있는 에너지로 인해 효율성, 내실 있는 소형화, 협동, 다기능 등에 가중치를 두게 될 것이다. 이제 온갖 사물을 새로운 방식으로 바라보게 될 것이다. 소비자 보고서에서 어떤 제품들은 검사 결과 구입할 가치가 없다는 권고를 읽게 될 수도 있다.

공동거주는 교육수준이 높고 이상주의적이거나 종교적으로 결속된 사람들만이 선택하는 주거형태가 아니다. 오히려 대부분의 경우, 그 중에서도 한부모가정에게는 최선의 생활방식이 될 수 있다. 공동체지원농업농산지와 직접 계약을 통해서 제철농산물을 배달받는 시스템의 경우도 일부 극성스런 사람들이 참여하는 프로그램이 아니라 건강한 식품을 저렴하게 구할 수 있는 가장 좋은 방법일 것이다. 자신이 먹는 식품이 어디에서 오는지 확인하러 농장에 가볼 수 있고, 가서 직접 수확하는 일을 도울 수도 있을 것이다.

자가승용차가 없는 사람들은 차를 공유한 다양한 프로그램을 활용하거나 단거리운행 소형버스jitney service, 자가용으로 비공식적인 택시를 운행를 이용할 수도 있겠다. 이웃 간의 공동 텃밭은 기본옵션이 될 것이다. 대도시에서도 공터나 옥상을 이용해서 채소를 키울 수 있다. 연장, 특히 값비싼 전동연장 같은 경우도 개인마다 구비할 필요는 없을 것이다. 물물교환과 품앗이 등 예전 공동체의 어려움을 극복하기 위해 도입했던 오래된 생활방식이 중산층의 삶 속에 자리잡게 될 것이다.

정리하자면, 상부상조하는 새로운 방법이 쏟아져 나오는 것을 목도하게 될 것이다. 필요는 발명의 어머니가 맞다. 많은 사람들은 내가 녹색 삼각형 접근법이라고 부르는 방법을 생활 속에 적용하고 있는데, 평소에 생활모습을 떠올리며 각 꼭지점에 환경, 예산, 건강이 자리잡은 삼각형을 상상해 보는 것이다. 만약에 꼭지점 중 하나를 개선시킬 목적으로 변화를 주면, 그것이 다른 꼭짓점들에게도 도움이 된다.

예를 들어 차를 팔고 출퇴근용으로 쓸 만한 중고 자전거를 하나 장만한다고 하자. 일단 자동차 매연이 공기 중에 배출되는 것을 막을 수 있다.

또한 가끔씩 차를 렌트하고 택시를 이용한다고 해도 많은 돈을 절약할 수 있다. 그리고 건강에 좋은 운동은 덤으로 따라오게 된다.

이 녹색삼각형은 건강문제에 적용해서도 쓸모가 있다. 육식을 줄이는 것은 심혈관계에는 희소식이다. 또한 가축사육으로 토양과 수질이 오염되는 것을 줄일 수 있다. 물론 돈도 절약할 수 있다. 지출을 줄이면 환경에 끼치는 영향도 줄일 수 있고 건강도 향상시킬 것이다.

우리에게 펼쳐진 새로운 시대는 결코 녹록하지는 않을 것이다. 하지만 과거의 어떤 시대도 녹록한 시대는 없었다. 2차 세계대전이 끝났을 때, 제대군인원호법GI bill, 강력한 노조, 미국의 경제적 패권 등에 힘입어 중산층이 크게 확장되었다. 이것이 현재는 유가 상승, 지구온난화, 침략적 세계화 등 삼중의 위기상황을 맞이하고, 거기에 장기간 진행되고 있는 미국 정치의 우경화 여파와 맞물려서 그 끝이 보이고 있다.

대부분의 미국인들이 더 가난해질 것이고 소박한 삶을 살게 될 것이다. 여기서 문제는, 우리가 보다 현명하게 대처할 수 있을 것인가와 그보다 좀 더 공격적인 대처에 나설 결의가 되어 있는가이다.

앨런 앳키슨은 국제적인 자문회사 앳키슨 그
룹의 대표이다. 현재까지 두 권의 저서가 있다.
《Believing Cassandra: An Optimist Looks at
at Pessimist's World(Chelsea Green, 1999)
》와 《The ISIS Agreement: How Sustainabil-
ity Can Improve Organizational Performance
and Transform the World(Earthscan, 2008)》.
앨런은 자연친화적 자생력을 실천하도록 체
계적으로 교육하는 방법론인 ISISMethod의
창안자이며, 자연친화적 자생력을 확산시키
기 위한 종합적 방법론인 ISIS Accelerator의
설계자이다.

앨런은 음악가이자 작곡가로도 꾸준히 활동
하고 있으며, 독립음반사인 Rain City Records
를 통해서 4장의 앨범을 발표했다. 스웨덴과
미국의 이중국적자로서 아내와 두 자녀와 함
께 스톡홀름에 살고 있다. 그의 아내이자 동
료인 크리스티나 앳키슨Kristina Atkisson 또한 자
연친화적 자생력의 보급과 교육을 위해 힘쓰
고 있다.

얼마만큼이 충분한가 ;
라곰에서 찾은 해결책

Alan AtKisson

나는 40살에 스웨덴으로 이주했고 스웨덴어도 배웠다. 다른 부자 나라들과 마찬가지로 스웨덴은 곳곳에 쇼핑센터가 즐비하고 우리를 그곳으로 유혹하는 온갖 광고물로 가득 차 있다. 비록 한때는 미국지도자들이 사회주의의 요새라고 두려워한 적도 있었지만(아이젠하워 대통령이 그 주제로 연설을 하기도 했다), 이 북구의 나라는 오래도록 작지만 알찬 자본주의 강국이었다. 멀리는 1800년대 알프레드 노벨의 다이너마이트와 화약공장들에서부터, 오늘날 세계적인 브랜드로 성장한 Ikea와 H&M은 스웨덴의 힘을 보여준다. 스웨덴 사람들은 미국사람들보다 더 쇼핑에 집착하는 것처럼 보이기도 한다. 하지만 그렇게 쇼핑에 진력하는 평범한 모습 이면에, 스웨덴은 다른 나라와는 달리 '라곰lagom'이라는 개념을 가지고 있다.

'라곰'은 영어에는 없는 표현인데, 스웨덴 사람들이 대화하는 중에 종종 등장한다. 이곳의 많은 사람들은 이것을 스웨덴 문화의 정수라고 꼽는다. '라곰'은 양과 관련된 개념이다. '라곰'은 너무 많지도 너무 적지도 않은, 그렇다고 해서 그저 충분한 것과도 다른 의미를 가지고 있다. '정확히 딱 떨어지는 양'을 의미하고 어떤 대상에도 적용할 수 있다. 물건, 사람, 방의 크기, 그릇에 담긴 음식 ……, 심지어 모임의 분위기에도 적용할 수 있다. 정확히 어느 정도인지는 말하기 어렵지만 경험상 알 수 있는 양이라고 할 것이다. 그저 무엇이든 '꼭 맞춤한' 것이 '라곰'이다.

내가 '라곰'이라는 표현을 알게 된 것은 아내의 집을 처음 방문했을 때였다. 아내는 스웨덴 사람이었고 스톡홀름 외곽에 있는 아파트에 살았다. 나는 단순하면서 편안하게 집안을 꾸미는 스웨덴 스타일에 늘 끌렸다. 그런데 내 아내가 수건이 두 개 밖에 없다는 것에는 정말 놀라지 않을 수 없었다.(사실은 가지고 있는 것은 세 개였는데, 하나는 여행갈 때 가져가는 용도로만 사용하고 있었다). 미국에서는 대부분의 사람들이 장 하나를 가득 채울 만큼의 수건을 쌓아놓고 쓰는 것에 익숙하기 때문에 수건을 두 개만 갖추고 산다는 것은 정말 깜짝 놀랄 만한 일이었다.

"수건이 더러워지면 빨아서 쓰고, 해어지면 새로 두 개를 사와요. 품질이 좋은 걸로 사는데, 그래야 오래 쓰거든요."

"두 개보다 더 필요할 일이 뭐가 있죠?" 그녀는 오히려 반문하며 "Det är lagom"이라고 덧붙였다.

'라곰'을 이해하게 되면, 스칸디나비아의 디자인이 그토록 미니멀리즘적 경향을 보이는 것을 이해하게 될 것이다. 재료를 낭비해서는 안 된다. 기능이 형식보다 우선한다. 과장해서 좋을 것은 없다. 오히려 중요한 것을 놓칠 수 있기 때문이다.

일반적으로 알려진 바로는 '라곰'의 기원이 바이킹 시대까지 거슬러 간다. 맥주 한 사발을 좌중에 돌릴 때, 각자 적당한 양만 마시고 넘겨야 다른 사람에게도 술이 돌아갈 수 있다. '라곰lagom'은 '무리'라는 뜻의 'lag', '둘레에'라는 뜻의 'om' 두 단어가 합성된 단어이다. 그러니 '함께' 한다는 느낌 또는 '사회적 결속력'의 의미를 내포하고 있다.

사실 사회적 결속력은 스웨덴 사람들의 생활 도처에서 볼 수 있는 또 다른 개념이다. 자기 자신만이 아니라 다른 사람들의 안녕과 복지에도 투철한 것이 문화적이나 정치적 시스템의 중심에 있다.

세상에는 얼마나 가져야 적당한 것인지, 얼마만큼이 적당하게 소비하는 것인지를 고민하고 표현할 수 있는 더 나은 개념들이 필요하다. 그것이 스웨덴어에 있는 것이다. '라곰'이라는 개념은 케이크에서부터 이산화탄소배출량에까지 적용가능하다. 초콜릿 케이크가 얼마만큼이면 '라곰' 할까? 내 경우에는 충분한 양에서 조금 더 많이 필요하다. 그렇다면 이산화탄소량은 얼마나 되어야 '라곰'할까? 지구생태계가 처리가능한 양에서 초과해서는 안 될 것이다. '라곰'은 충분한 것보다 조금 넘치고, 하지만 한계를 넘지 않는 것이다.

전 세계를 살피고 사람들과 '라곰'에 대해 이야기를 나누면서, 이와 상응할 수 있는 표현을 가진 단 하나의 문화를 발견했다(일본에는 '필요한 만큼 가졌다'는 표현이 있다. 사실 이 표현 하나로 그치는 것이 아니라 그런 사상과 관련해서 더 많은 것을 찾을 수 있다). 심지어 일본에는 사람들이 제사를 올리는 사원들 중에, 꼭 필요한 만큼만 소유하는 신神을 모시고 있는 곳이 있다.

우리가 경제적인 목표를 성장에 두지 않고 필요한 것만큼, '라곰'을 이루는 데 둔다면 어떻게 될까? 전체 스웨덴이 그렇게 돌아가고 있다는 것은 아니다. 내 아내가 다른 스웨덴 사람보다도 열렬한 라곰주의자이기는 하다. 하지만 극단적이지는 않다. 현대의 '부자병affluenza'은 여기도 만연하다. 도로에 SUV 차량들도 넘쳐나고, 스웨덴은 필요한 것보다 더 많은 것을 탐낸 역사가 있다(바이킹들이 약탈의 순간에 '라곰'이라고 하는 것을 상상해 보라).

그래서 나는 이 단어를 수출하는 동시에 스웨덴 내에서도 보다 환영받는 단어가 될 수 있도록 노력하고 있다. 사실 스웨덴 내에서 이 단어는 반어적으로 사용되기도 한다. 남자친구에게 '라곰'이라고 말하는 것은 끔찍한 일이다. 어떤 사람들은 '라곰' 나라에 사는 것을 불평하는데, 지방이 2퍼센트인 우유에 대한 불만이다. 그보다 조금 더 바라는 것이다. 부처님을 믿는 사람들이 우리에게 일깨워 주는 것처럼 모든 것에 절제가 필요한 법인데, 절제하는 것에도 절제가 필요한 것이다.

영어사용자들에게 '라곰'은 발음하기에는 힘들 수 있다. 하지만 enough, sufficient, simple에는 없는 매력이 있다. 대부분의 세상 사람들은 충분한 것에 만족하지 못한다. 그들은 늘 더 갖고 싶어 한다. 확실히 최소한으로 필요한 것에는 만족하지 못하고, 연구결과에도 그들이 그 이상을 원하는 것으로 나타난다. 욕망은 이제 더 많은 것을 원하는 인간의 몸 안에 깊숙이 자리 잡은 것으로 보인다. 우리는 천 년이 넘는 세월 동안 자연적으로나 사회적으로 적대적인 환경을 조성해왔다. 필요한 것보다 더 많은 것을 확보하는 것은 불확실한 미래의 돌발적 상황에 대처하기 위해 우선적으로 취하는 조치이다. 비상품을 준비하는 것은 태풍이 몰려올 것을 알고 대비하는 사람들이 첫 번째로 하는 일이다.

그러니 한편으로는 '이만하면 충분하다'와 '자발적으로 소박함을 실천하자'고 생각하는 우리 같은 사람들이 있는 반면에, 그러한 개념들이 결코 와닿지 않을 거대한 규모의 사람들이 있다. 그런 개념들이 우리들의 집을 온갖 상품들로 가득 채우기 위해 경쟁하고 있는 다국적 기업들을 변화시킬 수는 없을 것이다.

하지만 스웨덴식의 '라곰'을 전 세계에 전파시키고 다른 좋은 단어들을 찾아내는 것은 가능하다. 사실 이것은 사람들이 실제로 원하는 것에 더 가까운 것이다. 좋은 신발을 가지는 것이 신나는 일이라는 것을 인정한다. 그것을 원한다고 해서 누구도 탓할 수는 없다. 하지만 한 사람이 좋은 신발을 15켤레나 가지고 있을 필요가 있나? 그렇지는 않다. 그렇다면 한 켤레면 충분할까? 아마 그것도 아닐 것이다.

'라곰'은 사람들이 때에 따라 다양한 필요와 욕구를 가진다는 것을 인정한다. 사람들은 좋은 물건을 가지고 싶어하고 안락하고 안전하길 바란다. 그들은 최소한으로 필요한 것보다 더 많은 것을 원하고, 아마도 그들에게는 그만큼이 필요한 것일 수 있다. 만약에 충분한 정도에서 만족하지 못하는 그들의 욕망을 우리가 받아들이고 심지어 충족할 수 있게 해준다면 그들도 어느 정도를 넘어서는 것은 지나친 것이라는 것을 고려해볼 마음이 들 수도 있을 것이다.

스웨덴을 포함해서 소유에 집착하고(이해할 수는 없지만), 북극의 얼음과 북극곰이 사라지고 있는 현실에도 전혀 신경 쓰지 않는 지역에서는 분명히 '라곰'의 한계가 저 너머에 설정되어 있을 것이다.

한 번은 미국에서 아내와 샘즈클럽Sam's Club에 들른 적이 있다. 샘즈클럽은 다양한 상품을 쌓아 놓고 저렴하게 판매하는 창고형 매장이다. 건물들은 잠수함을 축조하는 공정을 들여놓아도 될 만큼 규모가 크다. 그곳에는 타코에서부터 트램펄린, 목조선 모형에 이르기까지 다양한 상품이 구비되어 있고, 구매는 묶음단위로 이루어진다. 쇼핑카트는 거의 소형차만하다. 이러한 상점들이 늘어서 있는 통로를 걷다 보면 항상 매우 대조적인 여러 감정이 일어난다. 원초적인 소비욕구, 도덕적인 분노, 고통 받는 환경으로 인한 불안 등.

하지만 이 곳을 처음 접해보는 내 아내의 반응은 보다 실용적이다.

"돈을 많이 절약할 수 있겠네요. 그리고 한꺼번에 많이 사서 좋은 물건들도 있어요(수건은 아닐 테지만). 하지만 이런 곳에 오면 쓸데없이 너무 많이 사들이게 될 거예요."

지나치게 많은 것을 필요로 하는 사람은 없다. 사실 대부분의 사람들이 정말로 그걸 원하는 것은 아니다. 하지만 너무 부족하게 살고 싶은 사람도 없다. 아마도 자연과 공생하는 세상을 향한 우리의 비전에서 모두에게 충분한 세상을 꿈꾸는 대신에 모두에게 '라곰'한 세상을 꿈꾸는 것이 맞을 것 같다.

아직도 이 세계에 보태고 싶은 단어가 더 많지만, 아마 이 글은 이 정도만으로도 '라곰'한 것 같다.

나는 단순하면서 편안하게 집안을 꾸미는
스웨덴 스타일에 늘 끌렸다.
그런데 내 아내가 수건이 두 개 밖에 없다는 것에는
정말 놀라지 않을 수 없었다.
(사실은 가지고 있는 것은 세 개였는데, 하나는 여행갈 때
가져가는 용도로만 사용하고 있었다).
미국에서는 대부분의 사람들이
장 하나를 가득 채울 만큼의 수건을 쌓아놓고
쓰는 것에 익숙하기 때문에
수건을 두 개만 갖추고 산다는 것은
정말 깜짝 놀랄 만한 일이었다.

윌리엄 제이 도허티 박사는 가족사회과학
담당교수이고, 미네소타대학교 산하 Citizen
Professional Center의 소장으로 재직 중이다.
가족상담사이자 가족과 함께하는 지역공동체
조직운동가이기도 하다. 그는 가족문제를 연
구하는 과정에 소박함이라는 이상과 인연을
가지게 되었다. 그는 문화적인 압력으로 아이
들에게 너무 많은 것을 하게 하고, 너무 많은
돈을 지출하고, 너무 많은 일정을 잡는 부모들
에 대해 연구했다. 저서로는 《The Intentional
Family》가 있다.

저녁이 있는 삶 ; 가족과의 시간 되찾기

William J. Doherty

1980년대에 유행했던 'Don't Worry, Be Happy'라는 노래를 기억하는가? 이제는 'Don't Worry, Be Busy'라고 바꿔 불러야 할지도 모르겠다. 인류 역사상 아이들이며 가족이 이렇게나 바쁜 일정에 쫓겨 다닌 적은 일찍이 없었다. 어른들은 업무면에서 더 바빠졌고, 가족생활도 자녀들의 바쁜 일상을 쫓아다니느라 정신이 없다. 아이들은 축구, 하키, 스카우트 활동, 야구, 미식축구, 피아노, 공예반, 외국어반, 무용, 바이올린, 어린이 종교단 등의 활동들을 바쁘게 오가고, 부모들은 부업으로 운전기사, 본업으로 여가생활관리사로 뛰고 있는 꼴이다.

과외활동에 참여하는 것이 아이들에게 유익하다는 것은 잘 알려져 있다. 하지만 많은 부모들과 전문가 집단들은 오늘날처럼 과도한 과외열풍은 아이들에게서 아이다울 수 있는 시간을 빼앗고, 가족들에게서 가족

다울 수 있는 시간을 빼앗고, 연인들에게서 결혼할 수 있는 시간을 빼앗고 있다고 걱정하고 있다.

가족시간의 사용유형을 조사한 연구를 보면, 문제가 무엇인지 대략적인 그림을 그려볼 수 있다. 1970년대 말과 비교해 보면, 요즈음 아이들은 노는 시간이 줄어들었고, 자유활동도 줄었으며, 운동은 지도 및 감독 아래 이루어지고, 부모들과 여유롭게 대화를 나누는 시간도 줄어들었고, 가족과의 저녁식사 및 가족여행의 횟수도 훨씬 줄어들었다. 이러한 변화는 수입의 수준이나 인종과 관계 없이 미국 전체에서 광범위하게 찾아볼 수 있다. 더구나 이런 변화는 아무도 알아채지 못한 사이에 우리 앞에 가까이 다가와 있다.

상식적으로 따져보아도, 연구결과를 보더라도 무언가 잘못되었다. 일단 아이들을 학교에 보내게 되면, 많은 부모들은 꽉 찬 일정에 압박감을 느끼는데다가 가족 간의 결속을 잃은 듯한 느낌을 받는다. 선생님들은 어른들도 소화하기 어려운 일정 때문에 피로에 지쳐가는 학생들에 대해서 이야기 한다. 여러 연구결과에서 가족 식사시간의 중요성과 그 시간을 건너뛰었을 때의 부정적인 영향을 보여주었다. 아이들은 우리가 귀기울여 들어주면 자신들의 처지에 대해서 목소리를 높인다.

10대를 대상으로 한 YMCA 여론조사에 따르면, 그들은 '부모님과 보내는 시간이 충분하지 않은 것'을 가장 신경 쓰이는 일로 꼽았다. 그리고 한 9살짜리 동네 꼬마 아이는 부모님에게 생일선물로 집에서 노는 시간을 늘려달라고 부탁했다고 한다.

일정에 쫓기는 아이들과 단절된 관계 속의 가족이라는 문제 뒤에는 많은 원인이 있다. 전국에 있는 부모들에게서 얻어낸 이유들만 봐도 다음과 같다. 아이들에게 더 많은 기회를 주기 위해서, 좀 더 강도 높은 운동을 하려고, 업무량이 더 많은 부모 때문에, 아이들에게 충분히 해주지 못하는 것이 아닐까 하는 부모로서의 자격지심 때문에, 골목에 무방비로 내어놓았을 때의 안전문제에 대한 고민 때문에, 아이가 또래보다 뒤떨어지게 될까봐 걱정해서, 아이들이 여러 부문에서 두각을 나타내야 한다는 압박감 때문에 등등.

모두를 종합해서 설명하자면 경쟁적이고 시장경제논리에 사로잡힌 어른들의 문화가 지난 20년 동안 가족에게까지 침투했다는 것이다. 우리는 지금 '더 크게 더 좋게 더 빠르게'라는 표어가 자녀 양육과 가정생활 등 거의 모든 삶의 영역을 지배하는 나라에 살고 있다.

내가 저술한 《Take Back Your Kids: Confident Parenting in Turbulent Times》에서 밝혔듯이, 육아의 소비자 문화는 부모들인 자신들을 자녀양육이라는 시장상황에서 자녀들에게 서비스와 기회를 제공하는 공급자로 파악한다는 것을 의미한다. 아이들은 개발해 주어야 하는 잠재적인 재능의 집합체로서 여겨지고, 아동기는 성공을 위해 경주하는 시기가 되었다. 걱정 많은 부모들은 아이들이 경쟁에 뒤처지지 않는지 살피면서 경주를 관리·감독한다. 참으로 소모적이다. 그리고 가족관계는 단절되고 만다.

게다가 이것은 전 세계의 모든 중산층 부모들의 문제이다. 싱가포르나 한국과 같은 나라들에서는 세 살짜리 아이가 벌써 경쟁에 뒤처지는 것을 걱정하여 취학 전부터 집중교육에 들어가는 과열경쟁 현상을 보여준다. 미국으로 다시 눈을 돌리면, 뉴욕의 일부 학부모들은 하버드대학교로 가는 티켓이라고 알려진 유명한 유치원의 입학시험을 통과시키기 위해서 2살짜리 아이에게 과외선생을 붙여주고 있다.

　많은 아이들이 어린 시절을 바쁘게 보내고 있는 한편으로, 그런 기회가 풍부하지 않은 일부 저소득층의 아이들은 침체와 부진을 보인다. 그렇게 우리는 아동들을 이중구조로 몰아가고 있다. 한편엔 과열 과잉 교육으로 내몰린 아이들과 다른 한편으로 관심과 기회 없이 방치되고 있는 아이들이 있다. 중산층이 문화적인 준거가 되는 경향이 있기 때문에, 저소득층 부모들도 가난을 벗어나게 되면 아이들이 집에서 저녁을 먹을 수 있도록 챙기는 것보다는 차로 여기저기 실어다주는 것이 본인들의 임무인 양 여기게 된다.

　여기서 문제는 연구결과에 따르면, 가족의 식사시간이야말로 아이들의 학업 및 정서적 안정을 촉진할 수 있는 가장 중요한 활동이라는 점이다. 자녀들에게 기회를 주고 싶다면 아이들과 매일 같이 식사를 하는 것이 좋다.

　어떻게 하면 흐름을 돌릴 수 있을까? 아마도 우리 인간이 집단적 동물, 다른 말로 사회적 존재라는 것을 이해하는 것에서부터 시작해야 할 것이다. 우리는 어린 세대를 이웃, 학교, 공동체라고 부르는 집단 속에서 양육한다. 오늘날 그 집단 내 주도적인 부모들은(물론 좋은 의도로 하는 것이지만) 아이들의 시간을 과외할동으로 가득 채우면서 가족 간의 식사, 자기 전에 나누는 대화, 주말 나들이, 할머니, 할아버지 보러 가기, 같이 노닥거리기 등의 가족이 같이 나누는 의식을 자꾸만 일정 밖으로 밀어내고 있다.

　그리고 그들은 가족들이 얼마나 바쁘게 지내고 있는지, 자녀들이 경쟁에서 얼마나 두각을 나타내고 있는지 자랑하는 데 여념이 없다.(최근 명절 때 카드나 편지를 받은 적이 있나?) 가족과 게임을 즐겼다든지, 아이들이 할머니, 할아버지와 얼마나 가까운지, 주말에 가족과 여유 있게 늦은 아침 겸 점심을 나누었다든지 하는 이야기는 거의 들을 수 없다. 그리고 더 좋은 기회를 찾아서 더 승률을 높이고, 더 강도 높은 일정을 꾸리기 위해서 지역프로그램이나 시설의 사용도 외면한다. 아이들이 숙제할 시간을 벌어주기 위해서 학교까지 실어다 준다. 하지만 중학교 과정 전의 숙제가 학습에 도움이 된다는 연구결과는 어디에도 없다.

나머지 사람들도 이러한 열혈 학부모들과 그들이 공동체에 일으키는 파동에 영향을 받는다. 대부분의 열혈 학부모들은 가속엔진을 달고 경쟁으로 치닫고 있는 오늘날의 현실 속에서 아이들을 위해 최선을 다하는 좋은 부모들이다. 우리 나머지 사람들이 책임을 방기하고 모든 것을 그들에게 미뤄둔 결과로 지금 그들이 집단 속에서 패권을 잡게 된 것뿐이다. 이제야말로 우리 아이들과 가족을 구원하기 위해서 새로운 지도력이 등장할 차례이다.

미네소타와 그밖의 여러 지역에서는 부모들이 가족을 되찾아오기 위해서 연대하고 있다. 미네소타의 다코타컨트리Dakota Country에서 발기한 〈Balance For Success〉라는 단체는 일요일에는 '어린이 스포츠 금지'라는 목표로 움직이고 있다. 스포츠 지도자들도 이에 관심을 보인다. 이 학부모 주도의 풀뿌리시민연대는 사람들이 활발히 찬반의논을 개진할 수 있도록 포럼을 조직 중이다. 웨이자타 시Wayzata에서 결성된 또 다른 학부모 주도 시민연대는 가족생활과 과외활동 간의 균형을 조율하기 위해 간담회 등을 통해 대화를 활성화하고, 서로간의 협동 및 지원을 통해서 변화를 주도하고 있다. 지역 간담회 및 웹사이트를 이용해서 〈Putting Family First〉와 〈Balance For Success〉는 가족들이 겪고 있는 갈등, 그 해결을 위한 전략, 갈등을 극복하고 생활을 안정화한 성공에 이르기까지 다양한 이야기를 끌어내고 있다.

연대의 힘이다. 부모들이 변하고 이에 대해 친구나 이웃들과 대화를 나누다 보면 그들의 변화가 이웃에게로, 또 다른 공동체들에게로 퍼져 나가는 것을 볼 수 있다. 다른 열혈 학부모들도 과외활동을 줄인다고 해서 아이들의 장래에 위협이 되는 것이 아니고, 오히려 아이들에게는 더 좋은 결과로 나타날 수도 있다는 것을 점차로 인정하고 있다. 그들도 가족이 식사하는 기회를 늘리고, 일주일에 하루는 일정 없이 비워두는 등의 조치에 대해 긍정적인 반응을 보이기 시작했다. 한 사립학교의 경우는 학부모들이 학업우수반이 대학을 목표로 한 경쟁을 과열시키고 전인교육이나 조화로운 삶과는 동떨어져 있다는 이유로 폐지해 달라고 요청했다고 한다.

문화적 변화는 종종 이름이 없는 문제에 이름을 부여하면서 시작된다. 그 문제를 자연스럽고 당연하게 받아들이는 문화적 인식에 도전장을 내미는 것이다. 1999년도에 〈Putting Family First〉 연대에서 나와 같이 활동하던 학부모들은 '너무 바쁜 아이들overscheduled kids'이라고 이름붙였다.

그 이후 십 년 동안 그에 대한 사회적 논의가 활발하게 이루어지고 있다. 더 많은 사람들이 가족들이 바쁜 일정에 휘둘리며 사는 것을 가속 엔진을 달고 달리는 소비자 문화가 불러온 건강하지 못한 상황으로 바라보고 있다. 객관적인 징표들이 기류가 바뀌고 있다는 조짐을 보여주고 있다.

여론조사에 따르면 가정 내에 저녁식사 시간이 돌아오고 있다. 그 못지 않게 중요한 것은 새로운 세대의 지도자들이 21세기의 가족의 가치는 '균형'이라고 선언하고 있다는 것이다.

브라이언 웰치는 아홉 살 어린 나이에 이웃집 염소 돌보는 일을 시작했다. 그렇게 동물들과 친해지고 또 그 동물들을 몰고 다니던 사막지역에 정이 들면서 그는 평생 동안 자연과 깊은 교감을 나누게 된다. 브라이언의 아버지, 할아버지, 그리고 대대로 그 위의 조상들까지 모두가 목장을 하거나, 농장을 하거나, 방목을 했다. 그들의 삶은 땅과 가축과 아주 밀접하게 연관되어 있었다. 1996년에 브라이언은 Ogden Publications를 설립하는 데 일익을 담당하고, 현재까지 경영을 책임지고 있다. 그의 출판사는 〈Mother Earth News〉, 〈Utne Reader〉, 〈Natural Home〉 등과 그 외에도 다른 많은 잡지책을 출간하고 있으며, 자연친화적인 삶, 전원생활, 소박한 삶 등을 주제로 웹사이트도 운영하고 있다. 또한 Rancho Cappuccino라는 개인 블로그를 운영하면서 아내 Carolyn과 함께 유기농 및 친환경적으로 가축을 사육하며 사는 삶을 세상과 나누고 있다.

내가 농사짓는 이유 ;
자연과의 교감

Bryan Welch

　내가 이 글을 쓰는 시점은 일 년 중 가장 좋은 때이면서 가장 고생스러운 때이기도 하다. 계절이 가을의 끝자락에서 겨울로 넘어가는 때라서 날씨를 종잡을 수 없다. 내일은 영하에 진눈깨비가 내릴 수도 있고, 영상 20도에 화창한 날씨일 수도 있다.

　그리고 다음 해 먹을 고기를 준비하느라 동물들을 도축해야 하는 때이기도 하다. 그들은 단지 몇 달 전만 해도 봄기운에 취해 목초지를 가득 메운 생동감에 넘치는 새 생명들이었다. 몇 주 안에 그들에게서 나온 고기는 나와 내 친구들의 냉장고 속으로, 식탁 위로, 그리고 말 그대로 우리의 일부로 들어올 것이다.

　캔자스에 있는 우리 작은 농장에서 우리가 먹는 대부분의 식량을 해결하고 적게나마 수입도 거두고 있다. 하지만 마음으로는 이 일을 사업이라기보다는 예술로 받아들이고 있다. 50에이커에 달하는 목초지는 우리의 도화지가 되고, 자연은 그 안을 온갖 색상과 생명의 움직임으로 가득 채운다. 매일 새로운 염료, 새로운 이미지, 새로운 공연이 펼쳐진다.

알고 지내는 농장주들 중에는 동물을 가축으로만, 그러니까 재산으로만 대하는 사람들도 있다. 우리의 경우에 동물들은 동반자이고, 친구이고, 재미를 선사하는 재주꾼들이며, 가족에 가까운 존재이다.

사람들은 종종 내게 묻는다.

"어떻게 자기가 키운 동물을 먹을 수가 있나요?"

그들은 고기로 쓰일 것을 알면서 가축을 키우는 정서에 대해 알고 싶은 것이다. 하지만 그보다는 일종의 비난일 때도 있다. "어떻게 그렇게 냉혈한 일 수가 있나요?"의 의미인 것이다.

때로는 나 스스로 자문한다.

"그들이 어떻게 키워졌는지, 적절한 대우와 보살핌을 받았는지 알지도 못한 채 먹을 수가 있나요?"

우리 아버지와 할아버지와 그 위의 조상들에 이르기까지 모두가 농부의 삶을 살았다. 그들의 생계가 걸린 가축들을 키우고 그들의 생존을 위해 적절한 먹이를 찾아내는 일을 천직으로 삼았다. 아마도 선사시대부터 우리 집안 대대로 일생을 가축 떼를 쫓아다니며 유목민의 삶을 살았을 것이다. 우리는 항상 우리 식탁 위에 오르는 동물들과 직접적으로 접촉하고 일종의 교감을 나누어 왔다. 나는 이것이야말로 '자연스러운' 관계라고 믿는다.

물론 모두가 자기가 먹을 고기를 위해 가축을 사육해야 한다는 의미는 아니다. 하지만 우리 사회에서 사람들이 자기들과 상관없는 동물을 먹는 것을 보다 문명화 된 교양 있는 행동이라고 여기는 것은 왠지 왜곡된 시선이라고 생각한다. 기업형 농축업에서는 식량용 가축을 기계 부품처럼 다루면서 그들의 행복과 안녕에는 아무런 신경을 쓰지 않는다. 오늘날의 사람들 중 극히 소수만이 그들이 먹는 생명체를 알고 있으며, 그들의 에너지가 우리 몸의 활력이 되는 기적의 전환과정을 체험한다.

채식주의자들은 존경받을 만하다. 그들은 원칙을 위해서 양심에 따른 희생을 감수하고 있고, 그것은 감복할 만한 일이다. 하지만 그들이 먹는 식량을 키우는 경작지는 생물학적으로 황무지에 가깝다. 어떠한 생명체도 그 안에서 생존하기는 어려울 것이다. 스테이크 대용으로 사용할 콩고기를 만들기 위해 희생되어야 하는 생명체의 수만 따져 보면, 스테이크를 먹는 것이 훨씬 인간적이다.

비록 우리 동물들에게 제공하는 건강하고 행복한 삶에 자부심을 가지고 있기는 하지만, 목초지 안의 동물들을 바라볼 때면 어쩔 수 없는 슬픔을 느끼지 않을 수 없다. 나는 이 슬픔을 안고 살아가는 법을 조금씩 배워가고 있다. 우리 존재의 무상함과 우리와 먹이감을 한데 묶는 단단한 먹이그물의 무정함 때문에 오는 피할 수 없는 감상이다. 삶의 풍요로움과 활력을 보면 이율배반적으로 생기는 슬픔이고, 도덕적인 성찰로 야기되는 슬픔이다. 지구상의 모든 생명과 우리가 아끼는 모든 생명의 유한성을 떠올릴 때면 갖게 되는 슬픔이기도 하다. 이러한 슬픔 때문에 삶이 가슴 아프기도 하고, 또 그렇게 달콤하기도 하다. 그리고 이러한 슬픔이 있어서 나는 또 감사하는 마음을 가질 수 있다.

나는 직접 먹을 가축을 사육하면서 자연보호에 대한 윤리적 기반을 쌓을 수 있었다. 물론 말레이시아와 아마존의 열대우림 문제에 대해서도 심각하게 생각한다. 하지만 캔자스 목초지의 이 작은 땅의 경우는 실제로 내가 기여할 수 있는 부분을 고민하고 걱정한다. 그리고 이 땅은 나에게 그에 대해 보답한다. 내가 산호초라든지, 알프스 산맥의 침엽수림 등에 신경을 쓰는 것은 내 집 주위에 카펫처럼 깔린 녹지를 돌보고 지키는 마음이 확장된 것이다. 자양분을 찾아 토양을 헤매다니면서 나는 지구 전체에 대해 깊은 애착을 가지게 되었다.

다른 예술과 마찬가지로 (자연을 대상으로 해서도) 그 매체 및 기법에 대해 직접 연구한 사람들이 보다 얻는 게 더 많다. 농부의 경우에 이렇게 연구하는 것은 소명의 일부이다. 그리고 그 소명을 따를 때 우리는 자연이 주는 혜택을 온전히 받을 수 있다. 생명을 창조하기 위해서 생명을 파괴해야만 한다는 사실을 주제로 농부들이 토론을 하지는 않는다. 하지만 우리는 암묵적으로 그러한 모순을 이해하고 있다. 그런 이해를 바탕으로 하지 않고서 삶을 온전히 음미할 수 있으리라고는 믿지 않는다.

양이랑 염소는 파의 싹을 먹는다. 때때로 나는 그들의 숨에서 그 냄새를 맡는다. 나는 그 염소들이 해바라기 꽃머리에서 씨앗을 뽑아 먹는 걸 바라보는 게 좋다. 여름이 막바지에 달하면 목초지 가장자리를 다니며 목을 길게 빼고 그 풍부한 단백질 덩어리를 하나씩 먹어치운다. 나는 양이 어떻게 그리도 깔끔하게 풀을 뜯어 먹는지 궁리해 보기도 한다. 마치 관리가 잘된 골프장 잔디처럼 보인다. 다른 한쪽에서는 소들이 한 입 가득 우걱우걱거리며 풀을 뜯어 먹는다.

25년 전에 나는 하이킹과 배낭여행을 즐겼다. 년 중 45일 정도는 야외활동으로 보냈을 정도로 스키며 등산에도 열심이었다. 야영도 일 년에 대여섯 번 정도 했었다. 그런데도 나는 어떤 아쉬움을 느꼈다.

지금은 매일 밤 밖에서 잠을 잔다. 가축을 돌보고 닭장 문도 단속한다. 달 주위에서 얼음결정처럼 둘러쳐진 달무리도 구경한다. 거의 매일 해가 떠오르는 것을 바라본다. 어떤 꽃이 철을 맞아 활짝 피어있는지, 어떤 새가 철따라 움직이는지 잘 알고 있다. 철이 바뀜에 따라 토양에서는 어떤 냄새가 나는지도 알고 있다. 코요테가 닭장문을 열고 침입하지 못하게 감시하느라 궂은 날씨에도 야영하는 기분이 어떤지 또한 잘 안다. 나는 추운 밤에 뱃속이 텅 빈 채로 얼마 떨어지지 않은 곳에 포동포동 살찐 닭들이 풍기는 냄새에 킁킁거리는 기분도 짐작할 수 있을 것 같다. 나는 코요테가 문 밑으로 발을 밀어 넣으려고 노력하는 것을 보기도 했다. 그게 뭐든 그의 재간에는 경탄하지 않을 수 없다.

여전히 놓치는 것들은 있다. 하지만 여가 삼아 야외활동을 했을 때보다 자연에서 훨씬 더 많은 것들을 얻게 되었다. 이제는 낚시를 가거나 하이킹을 가더라도 이전보다 자연을 보다 명확히 보고, 농부의 관점에서 자연을 보게 되기 전에는 그저 지나쳤을 것도 세밀하게 눈여겨보게 되었다. 자연에 대해 좀 더 알아갈수록 보다 더 이해하고 누릴 수 있게 되었다. 상자거북이와 무는 거북이가 남기는 흔적이 서로 다르다는 것을 알게 되면 흔적들을 보다 흥미를 가지고 살펴보게 되었다.

나에게 하이킹과 농사짓는 일은 음악을 듣는 것과 음악을 연주하는 것의 차이와 같다. 하이킹을 하는 입장에서는 드라마틱한 리듬에 다채로운 굴곡이 있는 음악을 즐긴다. 농사짓는 입장에서는 꽉 들어찬 구성의 활기찬 대초원의 음악을 연주한다.

요즘은 손이며 옷에 피와 먼지와 거름 등을 잔뜩 묻히고 다닌다. 굳

은살이 박히고 상처투성이가 되었다. 동물들이 지내는 걸 보면서 웃기도 많이 웃는다. 하지만 그것들을 도살해야 하는 순간이 오면 우울하기도 하다.

그렇다. 내 삶 속에 이전보다 훨씬 더 많은 죽음이 있다. 역설적으로 그것이 내가 삶 속에서 생명이 충만함을 느끼는 이유이기도 하다. 그것이 내가 농사를 짓는 이유이다.

사람들은 종종 내게 묻는다.

"어떻게 자기가 키운 동물을 먹을 수가 있나요?"

그들은 고기로 쓰일 것을 알면서 가축을 키우는 정서에 대해
알고 싶은 것이다.

하지만 그보다는 일종의 비난일 때도 있다.

"어떻게 그렇게 냉혈한일 수가 있나요?"의 의미인 것이다.

때로는 나 스스로 자문한다.

"그들이 어떻게 키워졌는지,

적절한 대우와 보살핌을 받았는지

알지도 못한 채 먹을 수가 있나요?"

매튜 슬리스는 의학박사이고 응급실 소장과 의료진 책임수석을 역임했다. 현재는 저술 및 강연 활동 외에 신앙과 환경을 주제로 강의하고 있다. 그는 창조물 보호 운동 〈creation care movement〉을 이끌고 있으며, 그의 아내 낸시와 두 자녀도 힘을 보태고 있다. 저서로는 《Serve God》, 《Save thePlanet: A Christian Call to Action》이 있다.

믿음이 깊은 사람들이 먼저 행동해야 ;
다음 세대를 위한 변화

Matthew Sleeth

내 형제들아, 만일 사람이 믿음이 있노라 하고 행함이 없으면 무슨 이익이 있으리요. 그 믿음이 능히 자기를 구원하겠느냐 …… 영혼 없는 몸이 죽은 것 같이, 행함이 없는 믿음은 죽은 것이니라.

– 야고보서 2장 14절, 26절

그 날의 워싱턴 공기는 탁하고 아주 무더웠다. 스모그가 온 도시를 둘러쌌고, 기상캐스터는 병이 있는 사람들은 밖에 나가지 말라고 경고했지만, 8살 에타는 남동생과 함께 동네 놀이터를 향했다.

에타와 남동생은 물이 뿜어나오는 스프링클러 사이를 뛰어다니며 몸을 식히고 있었다. 에타가 힘을 쓰자, 그녀의 기도가 스모그에 반응하기 시작했다. 기도와 기관지를 연결해 주는 근육이 수축을 시작했고, 점액세포는 병적인 징후로 분비물을 뿜어내고 있었다. 몇 초가 지나기도 전에 이 분비물들이 쌓여 천식발작을 일으켰다. 에타의 남동생은 흡입기를 가지러 집으로 달려갔고, 근처에 있던 사람들이 911을 불렀다. 몇 분 내로 구조팀이 도착했고, 후송과 동시에 치료를 시작했다.

간호사가 트라우마실의 불을 켰고, 의료진은 그 안에서 대기했다. 나는 에타에게 삽관이 필요해지면 그 일을 담당하게 될 것이었다. 구급차가 도착했다. 그녀는 산소마스크가 씌여진 채 인공호흡기를 달고 실려들어왔다. 에타의 맥박은 불안할 만큼 느렸고, 산소 수치도 거의 잡히지 않을 정도였다. 인공호흡기는 그녀의 기도가 거의 막혀 있어서 충분한 역할을 하기 힘들었다.

"매튜, 삽관해주세요. 타미, 동맥관을 잡아줘요. 마취 들어가 주세요." 지시가 떨어졌다. 나는 에타의 작은 손을 들어서 삽입할 관 몇 개를 손가락에 대보았다. 그리고 손가락 굵기에 가까운 관으로 골라들었다. 그리고 몸을 낮춰서 에타의 귀에 속삭였다.

"에타, 나는 매튜 의사선생님이야. 이제 입으로 관을 넣을 텐데, 네가 숨을 쉴 수 있도록 해줄 거야."

나는 에타의 겁먹은 눈동자를 들여다 보았다.

"절대 잘못되도록 하지 않을게. 걱정 마."

내가 그렇게 약속하는 동안, 내게 잡혀 있던 그 아이의 왼쪽 손이 나를 한 번 약하게 잡았다 놓는 것 같았다.

그 당시의 두 장면은 여전히 생생하다. 첫 번째는 아이의 조그만 손가락이 삽입된 비닐관을 잡고 있던 모습이다. 내 커다란 손바닥 위에 얹힌 그 아이의 손은 그렇게나 작고 연약해 보였다. 두 번째는 내가 삽관을 마친 후 30초가 지났을 때였다. 현장을 책임지던 의사가 갑자기 모두 조용히 시켰다. 그리고 청진기를 아이의 가슴에 가져갔다. "공기를 넣어요." 나는 지시에 따라 공기주머니를 눌렀다. 에타는 녹색의 형광색 홀라후프와 같은 색의 수영복을 입고 있었다. 그리고 앞쪽에는 행복하게 미소 짓는 고래 한 마리가 막 물 밖으로 튀어 올라오는 그림이 있었다. 에타는 그 옷을 아주 좋아했을 것이다. 즐겁게 노니는 고래를 보면 누구나 웃지 않을 수 없을 것이다. 아이의 폐 속에 공기를 불어 넣으며 그 고래가 팔딱거리게 애쓰던 순간이 두 번째로 나를 사로잡는다.

10년 전부터 우리 가족은 스스로를 환경을 생각하고 자연을 보호하려고 노력하는 '지킴이'라고 말해 왔다. 이제는 말뿐인 단계에서 실천의 단계로 발전했다. 어떻게 해야 실제적인 행동에 나설 수 있을까?

하나님이 나에게 창조물 보호 운동에 일익을 담당하도록 소명을 주셨을때, 나는 의사였다. 미국에서도 손꼽히는 병원에서 전 의료진을 대표하면서 응급실을 책임지고 있었다. 내가 하는 일과 동료들을 사랑했고, 값나가는 집과 성능 좋은 차와 후한 수입을 누리며 살고 있었다. 그런데 지금 나는 이 모든 것들을 포기했다.

이제 우리 가족은 예전 집의 창고 크기에 지나지 않는 집에 산다. 그래서 예전의 3분의 1에 해당하는 화석연료, 4분의 1에 해당하는 전기를 소비한다. 쓰레기도 예전에는 매주 2통을 채워내던 것이 지금은 몇 주 걸러 한 봉지 정도 내놓게 되었다. 세탁기 옆에 건조기도 치우고, 쓰레기 분쇄기, 식기세척기, 잔디깎기도 다 없애버렸다. 마당에는 야생화를 옮겨다 심고 큰 텃밭을 가꾸었다. 예전에 갖고 있던 것 중 반은 이미 새주인을 찾았다. 우리는 그야말로 완전히 후지게 변했다.

대신에 우리 가족은 내가 상상했던 이상으로 의미 있는 삶을 얻게 되었다. 일련의 변화들을 거쳐 하나님과 소통할 수 있는 시간이 더 많아졌다. 영적인 충만함이 물질이 빠져나가서 비어있는 곳을 채웠다. 소유를 줄이자, 더 이상 물질이 우리를 소유하지 못하게 되었다. 하나님을 시험해 본 결과, 그분의 말씀은 모두 진리였다. 그분께서는 우리에게 아낌없는 축복과 기회를 부어주신다. 우리가 일단 소비지상주의에 매몰된 삶을 벗어나자, 우리의 잔이 넘쳐흐르게 되었다.

지금 나는 하나님의 뜻을 세상에 선교하는 소명을 맡고 있다. 하나님은 우리가 세상과 자연에 대한 그의 사랑을 사람들에게 알리도록 하셨다. 지구는 앞으로 올 모든 세대의 필요에 부응하도록 만들어졌다. 한 세대의 욕망 때문에 한 번에 모두 약탈당할 수는 없다.

설교 및 강연을 하러다니다 보면, 사람들이 다가와 자신들의 염려를 공유한다. 많은 사람들은 정신없이 바쁜 일상에 조금의 여유를 바란다. 어떤 사람들은 목표와 의미가 있고 영혼이 안정되는 삶을 기대한다. 또 다른 사람들은 그들이 무엇 때문에 하나님의 뜻대로 살지 못하는지 알면서도 타성에 젖어 필요한 행동에 나서지 못하고 있다.

우리가 노력해야 하는 하나는, 수입해서 쓰는 석유에 대한 의존도를 낮추는 것이다. 많이들 생각하는 것과는 다르게, 석유 사용의 가장 큰 폐해가 지구온난화가 아닐 수 있다. 사람들의 삶이 한 가지 물질에 의존적이 되면, 우리는 그것을 중독이라고 부른다. 중독 현상은 굳이 그 대상이 우리에게 환각을 일으키는지 여부와는 상관이 없다. 중독가능성을 진단할 수 있는 보다 정확한 방법은 그 대상물질이 없이 지내기 위해서 얼마나 큰 의지가 필요한가, 또는 갑자기 그 대상물질을 없애버리면 살아가기가 얼마나 고통스러운가를 보는 것이다.

무엇인가에 중독되었을 때, 우리는 부정하거나 별일 아니라고 간과하고 넘어가는 경향이 있다. 우리는 이로 인한 여파를 생각하지 않고 그저 스스로에게 관대한 기준을 적용하려 한다.

나는 기독교인이자 의사로서 화석연료에 대한 우리의 의존도가 건강에 미치는 영향과 더불어 도덕적으로 어떤 결과를 초래하는지에도 깊은 관심을 기울이고 있다. 석유를 얻고 운반하는 데 그렇게나 많은 희생을 치르는 것이 우리에게 국가적으로나 개인적으로 어떤 영향을 미칠까? 미국은 현재 1년에 2천억 불에 해당하는 비용을 들여 석유를 들여오고 있다. 그 말은 미국의 모든 성인남녀와 아이에 이르기까지 1년에 700불에 해당하는 돈을 외국에 지불하고 있다는 것이다. 그 돈을 받는 국가 중 하나는 공식적으로 종교의 자유를 금하고 있다. 그 곳은 헌법에 지구가 평평하다고 명기돼 있고, 민주주의는 사형에 해당하는 범죄이다. 이 나라가 미국의 주 원유 공급원이다.

우리가 외국에서 넘어오는 에너지에 기반한 삶을 누리기 위해서 도덕적으로 눈을 감고 사는 최초의 세대는 아니다. 노예제도는 도덕적으로 안면몰수한 채 값싼 에너지를 수입해다가 쓴 것이다. 애초에 노예제도를 금지했던 조지아와 같은 주들도 결국 이웃에서 벌이는 잔치에 배가 아파서 이를 허용하게 되었다.

링컨 대통령이 톰 아저씨의 오두막의 작가인 해리어트 비처 스토우 여사를 만나서, 남북전쟁의 도화선이 된 여성을 만나서 영광이라고 말했다는 이야기가 있다. 여사의 아버지는 노예제도 폐지의 당위성을 설파하던 부흥회 목사였다. 다른 목회자들은 유려한 설교를 통해 노예제도를 지지하며 축복했다. 노예제도를 두고 나라가 나뉘었듯이 교회도 나뉘었다. 같은 성경을 보면서 교회 지도자들은 어떻게 그렇게 상반된 결론에 이르게 되었을까? 우리가 역사에서 교훈을 얻어낼 수 있을까? 아니면 그 역사를 되풀이 해야 할까?

기독교의 근본윤리인 황금률은 환경문제를 포함한 많은 당면한 이슈들의 도덕적인 측면을 볼 수 있게 해준다. '네 이웃을 네 몸과 같이 사랑하라'는 황금률을 무시하고서는 기독교인이라 하지는 못할 것이다. 이것은 단순한 제안이나 지침이 아니다. 이것은 하나님이 내린 계명이다. 이 황금률과 환경 사이에 어떤 연관성이 있을까? 집이며 차며, 가전제품을 선택하는 것은 생활방식의 문제일 뿐이지, 도덕적이거나 정신적인 문제와는 상관없는 것일까? 내가 SUV를 몰거나 텔레비전을 밤새 켜놓고 스키여행하러 세계를 돌아다니는 것을 하나님이 정말 신경 쓰실까?

성경에는 이에 대한 아무런 언급이 없다. 예수님의 시대에는 이런 것들이 아예 존재하지 않았다. 하지만 예수님은 문자에 얽매이지 않는 법의 정신을 가르쳤다. 우리는 그 정신에 비추어 그가 보여준 사랑을 통해서 우리가 따라야 할 도덕적인 기준을 정할 수 있다.

교회에서 설교할 때, 나는 사람들에게 에너지 효율적인 전구의 예를 든다. 에너지스타 웹사이트^{energystar.gov}를 참조하는데, 그곳은 우리가 에너지 소비를 줄이도록 고무하는 곳이다. 환경보호국이 부시 행정부 시절 구축했다. 에너지스타에서 알려주는 정보에 의하면, 가정마다 제일 많이 사용되는 전구 다섯 개만 형광등으로 교체해도 화력발전소 21개의 가동을 내일 당장 중지할 수 있다고 한다. 이것은 헤아릴 수 없는 양의 유독가스와 미세먼지를 공기 중으로 배출하는 것을 막을 수 있고, 자동차 8백만 대를 당장 도로에서 없애는 것과 같은 효과를 얻을 수 있다. 대기에서 온실가스와 미세먼지가 감소되면 사람들은 질병과 죽음의 위협에서도 조금 멀어질 수 있다. 미국에서만 일 년에 64,000명이 공기 중에 있는 미세먼지가 원인이 되어 사망에 이른다고 한다.

내가 어릴 때를 떠올려 보면, 학교친구 중에 천식이 있는 친구는 하나뿐이었다. 지금은 공기가 탁한 날이면 학교마다 열 명이 넘는 아이들이 흡입기를 찾는다. 하나님은 대기를 이렇게 호흡하기 어려운 상태로 만들지 않으셨다. 하버드대학교의 건강학부에서는 메사추세츠의 한 발전소가 건강에 미치는 영향을 조사했다. 그 결과는 연간 응급실 방문 1,200건, 천식발작 3,000건, 사망 110건이 발전소가 있어서 발생한 것이라는 것이다. 발전소들이 배출하는 그을음이 전국적으로는 600,000건 이상의 천식발작을 촉발하는 것이다.

이것은 그저 수치에 지나지 않는다. 비록 어마어마한 수치이기는 하지만 말이다. 나에게 그 숫자들은 모두 에타에게로 귀결된다. 우리가 하나님이 주신 창조물들을 제대로 감독하지 못해서 죽음에 이르게 된 꼬마 여자아이. 행동 하나 하나마다, 물건을 사게 될 때마다, 우리는 반드시 스스로에게 다음과 같은 확인을 해야 한다.

'하나님의 뜻에 합당한 것일까?'

우리는 모두 에타의 죽음에 책임이 있다. 아주 작은 희생을 감수해서 (전구를 바꾸고 빨래를 널어서 말리는 등) 우리는 또 다른 소녀가 겪게 될 비극을 막도록 적은 힘이나마 보탤 수 있을 것이다.

리니아 존슨은 수필, 소설, 시, 희곡을 쓰면서,
진실과 지혜에 대한 갈망을 지니고 산다. 하지
만 보통은 복숭아와 블루베리 파이만 있으면 만
사형통이다. 그녀의 시집《스웨덴의 크리스마스
Swedish Christmas》는 CD 부록을 갖춘 책으로 나올
예정이고, 또 다른 시집《Augury》는 2009년 출
간했다. 그녀의 책《The Chicago Home》은 제
1회 'Beatrice Hawley Award'를 수상했다. 리니
아는 학사, 석사, 박사학위를 차례로 취득, 여러
대학교에 출강했는데, 강의를 계속했더라면 하
는 바람이 있다. 한때는 호숫가에 살았고, 그 다
음에는 바닷가에 살았으며, 현재도 연못가에 살
고 있다. 연못은 계절에 따라 수위에 부침이 있
어서 바다와 호수를 그리워하면서 큰 비가 내리
기를 소망하고 있다.

균형잡힌 조화로운 삶 ;
니어링의 삶

Linnea Johnson

오래 전 겨울 저녁이었다. 기울어진 천장이 안락하게 느껴지는 손님 방에 촛불을 옆에 두고 이불 안에 몸을 웅크린 채, 나는 방 안에 있던 니어링 부부의 《Living the Good Life》을 읽었다.

니어링 부부는 1930년대와 40년대에는 버몬트 주에서, 이후 1990년대까지는 메인 주에서 자신들의 원칙을 지키며 자급자족하는 삶을 살았다. 그들은 이런 글을 남겼다.

연령에 상관없이 최소한의 건강상태와 지적인 수준, 자금을 갖춘 한 쌍이라면 누구나 전원생활에 적응해서 필요한 기술을 익히고, 난관을 극복하며, 소박한 가치를 실현하면서 개인적으로도 사회적으로도 생산적인 삶을 건설할 수 있다고 우리는 생각한다.

그들은 저술한 수많은 책을 통해 수천 명의 사람들에게 소박한 삶을 모색하도록 자극했다.

나는 시카고에서 자랐다. 아버지는 음악가였는데, 스웨덴 이민자였다. 가족들은 고향에서 농장을 운영했는데, 아버지는 미국으로 오는 배삯을 손에 넣자 바로 고향을 떠났다. 아버지는 농사짓는 어려움을 담은 파란만장한 이야기를 풀어놓곤 했다. 스웨덴 남서부의 모래흙에다 억센 감자며 당근, 호밀을 키우는 것은 등골이 휘는 힘든 일이라고 했다. 나는 아버지의 고생은 흘려들으면서 재밌고 낭만적인 부분만 골라 들었다.

사실 나는 소와 말, 닭과 같이 사는 삶을 동경하면서 자랐고, 내 머릿속에서 동물들은 알아서 씻고, 알아서 먹고, 알아서 잘 살아남는 존재들이고, 무성한 잎으로 가득한 녹색환경 또한 저절로 생겨서 계속 유지되는 것이었다. 내가 실제로 노동을 한다는 것은 생각조차 없었다.

그럼에도 불구하고 내 안에는 형태를 조금 바꿨을 뿐 니어링 부부가 초기에 가졌던 의문과 번민과 공포와 같은 것들이 생겼다. 고액 연봉과 형광등 불빛, 교외의 안락함과 사무실의 편리함, 멸균처리된 공기와 음식과 물, 처치곤란한 휴대폰으로 무장한 채 경쟁 속에 내몰린 고만고만한 주변인들을 뒤로 한 채, 틀에 박힌 삶을 벗어나 보다 사회적으로 책임 있는 모습을 갖추고, 태양과 바람과 비를 직접 얼굴에 맞으며, 유기농 음식으로 배를 채우기를 희망하는 사람들이라면 말이다.

무엇을 해야 하지? 어떻게 해야 하나? 어디에서 누구와? 공동체에 들어가는 게 좋을까?

우리 중 많은 사람들은 쓸데없이 시간과 에너지를 소요하는 온갖 물질적 구속에서 벗어난 자유로운 삶을 꿈꾸고, 니어링 부부가 느꼈던 '새장을 벗어난 새가 다시 한 번 날개를 펼치며 느끼는 자유'와 같은 것을 맛보고 싶어한다.

그 밤에 니어링 부부(헬렌과 스코트)를 발견한 것은 내 안에서 형태 없이 떠돌던 질문들을 구체화하는 계기가 되었다. 헬렌 크노츠[1904~1995]는 일찍이 음악과 동양 종교 및 접신론에 관심을 두고 공부하다가 인도로 가게 되었고, 이후 시드니에서 공동체 생활에 합류하기 위해서 호주로 이주하게 되었다. 그녀는 1930년 스코트와의 만남을 이렇게 말한다.

"진짜 인생공부가 시작되었습니다."

스코트 니어링[1883~1983]은 교육수준이 높고, 고등교육 분야에서 가르치는 일도 하고 있었다. 교재 및 논문 등을 저술하면서 강연활동도 했는데, 불공정함과 착취와 사회적 불평등에 저항하는 것을 삶의 지표로 삼고 있었다. 《Conscience of a Radical 스코트 니어링의 희망, 보리, 2011》에서 그는 이렇게 말한다.

> 지금까지 쌓아온 학문적 견식과 개인적 경험들이 내가 표피적인 삶을 살도록 용납하지 않는다. 개인적인 삶이나 사회적 문제들의 뿌리까지 탐구하도록 한다. 다른 말로 내가 급진적이 되도록 이끈다.

1919년, 군인 모집과 징병을 방해한다는 혐의로 한 대법관은 스코트를 재판에 넘겼다. 그가 〈The Great Madness〉라는 팸플릿 속에서 1차세계대전이 경제적인 이유로 발생한 것이며, 대기업과 부유층이 이로 인한 이익을 얻고 있다고 주장했기 때문이었다.

스코트 니어링은 부당함과 위선을 발견하면 대상이 어디가 되었든 비판을 삼가하지 않았다. 공산당에서 축출된 이유도 당이 싫어하는 책을 출판했기 때문이었다. 1930년대에는 노동조합을 조직하는 일에 열심이었다. 1930년까지 스코트 니어링은 급진적인 견해를 이유로 연속해서 네 개의 직장에서 해고되었다. 그는 아동노동에 반대했고, 미국의 군사 제국주의에도 반기를 들었다.

스코트 니어링처럼 나도 부당한 법률에 저항해왔다. 유색인종, 레즈비언, 게이에 대한 시민권 무효화 정책에 반대했고, 베트남 전쟁에 반대하는 시위에도 참여하고, 여성에게 출산에 대한 선택권이 주어질 수 있도록 적극적으로 나섰다. 자본주의 및 제국주의에 대해 세세하게 고발하는 글들을 발표하고, 노동조합을 만들려는 수많은 시도들에 한몫 하면서 결국 용두사미가 되는 꼴도 여러 번 목격했다. 또한 목소리 큰 페미니스트에 레즈비언이라는 이유로, 좋아하기도 하고 매우 성공적이기도 했던 대학강의 일자리도 몇 개 접어야 했다. 친밀감. 나는 니어링 부부에게 가족 같은 친밀감을 느꼈다.

헬렌과 스코트는 함께 뉴욕으로 갔다. 그곳에서 그들은 말할 수 없이 가난했다. 하지만 살다보면 좋은 날이 올 것이고, 그렇게 그들은 좋은 날이 올 것이라고 확신했다. 시작부터 니어링 부부는 시장경제가 부리는 봉급의 노예가 되지 않겠다고 결정했다. 대신에 그들은 경제를 이용하겠다고 마음먹었다. 니어링 부부는 생각했다.

시장경제는 야단법석을 떨어서 소비자들이 정신없는 채로 필요하지도 않고 굳이 갖고 싶지도 않은 물건들을 사들이도록 한다.

그렇게 해서 물건 값을 지불해야하기 때문에 노동을 팔 수밖에 없도록 만드는 것이다.

스코트 니어링은 《The Making of Radical》에서 이렇게 말한다.

자급자족의 삶은 시장의 개입 없이 직접적인 상품과 서비스가 생산되고 사용될 때 그것을 기반으로 이루어진다. 우리의 경우에 식량은 경작을 해서 먹고, 연료는 장작을 패서 태우고, 들어가 살 집은 직접 지어서 산다. 그렇게 생활에서 현금이 필요한 요소를 제거한다.

그들은 십 년짜리 '형편대로 갚는' 정책을 고안했다. 현명하게 생활하고 빚은 피하도록 하는 그들의 가계경영헌법은 다음과 같다.

기술을 숙련하는 데서 얻는 기쁨을 오래 간직하고 극대화할 수 있는 성취감을 느끼면서 그에 따른 자존감을 키울 수 있는 조건 속에 살기 위해서는 자급자족의 수단을 최대한 갖추어서 제약적이고 강압적인 경제적 압박에 굴하지 않을 수 있는 기반을 마련해야 한다.

우리가 도시를 떠나서 전원으로 이주하는 주요한 요인들 중 하나는 가공되고 독성화 된 음식이 건강에 위협적이라는 것을 깨달았고, 우리를 그런 위협에서 보호하기로 결정했기 때문이다. 음식을 가공하고, 독성화시키고, 약물처리하는 등의 과정은 그 과정에 끼어서 엄청난 이익을 챙기는 개인들과 기업들을 양산하는 데 그치지 않고 미국인들의 건강을 악화시킨다.

상품 생산과 판매에 대한 강한 압박으로 재능 있는 수백 만의 사람들이 자연과 사회에서 필요한 온갖 창조적인 과정에서 배제된 채 자신들의 창조적인 욕구가 위축되고 죽어가고 있다고 느낀다 …… 자연의 흐름을 따르는 것이 정규교육보다 더 많은 것을 제공해준다. 자신을 풀어놓도록, 그리고 성장할 수 있도록 자극하고, 운 좋은 사람들이 대자연에 귀의하게 만든다.

니어링 부부는 주어진 토양과 기후조건 하에 가능한 많은 식량을 재배하고 계절에 맞는 식생활을 유지하는 데 열심이었다. 동물은 키우지 않았다. 그들은 생식을 원칙으로 하고 음식은 통째로 먹는 채식주의자였다. 이 말은 그들이 식사를 준비하는 데 별다른 시간이 소요되지 않는다는 것이다.

《The Good Life Album of Helen and Scott Nearing》에서 헬렌 니어링이 남긴 메모를 보면,

지구상에서 가장 부유한 나라에서 나고 자라서, 온갖 용도의 도구들과 소품들을 매일 달고 살면서, 우리는 이러한 장난감들을 거부하고, 우리 힘으로 맞서면서 진정한 의미로 삶을 개척해 나가도록 준비되어 있어야 한다는 것을 깨달았다.

부부는 소비지상주의로부터 자유로운 삶을 구상했다. 하지만 사

회 속에서 떨어져 나온다는 생각은 단연코 없었다.

우리는 탈출하려는 게 아니다. 반대로 우리는 보다 주도적으로 삶을 이끌고 그 속에서 더 많은 의미를 찾을 수 있는 방법을 찾고 싶은 것이다. 의무를 회피하려고 하는 것이 아니라 보다 가치 있는 책임을 맡을 기회를 찾고 있는 것이다. 돕고, 향상시키고, 재건할 수 있는 기회라면 단순한 기회를 넘어선다고 할 수 있겠다. 우리는 그것을 시민으로서 당연히 해야 할 도리라고 받아들일 것이다.

니어링 부부는 국외거주자가 되는 대신 미국에 머무르기로 했다. 기후 및 유서 깊은 역사를 고려해 뉴잉글랜드를 선택했다. 1932년에는 버몬트에서 쓰러져가는 65에이커 크기의 농장을 사들였다. 그들이 묘사한 바에 의하면, '편의를 위한 장비라고는 펌프 한 대, 검은색 철로 된 부엌 싱크대 하나, 거기다 헛간 한 쪽에 변소칸이 전부였다.'
《Living the Good Life》에서 그들은 다음과 같이 주장했다.

우리는 확인받고 싶었다. 우리가 바람직한 삶에 필수적이라고 고려하는 가치들 …… 소박함, 불안과 초조에서 벗어난 자유, 유용한 존재가 되고 조화롭게 살 수 있는 기회 등과 같은 가치들을 실현하며 살 수 있는 방법을 찾고 싶었다.

그들은 강의활동과 저작활동, 그리고 그들의 보금자리에 방문자들을 맞아들이면서 공동체를 만들어냈다. 그들은 또한 땅의 일부를 마음이 맞는 사람들에게 적당한 가격에 넘기거나 무료로 분양하고, 그들이 자신들이 생각하는 바람직한 삶을 설계해 나가도록 해주었다.

오래 전 그 촛불 아래, 나는 스코트와 헬렌이 어떻게 그들만의 바람직한 삶의 방식을 개발하고, 어떻게 버몬트의 돌밭을 개간하면서 집을 지었는지에 대해서 읽었다. 그리고 그들이 생계 유지를 위해서 판매용 작물을 키우기로 결정하는 과정에 대해서도 읽었다.

버몬트가 페이퍼 컴퍼니와 스키산업에 잠식되어 갈 때, 니어링 부부는 이사를 결정했다. 그들의 말을 빌리자면, "앞으로 몇 해는 바닷가에서 살아봐도 좋지 않겠는가?" 1952년 봄에 이제 49살의 헬렌과 70살의 스코트는 아직은 외지고 가격도 감당할 만했던 메인주로 이주했다.

바람직한 삶은 모든 것의 균형을 이루어야 한다. 친구들을 보듬고, 살아있는 토양을 개발하고, 사회적으로 깨어있고 기여도 하는 존재가 되고, 필수적으로 필요한 음식을 키우고, 음악과 문학과 미술에 할애할 수 있는 여가 시간을 남기는 등을 포함해서 완전하고 절대적인 삶에 필요한 것들 모두가 전체적으로 조화로운 균형을 이루어야 한다. 바람직한 삶을 위한 그들의 전략은 또한 손에 넣을 수 있는 재료를 이용해서 집을 짓고, 필요하다면 도구를 만들어 쓰는 것을 포함한다. 니어링 부부는 너무 많은 도구를 사들일 필요가 없도록 사다리와 썰매를 제조했다. 불도저나 전동톱, 쟁기, 트랙터와 같은 것이 필요할 때면 이웃에게 있는 것을 돈을 주고 빌리거나 거래를 하거나 물물교환을 이용했다.

헬렌 니어링은 다음과 같이 썼다.

우리는 다섯 단계의 삶을 일구어내기 위해서 다양한 노력을 시도했다. 자연과 함께한다. 매일 정해진 시간을 먹는 문제를 해결하는 데 필요한 노동에 할애한다. 전문적인 활동을 계속 유지한다. 동료 시민들과 변함없는 교류를 나눈다. 정신과 영혼이 깃든 삶을 배양하기 위한 부단한 노력을 멈추지 않는다.

이러한 삶의 다섯 단계들은 그들이 '4 - 4 - 4 공식'이라고 부르는 것에도 담겨 있다. 매일 네 시간은 양식을 키우고 헛간을 정비하는 일에 배정한다. 네 시간은 각자의 기술과 기호와 특기에 따라서 바이올린을 연주하거나 책을 쓰는 등의 전문적인 활동에 쓰여지도록 한다. 나머지 네 시간은 '인류의 한 사람으로서 그리고 지역 및 종교, 국가, 세계 단위로 이루어지는 각종 시민활동의 참여자로서 의무와 책임을 다할 수 있도록' 배정한다.

나에게는 니어링 부부가 생활의 기준으로 삼았던 원칙을 읽은 순간, 새로운 삶을 개척하는 계기가 되었다. 개척의 첫 발걸음은 어린 시절 주입 받은 윤리를 다시 점검하고 어른으로 넘어오면서 수정하거나 변형을 거친 가치들을 정리해내는 것이었다.

니어링 부부의 정신세계와 만나게 되면서, 나는 줄창 고된 농사만 짓는 생활과 오직 사유하고, 기록하고, 실천하는 생활 사이에서 선택할 필요가 없다는 것을 알게 되었다. 니어링 부부의 소박한 삶의 원칙은 우리가 어떻게 하면 정신세계 및 음악, 독서 및 저술활동, 시민활동 등을 위해 계획하고 안배할 수 있는지를 보여준다.

니어링 부부의 글을 읽고 나만의 원칙을 조합하기 시작했다. 같이 할 친구들도 만났고, 나에게 맞는 삶을 위한 전략도 개발했다. 그 삶은 일관성이 있을 것이다. 또한 유쾌하고, 화도 많고, 쉽게 여기저기 관심을 가지는 나라는 존재에게 도전정신을 불러일으키는 삶일 것이다.

내가 모아놓은 원칙들은 마치 수맥을 찾는 데 쓰는 지팡이처럼 내가 질문과 답을 찾도록 돕는다. 니어링 부부처럼 나는 끊임없이 자문한다.

우리 텃밭에서 나는 것만으로 먹고사는 게 가능할까?

요즘 같은 세상에서 원칙을 가지고 산다는 것이 가능할까?

내가 알아야 할 것들을 모두 배울 수 있을까?

어떻게 하면 정신적인 삶을 가장 성공적으로 전체적인 삶 속에 조화시킬 수 있을까?

내가 믿고 있는 대로 살아갈 수 있을까?

니어링 부부는 자본주의 문화가 수렵채집의 본능을 교란시켜 필요한 것보다 많이, 원하는 것보다도 더 많이 구하게 됐다고 했다. 심지어 중독에 이르거나 만족을 모르는 탐욕에 이르게 되기도 한다. 여기에서 벗어나려 한다면 우리는 '더 많이' 갖고 싶은 마음을 '충분해'라고 바꿀 수 있어야 한다.

우리가 도시를 떠나서 전원으로 이주하는

주요한 요인들 중 하나는

가공되고 독성화 된 음식이 건강에 위협적이라는 것을 깨달았고,

우리를 그런 위협에서 보호하기로 결정했기 때문이다.

음식을 가공하고, 독성화시키고, 약물처리하는 등의 과정은

그 과정에 끼어서 엄청난 이익을 챙기는

개인들과 기업들을 양산하는 데

그치지 않고 미국인들의 건강을 악화시킨다.

케시 오키프는 사우스 앨라배마 대학교에서 레크리에이션과 레저에 관해 가르치고 있다. 다섯 자녀를 두고 있고, 남편인 데니스와 함께 L'Arche라는 발달장애 관련 공동체에 소속되어 있다. 그녀는 특히 죽음을 앞두고 적극적으로 준비하는 사람들과 함께하면서, 그들의 가족들을 위해 동영상을 제작하기도 한다. 케시는 소박함을 추구하는 운동을 가족과 친구들과 함께 누릴 시간을 내는 좋은 수단으로 받아들이고 관심을 가진다. 소박한 삶을 선택했던 아시시의 성 프란체스코와 다른 종교적 위인들에게 큰 영감을 받았다.

단순하고 여유로운 삶 ;
균형의 문화

Cathy O'Keefe

당신이 마땅히 좋아해야 하는 것이라고 세상이 말하면 그저 아 멘이라고 말하는 대신에, 당신이 정말로 좋아하는 것을 아는 것이 야말로 당신의 영혼이 살아 있도록 지켜줄 것이다.

— 로버트 루이스 스티븐슨^{Robert Louis Stevenson}

미국문화의 대단한 점은 자신들이 보이는 과잉에 대해 신랄한 자아 비판을 한다는 것이다. 평범함 속에 묻혀있는 보석처럼 미국문화는 재미 있고, 풍자적이고, 아이러니하고, 직접적이면서, 견제와 균형을 제공한 다. 너무 오른쪽으로 치우치면 〈Daily Show^{TV 풍자 코미디 프로그램}〉에 등장하 게 되고, 신문 머리기사감이 된다. 너무 왼쪽으로 치우치면 러쉬 림보^{Rush Limbaugh, 보주주의 논객}의 타깃이 된다. 너무 자아도취에 빠지면 또 하나의 패리스 힐튼이라고 불린다.

미국인들의 삶 속에서 넘쳐나는 과잉 중에는 '복잡함'이 있다. 이는 소통의 방법이 늘어나고 이를 뒷받침해주는 기술의 발전이 초래한 결과이다. 오늘날 우리가 접할 수 있는 새로운 정보와 지식의 양은 어마어마하다. 우리 조부모 세대와는 비교할 수 없이 다양한 선택의 폭을 가지고 있는데, 문 앞에는 안전을 위협하는 위기상황이 상시 대기 중이다.

우리 문화 속에서 복잡한 삶은 어떤 모습인가? 의무적으로 해야 할 일들에 쫓겨서 선택의 의미가 퇴색되어 버릴 때? 최신 유행을 좇느라 현재 가진 것을 즐길 수 없을 때? 융자, 일, 일상생활 등에 짓눌려서 오가는 이동 중에나 겨우 자신을 돌아볼 짬이 생기는 때?

도대체 어떻게 해야 보다 분별 있는 생활을 되찾을 수 있을까? 우리가 가진 것에 만족하고 살면서, 세상과 소통하는 나름의 방식을 선택할 수 있고, 다른 사람에게도 나와 동일한 가치를 부여하고, 지구의 안녕을 도모할 수 있는 삶으로 전환하려면 어떻게 해야 할까?

나는 우리 문화 속에서 균형 잡힌 삶에 대한 해법을 찾을 수 있다고 믿는다. 텔레비전 채널과 신문광고, 쇼핑 등 상업주의의 유혹이 눈앞에 널려 있고, 모든 것을 가지고 누려야 한다고 우리에게 속삭인다. 하지만 우리에게 소박한 삶의 가능성을 제시하는 미력하지만 명시적인 목소리도 분명히 존재한다.

미국 심리학의 아버지 윌리엄 제임스는 한 걸음 더 나아가서 우리가 새로운 방식의 삶을 모색할 것이 아니라 새로운 방식의 사고로 전환해야 한다고 말한다. 그가 말하는 요점은, 진정한 변화는 지적인 훈련으로 이룰 수 있는 것이 아니라 물리적, 사회적, 인지적, 감정적, 정신적인 모든 면을 통합해서 전인적인 변화를 추구해야만 한다는 것이다. 그리고 그 변화가 올바른 방향으로 진행되고 있는 것인지 측정할 수 있는 척도는 보편적으로 인정하는 행복 및 안녕 지수가 될 것이다. 내면의 평화, 만족도, 서로 조력하고 긍정적인 인간관계, 자신뿐 아니라 가족, 친구, 공동체, 지구촌 사람들 모두에게 유익함을 가져다 주는 의미있는 활동에 참여하는 것 등을 들 수 있겠다. 이런 삶을 영위하면 그 결과로 행복을 느끼고, 가족관계도 안정적으로 잘 유지될 수 있으며, 그 구성원들과 자연 환경이 건강한 사회를 구축할 수도 있을 것이다.

우리는 이전에는 없었던, 우리 세대가 만들어서 우리에게만 국한된 위기와 도전을 겪고 있다. 경제적 상황과 정치적 불안으로 역동적이고 다루기 힘든 난제들이 속출하고 있다. 그것들은 또한 무분별한 과잉생산, 과잉소비, 자원 고갈, 각국의 지도자들 및 국민들의 도덕성, 자연현상에 반응해 변화무쌍한 모습을 보여준다. 이런 상황 속에서 문화는 우리가 적응하고 변화를 꾀할 필요가 있을 때 나아갈 길을 안내해 줄 중요한 나침반이 된다.

대중문화는 과잉과 복잡함이 혼재한 어지러운 현대의 징후를 포착하고 있다. CBS의 선데이 모닝Sunday Morning에서 최근 영국 출신 미술가 데미언 허스트Damien Hirst에 관한 특집을 방송했다. 그의 작품을 전시 판매하는 갤러리들이 각종 경매에서 그의 작품을 높은 가격에 사들이고 있는데, 그 이유가 오로지 그의 명성을 유지하기 위해서라는 것을 고발한 것이다. 이미 그의 작품을 상당량 보유한 터로 그의 명성이 떨어지면 자신들이 이미 수집해 놓은 작품들이 투자실패의 결과로 이어지게 될 것이기 때문이다.

또한, 패스트푸드 문화에 대항해서 슬로푸드 운동이 일어나고 있다. 슬로푸드 식당들은 쫓기듯이 식사하는 문화에 불만이 있는 고객들의 틈새를 공략하고 있다. 예술쪽에서는 <버킷리스트The Bucket List>와 같은 영화가 죽음을 주제로 다루고 있는데, 내용을 보면 두 명의 남자가 죽음을 앞두고 이 전에는 시간이 없어 하지 못했던 일을 몰아서 다 해내기 위해 노력한다.

음악은 특히나 가슴에 사무치는 방식으로 과잉의 문화에 날카로운 비판을 던진다. 해리 차핀Harry Chapin의 '요람 속의 고양이The Cat's in the Cradle'가 아주 적절한 예이다. 한 아들이 자라면서 아버지가 바쁘다는 이유로 곁을 지켜주지 못했던 것을 한탄하면서 자신도 자라서는 같은 이유로 늙은 아버지의 곁을 지킬 수 없다고 노래한다. 아래의 가사를 보면 요점이 보일 것이다.

> 며칠 전 한 아이가 태어났지.
> 별 탈 없이 무사히 세상에 나왔어.
> 하지만 비행기를 놓칠 수가 없었고, 돈 달라는 곳은 많았지.
> 아이가 걸음마를 배울 때도 나는 곁에 없었어.
> 아이가 말을 배운 것도 나중에야 알았지.
> 자라면서 아이는 말했어.
> 아빠처럼 될 거예요. 꼭 아빠처럼 될 거예요.
>
> 요람 속의 고양이와 은수저.

파란 옷의 아이와 달 위의 사나이.

"아빠, 언제와요?"

"모르겠다. 얘야. 하지만 가서 같이 놀아 줄게. 그때 재미있게 놀자."

나는 이제 은퇴한 지가 한참인데, 아들은 이미 곁에 없지.

며칠 전에 아들에게 전화를 했어.

내가 말했지. "괜찮으면 얼굴 좀 보자."

아들은 이렇게 말했어.

"정말 그러고 싶어요. 그런데 시간이 날지 모르겠어요.

새 직장은 바쁘고, 아이들은 독감에 걸렸어요.

그래도 이렇게 이야기하니 좋으네요.

아버지랑 이렇게 이야기하는 건 참 좋아요."

전화를 끊으면서 떠오른 생각.

아이는 정말 나처럼 커버렸구나.

우리 아들이 꼭 나처럼 되버렸구나.

각 세대마다 그들만의 정서가 있다. 미술, 음악, 시, 소설, 영화, 패션, 요리, 건축, 그리고 장난감에 이르기까지 그들만의 특징적인 문화가 아로새겨져 있다. 비록 이것들이 개인이 물리적으로 생존하는 데 필수적이라고 할 수는 없지만, 인간의 영혼과 사회의 존립을 위해서는 매우 중요한 요소이다. 이런 문화적 산물들은 모두 우리를 둘러싼 시대를 규정짓고, 시대를 반영한 결과물이다. 그리고 그것들이야말로 우리가 시대를 헤쳐나가는 데 필요한 내비게이션의 역할을 하며, 결국 그 시대만의 항로를 개척하게 해준다. 이러한 문화의 양성 및 부흥을 위해서 우리는 무엇을 할 수 있을까?

20세기 중반 독일철학자 요제프 피퍼는 《문화의 근간으로서의 여가 Leisure, the Basis of Culture》 속에서 다음과 같이 말했다.

> 여가라는 것은 정신적 태도이다 …… 시간이 남아서 생기는 결과가 아니다 …… 그것은 마음자세이자 영혼의 조건이다 …… 그것은 마음속이 잔잔하고 고요하다는 것을 보여준다. 여가는 고요함, 현실을 받아들이기 위한 전제조건으로서의 고요함을 담은 형태이다. 오직 고요한 자들만이 들을 수 있고, 고요하지 못한 자들은 듣지 못한다 …… 여기서 고요함이란 무음상태를 의미하는 것이 아니다. 그보다는 세상에 반응하는 영혼의 상태가 아무런 흐트러짐이 없는 상태임을 의미한다. 여가는 받아들이는 마음의 자세이고 사색적인 자세이기 때문에, 그저 상황이 아니라 창작의 순간에 몰두할 수 있는 능력이기도 하다. 더욱이 여가에는 특별한 평온함이 있다 …… 여가는 모든 것에 열린 마음을 지닌 사람들에게 허락되는 것이다. 손에 쥔 것을 놓지 못하고 더 잡으려고만 하는 이들에게가 아니라 고삐를 늦추고 자신들을 자유롭고 편안하게 풀어줄 수 있는 이들에게 허락된 것이다 …… 여가는 자신을 잃지 않고 놓지 않는 사람만이 가질 수 있다 …… 여가는 자신의 존재에 대한 행복하고 유쾌한 긍정의 표현이다.

여기서 여가는 한가함을 의미하는 것이 아니다. 그보다는 진정한 우리의 자아를 찾을 수 있는 자유를 의미한다. 이러한 자유는 자신을 되돌아볼 시간과 창조를 위한 시간을 낼 수 있는 생활이 가능한 후에야 주어지는 것이다. 그것은 우리에게 주변을 보다 정확하게 관찰할 수 있는 기회를 준다. 경제적 가치로 매겨질 때가 아니라 인간이 가진 능력의 표현으로 평가받을 때, 여가는 궁극적으로 균형을 위한 행동이 될 것이다.

우리가 새로운 방식의 사고로 전환할 수만 있다면, 시간을 보다 조심스럽고 계획성 있게 사용할 수 있을 것이고, 자유로운 시간을 변통해낼 수 있게 되면, 세상에서 바라보는 우리의 모습이 아니라 진정한 우리의 모습을 찾아올 수 있게 될 것이다.

우리 존재의 본질적인 모습을 알고 있어야만이 우리 영혼이 살아있을 수 있다는, 세상에 나온 지 한 세기 반이 지난 로버트 루이스 스티븐슨 Robert Louis Stevenson의 경구가 새삼 귓가에 쟁쟁하다. 그리고 여가의 산물들은 우리의 이정표로서 우리가 혼란 속에서 균형을 잡을 수 있도록 도와줄 것이다. 한쪽의 소비중심주의, 물질만능주의, 복잡한 삶의 세계와 다른 한쪽의 좀 더 소박하고 단순하고 심오한 세계 사이의 균형을 찾도록 해줄 것이다. 고대 부처님이 말씀하셨듯이, 우리가 중용의 길을 찾을 수만 있다면 우리의 영혼을 지켜낼 수 있을 것이다.

18세기 퀘이커 교도들의 노래를 기억하자.

단순하게 되는 것은 은총, 자유로워지는 것도 은총, 당신이 있어야 할 곳에 오게 되는 것도 은총이다. 당신이 자신이 있어야 할 제자리를 찾을 수만 있다면, 당신은 사랑과 기쁨의 골짜기에 있게 될 것이다.

마이클 슈트는 영국성공회 소속의 경제와 환경문제 사무관이다. 이에 앞서 11년간 지구부처Earth Ministry에서 사역했다. 저서로는 《Money and Faith: The Search for Enough; Simpler Living》과 《Compassionate Life: A Christian Perspective; and Food and Faith: Justice》, 《Joy and Daily Bread》가 있다. 마이클은 시애틀에 살면서 배낭여행, 하이킹, 등산, 라이브 음악, 춤을 즐기는 삶을 누리고 있다. 생물학 학사와 환경연구 석사 학위를 가지고 있다.

자연과 함께 춤추고 노래하라 ;
존재의 기쁨

Michael Schut

지구는 그저 존재의 기쁨을 축하하려는 단순한 목적으로 움직이고 있는 것처럼 보인다.

— Thomas Berry and Brian Swimme, 《The Universe Story》

《우주이야기The Universe Story》의 서문에서 베리와 스윔은 6천 7백만 년이나 지속된 신생대라고 불리는 시대가 20세기 인간에 의해서 종말을 고하고 있다고 말한다.

우리의 미래는 기술문명에 의지해 인간의 이익만을 추구하며 지구를 파헤쳐 자원을 얻어내는 데 골몰하고 있는 사람들과, 환경을 걱정하고 지구생태계의 전체적인 안녕을 추구하며 인간과 지구사이의 새로운 관계 정립을 모색하는 사람들 사이의 대립이 어떤 식으로 결론이 나느냐에 달려 있다.

여기서 이야기 하나를 소개하고자 한다. 내가 보기에 이 이야기는 베리가 말한 새로운 국면의 '인간과 지구 사이의 새로운 관계'에 대한 단초를 제공한다. 이 이야기를 통해서 당신도 언젠가 느꼈던 자연과의 교감의 순간을 기억하고, 또 그때의 감각을 다시 느껴볼 수 있기를 희망한다.

뜻밖의 은총

나는 1992년 여름과 초가을을 암벽등반 및 배낭여행을 하며 보냈다. 나는 북부 케스케이드의 빙하 봉우리 보호구역과 요세미티의 오지로의 견학여행을 인솔한 후에, 단체여행객의 식량을 보급하는 책임을 맡게 되었다. 그들은 풀러신학교 학생들이었는데, 열흘 일정의 여행에서 절반 정도를 지나고 있었다. 나는 그들을 여행 4일째 밤에 만나기로 되어 있었다.

나는 그들의 여행 3일째 아침 일찍 일어나서 색이 바랜 노란색 SUV 안에 180파운드 무게의 식량을 채워 넣은 후, 뒤쪽으로 말 운반용 트레일러를 연결시켰다. 알렉스와 아마라는 라마 두 마리였다. 어느새 우리는 고속도로를 벗어나 자갈길로 접어들었다. 알렉스와 아마를 차에서 내리고 차에 실었던 식량을 90파운드씩 각각 알레스와 아마의 등에 나눠 실었다. 그리고 내 몫의 짐을 들어 올리고는 트레일러를 벗어났다.

9월 중순의 날씨는 맑고 산뜻해서 티셔츠에 반바지 차림으로 다니기 좋았다. 길을 따라 가다보니 계곡 중간에 소떼를 몰고 풀을 뜯어 먹기 좋은 넓은 공간이 드러났다. 갈수록 계곡 바닥은 사라지고, 좁아지고, 가팔라졌다. 잔디밭 대신 소나무숲, 하얀색 암벽, 애추사면 등이 나타났다. 금색으로 반짝이는 흔들리는 사시나무 잎이 내 눈과 햇빛에 머물렀다. 오후 늦게, 나는 라마들을 끌고 물이 다 말라버린 강바닥을 건너서 반대편으로 기어올라갔다. 그리고 밤을 보낼 만한 널찍하고 평평한 평상을 하나 발견했다.

라마들을 먹이고 말뚝에 묶어 근처에 두었다. 그리고 나를 위해서 근사한 파스타를 만들었다. 하지만 아직도 할 일이 남아 있었다. 180파운드나 되는 식량을 얹어 놓을 만한 나무를 찾아야 했다. 하지만 시야에 보이는 나무들 모두가 그 정도로 튼튼하지 않았다. 그래서 생각해낸 방법이 식량 사이에 나를 끼워 넣어 내 자신이 샌드위치가 되는 방법이었다. 신학도들의 식량이 내 손에 달려 있었으니 가까운 곳에 놓는 게 좋을 것 같았다.

그렇게 작업을 마친 후 침낭을 펴고 자리에 들었다. 식량주머니들로 둘러쌓여 있으면서도 대지와 바위와 나무와 별들 사이에 둥지를 틀고 나는 정말 평화롭고 만족스러웠다. 푹 잘 수 있었고, 방해꾼은 없었다.

다음 날 아침, 잠에서 깬 후 서둘러 아침을 먹고 알렉스와 아마에게 다시 짐을 싣고 계속해서 길을 나섰다. 우리는 후버 야생지를 지나서 요세미티 오지를 향했다. 오후 늦게서야 레인보우 협곡 중앙에 섬처럼 펼쳐진 녹지에 자리잡고 있는 야영팀과 합류할 수 있었다.

암벽등반도 하고 타워피크 정상까지 오르면서 그들과 며칠을 함께 보낸 후에, 나는 짐을 챙겨서 알렉스와 아마를 데리고 왔던 곳을 향해 출발했다. 여전히 날씨는 화창하고 따뜻하고 상쾌했다. 바람은 조금 쌀쌀

해서 겨울을 예고하고 있었다.

그렇게 귀환하는 여정의 끝에서 내 인생의 전환이 되는 순간을 맞이했는데 어찌보면 너무 짧게 지나친 순간이어서 세세히 떠올리기는 어렵다. 나는 고지대에서 아래쪽 골짜기로 내려가고 있었다. 회색과 하얀색 돌들이 널려있는 돌밭을 막 통과했고, 그 끝에는 커다란 버드나무가 서 있었다. 뒤쪽으로는 오후의 태양이 내리쬐고 있었다.

우리 앞으로 어린 사시나무들이 우거진 수풀이 웅장한 위용을 드러냈다. 천 그루는 모여 있는 것 같았는데, 상자 속에 우겨넣은 듯이 빽빽이 들어차 있었다. 다들 지름은 2~3인치(5~8센티미터) 정도, 높이는 10~15피트(3~4.5미터)를 넘지 않았다. 부드러운 바람이 지나가면서 이파리들이 은빛, 금빛으로 반짝였다. 사시나무 수풀 속에 묻혀있음으로 인해 나를 잊었고, 온갖 걱정 및 잡생각도 모두 머리를 떠났다. 그렇게 무념무상의 상태로 들어가게 되었다. 나는 갑작스럽게 출현한 광경에 압도되었고, 자연이 선사한 춤과 노래에 홀려버렸다. 거의 무의식중에 벌어진 일이었다.

마치 왕족이라도 된 기분이었다. 사시나무 숲이 양쪽으로 갈라져서 내가 그 곳을 통과하도록 해주는 것 같았다. 새로움과 환희와 평화와 왕이 된 듯한 으쓱함이 선물처럼 그 황금빛 숲에서 나에게 쏟아졌다. 은빛의 매끄러운 나무들이 그 호리호리한 몸을 구부려 존경과 승인과 축하의 표시로 절을 하는 듯했고, 둘러입은 황금 이파리들은 바람에 부드럽게 흔들렸다. 나는 조물주가 창조한 그대로의 아름다움과 자유로움을 간직하고 있는 그들에게 경배를 보냈다. 우리는 서로를 느꼈고 마치 같이 춤추고 노래하고 축하하는 듯 했다.

그 짧았던 순간 나는 피조물들의 찬양을 보고, 느끼고, 참여할 수 있는 은총을 받았다. 아마도 이사야Isaiah가 전했던 '너희는 기쁨으로 나아가며 평안히 인도함을 받을 것이요, 산들과 작은 산들이 너희 앞에서 노래를 말하고 들의 모든 나무가 손바닥을 칠 것이며'(이사야 55:12)라고 했던 순간을 경험했던 것이리라.

나 자신을 잊을 만큼 놀랍던 그 경험은 나로 하여금 보다 넓은 시야로 삶을 대하도록 이끌었다. 공동체에서든, 개인적으로든, 도시에서가 되었든, 오지에서가 되었든, 그 순간에 맞닥뜨린 엄청난 경외감은 잊지 못할 것이다. 그렇게 내 존재에 대한 기쁨과 나 자신의 보잘 것 없음과 그런 나를 위해 존재하는 모든 것에 대한 감사를 깨닫게 되었다.

토마스 베리Thoma Berry가 말해준 것처럼 지구는 그저 존재의 기쁨을 축하하려는 단순한 목적으로 움직이고 있음을 깨달았다. 사시나무 숲에서의 경험은 내가 그런 축하의 현장에 참여한, 잊을 수 없는 순간이다.

내 마음은 자주 은총의 순간으로 회귀한다(내가 억지로 구하려 한 것이 아니었기 때문에 은총이라고 할 수 밖에 없다). 그것은 몰아의 경지를 경험하게 해준, 아무리 시간이 흘러도 퇴색되지 않을 축복이었다.

사라 수잔카는 명망 높은 건축가이자 베스트셀러 작가로서, 《The Not So Big House》와 《The Not So Big Life》을 포함해서 8권의 책을 출간했다. 연작도서인 《Not So Big House》를 통해서, 그녀는 '집home'을 구할 때 양적인 요소는 아무 고려 사항이 아니고 오직 질적인 요소를 따져봐야 한다는 것을 독자들이 이해하도록 돕는다. 우리가 사는 곳에 우리의 개인적이고 내면적인 세계가 반영되어 있을 때, 우리는 비로소 그 장소house를 집home으로 인식한다는 것이다. 《Not So Big Life》에서, 그녀는 같은 방식으로 우리의 삶이 우리의 진정한 모습을 반영하고 있을 때에라야 우리가 삶을 주체적으로 받아들일 수 있다고 설명한다.

비우고 정리하고 되돌아 보기 ;
삶의 재발견

Sarah Susanka

블로그에 마지막으로 글을 남긴 지 어느덧 한 달이 조금 넘었다. 세 달여 동안 진행된 빡빡한 일정의 홍보행사를 마친 후의 한 달 동안 나는 '비우기'를 시도했다. 나에게는 깨달음의 시간이었는데, 월 스트리트 저널의 준 플레처^{June Fletcher} 기자의 전화를 받은 것이 계기가 되었다.

그녀는 유명인사들이 여름에 무슨 계획을 세워 두었는지, 그리고 그 계획이 제대로 실행되었는지 아닌지에 대해 기사를 작성한다고 했다. 나를 명단에 넣고 싶다면서 질문을 시작했다.

"무슨 계획이 있나요? 마음속으로 꼭 해야지 하고 마음 먹은 일이 있을까요? 만약 있다면 왜 꼭 그 일이어야 할까요?"

나는 그 질문에 바로 답을 떠올렸다. 매번 《The Not So Big Life》에 대해서나 우리가 사는 집과 삶 사이의 병렬성에 대해서 전화인터뷰를 할 때마다, 내가 글을 쓰고 명상을 하고 기자들과 인터뷰도 나누는 사무실이 상자들로 가득 채워져 어수선한 상태라는 것이 아주 거슬렸다. 그 상자들은 세인트폴에 있는 옛집에서 가져다 놓고 미처 정리하지 못한 것들이다. 그게 벌써 4년 전의 일이다. 상자들을 정리해서 버릴 것은 버리고 취할 것은 취할 때가 된 것이다.

세인트 폴에 있는 집을 팔았을 때, 나는 노스캐롤라이나 롤리에 있는 집에 입주해 있었고, 글을 쓰느라 바빴다. 너무 바빠서 세인트 폴에 가서 정리할 시간을 낼 수가 없었다. 대신에 맘씨 좋은 친구가 삼 년이나 대신 집을 봐주고 그곳에 있는 모든 짐을 싸고 나르고 하는 일을 감독해 주었다. 결코 작은 일이 아니었다. 내가 한창 《Home By Design》을 집필하고 있을 때, 그 짐들이 실려 들어왔다. 그래서 바로 짐을 풀지 못하고 시간이 날 때 정리하기로 한 것이 벌써 4년이 지난 것이다.

한 달 동안 하루에 두 시간 정도를 짐 정리하는 데 할애했다. 제일 눈에 거슬리던 종이상자들은 다 치웠다. 작업대 밑에도 빈자리가 생겼다. 그 외에도 얻은 것이 있다. 정말 흥미롭게도, 내가 일생동안 취미로 써온 흔적들을 모아놓고 보니 나란 사람의 관심사가 어떻게 성장하고 발전해왔는지를 볼 수 있었다. 쓰레기더미 속에서 보물을 건진 것이다. 일기장에 써 놓은 것도 있고, 연습장에 써 놓은 것도 있었고, 바인더에 모아놓은 것도 있었다. 내가 이 나라에 이주했을 무렵의 기록도 있었다.

그때는 1971년이었고 나는 14살이었다. 이전에는 현재 나의 글쓰기 소재 중 얼마나 많은 것들이 이미 십대부터 관심을 보인 것들이었는지 깨닫지 못했었다. 우리가 로스엔젤레스 교외로 이사왔을 때 쓴 글에는 '동네에 이상하게도 공동체가 없다'는 내용이 써있었다. 그리고 학교에서

써낸 작문에서 사람들이 무슨 이유로 집을 지으면서 사용할 일도 없는 방들을 잔뜩 만드는지 궁금해 하고 있었다.

지금은 이것들을 작성한 기억이 나지 않는다. 그때 이 후로 30년동안 다시 본 적도 없다. 하지만 그 글 속에서 오늘날 내 손끝에서 나오는 글들과 똑같은 목소리를 들을 수 있었다. 나는 지나온 세월 동안 내가 무언가를 배웠으리라고, 그래서 조금은 더 현명해졌으리라 생각했는데 어린 시절의 기록은 그렇지 않다고 말해준다. 보아하니 내가 오늘날 하는 말들은 이미 십대 때부터 내게 잠복해 있던 것이었다.

만약에 우리 모두에게 자신의 삶을 돌아보고 그 당시에 무슨 생각을 하고 있었는지 살펴볼 수 있는 기회가 있다면, 우리 모두는 이 비슷한 경험을 하게 될 것이다. 정말 놀라운 발견이 아닐 수 없다. 한편으로는 내가 거의 변하지 않았다는 것을 알게 돼서 조금 김이 빠지기도 했다. 하지만 동시에 지난 삼사십 년 동안 내가 손댄 모든 것들에 공통적으로 보이는 특징을 확인하게 되서 신나기도 한다. 고등학교 때의 영어선생님과 통화를 하면서 이런 생각을 다시 한 번 확인할 수 있었다.

"그러니까 네가 2학년 영어시간에 계획했던 책을 드디어 냈구나."

선생님 말씀이었다.

"제가요?" 나는 반문했다.

선생님의 말씀에 따르면, 나는 14살 때 이미 조금 다른 삶의 방식, 보다 양심적인 삶의 방식을 소개하는 책을 쓰겠다고 말했다는 것이다. 나는 거의 의자에서 떨어질 뻔했다. 나는 그 기억이 없지만 우리는 어릴 때부터 이미 어른이 되어서 하는 모든 것들의 씨앗을 품고 있다는 것을 알 수 있었다.

짐 정리라는 과제를 통해서 배운 것은, 무엇이든 갖다 버릴 필요가 있다는 것이 아니었다. 그보다는 분류하고, 검토하고, 골라내는 과정을 거쳐서 내 삶의 중요한 요소를 특별하고 독특한 맛이 나도록 정제해낼 수 있었다는 것이다. 마치 주방에서 소스를 만들어낼 때처럼 말이다. 모든 것이 이미 다 갖추어져 있다. 그저 끓이는 시간이 필요할 뿐이다. 그 다음에는 몇 십 년 묵혀 놓은 후에 그 결과를 맛보는 것이다.

그리고 마지막으로 당신이 고민해야 할 질문을 던지겠다. 만약에 당신이 지나온 삶을 되돌아 볼 기회가 있다면, 당신 자신에 대해서 어떤 것을 발견하게 될까? 당신만의 고유한 것은 무엇일까? 이러한 고유함을 찾기 위해서 신체적이나 정신적이나 감정적으로 정리하는 일을 한 번쯤은 해보길 권한다.

짐 정리라는 과제를 통해서 배운 것은,

무엇이든 갖다 버릴 필요가 있다는 것이 아니었다.

그보다는 분류하고, 검토하고, 골라내는 과정을 거쳐서

내 삶의 중요한 요소를 특별하고 독특한 맛이 나도록

정제해낼 수 있었다는 것이다.

마치 주방에서 소스를 만들어낼 때처럼 말이다.

모든 것이 이미 다 갖추어져 있다.

그저 끓이는 시간이 필요할 뿐이다.

그 다음에는 몇 십 년 묵혀 놓은 후에 그 결과를 맛보는 것이다.

로빈 그릭스 로렌스는 〈Natural Home〉(natu-ralhomemagazine.com) 편집장이다. 격월로 발간되는 잡지로 독자들이 건강하고 평화로운 집과 생활방식을 가꿀 수 있도록 정보를 제공한다. 로빈은 친환경건물에서 부터 영혼이 있는 디자인에 이르기까지 다양한 주제로 전국을 대상으로 저술 및 강연활동을 하고 있다. 콜로라도에서 두 자녀와 함께 살고 있다. 로빈은 아이오와에서 성장했는데, 넓은 평원에 점점이 박혀 있는 오래되고 낡은 헛간들을 사랑했다. 목수였던 아버지가 그녀에게 단순하고 세련된 공예기술과 통일성 있는 디자인에 대한 사랑을 심어주었다. 그녀는 이러한 배경과 일본의 미학과 문화에 대한 애호를 결합해서 그녀의 책《The Wabi-Sabi House》에 담았다. 그녀는 책 속에서 완벽하지 않고, 영원하지도 않고, 세련되지도 않고 원초적인 것에서 아름다움을 찾는 고대일본예술을 소개하고 있다. 로렌스는 십년 전 〈Natural Home〉에 실을 내용을 취재하러 메인에 있는 투박한 돌집을 방문하는 중에 와비사비를 처음 접하게 되었다. 집주인이 그 개념을 소개하자마자, 그녀는 바로 매력을 느꼈다. 그녀는 와비사비가 사람들이 자신들의 집을 있는 그대로 신성하고 기운을 얻을 수 있는 공간으로 받아들이게 도와줄 수 있다고 믿는다.

불완전한 아름다움 ;
와비사비 시대

Robyn Griggs Lawrence

가난한 생활을 감내하며
화로에 불을 지피고
차의 깊은 맛을 음미한다.

— 마츠오 바쇼

　내가 '와비사비'에 대해 처음 책을 쓴 때는 9·11이 일어난 즈음이었다. 당시에 완벽하지 않은 상태의 아름다움을 탐구하는 일본철학은 이미 추종자가 많았지만, 대부분의 사람들에게는 새로운 개념이었다.

　나는 최근에서야 '와비사비'를 알게 되었다. '와비사비'는 많은 것을 덮어주는 우산 같았다. 그 당시에 대화 주제로 떠오르던 많은 것들은 그 밑으로 들어갈 수 있었다. 소박함, 슬로푸드, 재활용, 다시 사용하기 등.

9 · 11로 우리가 갈피를 잡지 못하고 헤매던 몇 달 동안, 나는 미국인들이 '와비'의 생활양식을 받아들일 수도 있겠다는 생각이 들었다. 2차대전 때 후방에서 그랬듯이 뜰 안에 채소밭을 키우고, 보다 간소한 생활을 지향할지도 모르겠다는 기대를 했다. 하지만 우리는 쉬운 길을 선택했다. 쇼핑을 하되 애국적으로 했을 뿐, '와비사비'는 좀 더 기다려야 했다.

재난은 나라에 변화를 가져온다. 부의 지형도가 요동을 치고, 검소함과 탐욕은 우리 의식의 주기에 따라 교대로 우리를 잠식한다. 9 · 11 이후에 우리는 정신없이 사들였다.

부를 과시하는 시대는 이제 종말을 고했다.

역사학자인 스티브 프레이저Steve Fraser가 뉴욕타임즈 2008년 8월호에서 한 말이다.

'우리는 역사의 새로운 장에 들어섰다.'

와비사비 시대.

'와비사비'는 청빈함과 자연과 일상을 숭상하는 불교인 선종에 바탕을 둔 고대 일본 철학이다. 보다 직접적으로는 일본의 다도에서 갈라져 나왔다. 다도는 차를 우리고 나누는 과정을 통해 참선하는 의식이다. 15세기 일본의 무사계급은 호사스러운 다실과 수입제품을 통해 자신들의 부를 과시하는 방편으로 활용했다. 와비차는 그에 대한 반발로 생겨났는데, 한 명인에 의해 명성을 얻게 되었고, 그 명인의 다도방식은 오늘날까지도 이어져오고 있다. 어부의 바구니 안에 꽃을 담고, 향토 다기에 차를 내는 센 노 리큐의 고요하고 단순한 다도는 순식간에 가장 많은 이들이 따르게 되었다.

리큐가 차를 내는 방식의 명칭이 '와비'이다. '와비'는 조금 우울한 의미를 품고 있다. 내가 제일 좋아하는 정의는 '당신이 연인을 기다릴 때의 심정'이다. '와비'는 또한 청빈 속에 은거하는 중을 가리키기도 한다. 15세기 일본 평민들은 전쟁에 지치고 상류계층은 과시적인 소비에 싫증이 나 있는 상태여서, 이러한 은자들과 와비의 위신이 높아졌다. 소박함은 귀족들을 위한 새로운 가치가 되었다. 그리고 재산이 얼마나 되는지는 상관없이 누구나 차를 우리고 나눌 수 있게 되었다.

'사비'라는 단어가 어떻게 '와비'와 엮이게 되었는지는 알려지지 않았다. 하지만 두 단어의 결합은 '와비'를 한 단계 더 올려놓았다. '사비'는 '시간이 무르익음'을 의미하며, 색이 바래고 녹이 슨다는 뜻을 함축하며, 낡은 것에 대한 예찬이기도 하다. 격이 있고 우아하게 나이를 먹어가는 것의 가치를 이해할 수 있게 한다. 그래서 둥글어진 조약돌, 색이 바랜 나무, 산화된 은의 가치를 알게 된다. '사비'는 '와비'와 결합되어 세월의 흐름, 불완전함, 자연의 법칙을 숭상하는 철학을 이르는 말이 되었다.

하지만 현대 미국에서는 다도를 수련하지 않는다. 우리는 커피를 마신다. 그러니 어떻게 해석해야 하나. 훌륭한 철학이라면 모두 그러하듯 그 정수에 해당하는 부분이 있기 마련이다. '와비사비'는 흥청망청 소비하던 것을 그치고 검소함을 기꺼이 받아들일 수 있을 때 기쁨을 얻을 수 있다고 말한다. '와비사비'는 그저 있는 그대로의 아름다움에 눈뜰 수 있게 해준다(우리 중 많은 사람들이 지금 갈망하는 것일 것이다).

그의 다도가 집약되어 있는 《남방록》에서, 센 노 리큐는 이렇게 말한다.

사치스러운 건물이나 산해진미는 세속적인 세상의 즐거움에 지나지 않는다. 건물은 비가 새지 않으면 족하고, 음식은 배고픔을 면하게 할 수 있으면 족하다.

우리도 가정에서부터 우리만의 와비정신을 개발해 나갈 수 있다. '와비비토wabibito'는 사물의 있는 그대로의 모습에 만족할 줄 알고 겸손하게 살아간다. 그들은 용도에 맞게 꼭 필요한 것들만 소유한다. 그들은 기계의 힘보다는 사람의 손에 더 가치를 두고, 만든 이의 정신을 느낄 수 있는 물건들을 주변에 둔다.

'와비사비'는 완벽하지 않은 것이다. 이가 나갔지만 정이 든 꽃병이나 흠집이 난 나무탁자에서도 '와비사비'의 미학을 볼 수 있다. 완벽함에 집착하지 않는 것이야말로 '와비사비'의 가장 큰 매력이다. 식탁보의 가장자리가 다 해어졌더라도 계속 사용할 수 있고, 깔개의 색이 선명한 붉은 색에서 칙칙하게 색이 바랬더라도 계속해서 귀하게 여길 수 있다. 모든 것을 그저 있는 그대로 받아들일 수 있다. 마치 할머니 댁에 가는 것과 같다.

대공항의 시기에 우리 할머니들은 '와비사비'를 알고 있었다. 그들의 집은 정말 편안했는데, 그 이유는 그들이 '와비'와 질퍽거리는 것의 차이를 이해했기 때문이다. 식탁보와 그밖의 린넨 천들은 색이 바랬을지언정 찢어지거나 너덜거리지는 않았다. 가구들은 자리에 맞게 들어와 있는 정도였지만 허물어져 내리지는 않았다. 바닥은 낡았지만 늘 깨끗하게 청소가 되어 있었고 깔개가 덮여 있었다. 천을 덧대어 만든 깔개는 각각의 천마다 추억이 서려 있었다. 돈이 얼마가 되었든 그런 따스함과 편안함을 주문할 수는 없다. 모든 좋은 물건들이 그러하듯이 '와비사비'는 돈보다는 시간에 관한 것이다. 시간을 들이고, 사물의 있는 그대로의 모습에서 아름다움을 찾을 수 있는 안목을 키우는 것을 말한다.

개인적으로 내가 존경하는 엘리자베스 고든Elizabeth Gordon, 잡지 〈House Beautiful〉의 편집장 역임은 이런 글을 남겼다.

당신이 가난할 때 사물의 아름다움을 볼 수 없다면, 당신이 부자가 된다고 해도 그 아름다움을 발견할 수 없을 것이다 …… 비록 그것을 돈 주고 살 수 있게 되더라도 말이다.

고든은 종종 번영의 시기 50년대에 만연했던 과시적인 미에 대해 비난했다.

무엇이든 남을 의식해서 아름답게 만들려고 하면 절대 효과를 볼 수 없을 것이며, 그저 헛된 시도로 남을 것이다.

무엇이든 만들려고 하면 용도와 소용이 있어야만 한다.

그녀는 일본을 사랑하는 지일파로서 미국인들에게 '요노비yo-no-bi' 원칙을 알려 주었다. '요노비'는 아름다움을 그 유용성에 따라 가늠한다. 일본인들은 이 숨겨진 아름다움을 사물의 '아네스ah-ness'라고 부른다.

와비 다도에서 얻을 수 있는 첫 번째 교훈은 대나무 포자에서부터 찻잔에 이르기까지 모든 도구에서 아름다움을 발견하고 그 가치를 인정하는 것이다. 내가 만나 본 다도의 명인들은 매일 사용하는 일상적인 물건으로 이를 확장해 보기를 권했다. 커피 머그잔에 시도해 볼 수 있겠다. 샌프란시스코에 거주하는 다도 명인으로 리큐의 자손을 대표하는 크리스티 바틀러^{Christy Bartlett}는 22년 동안이나 사용해 온 찻잔을 그렇게 대한다.

매번 볼 때마다 여전히 새로운 면을 보게 된다. 하지만 이렇게 되기 위해서 게을러서는 안 된다. 보고 나서 새로운 것을 볼 수 있게 되는 것과 당신을 둘러싼 세상에 대한 당신의 관심을 계속 살려놓는 것은 당신에게 달린 것이다. 당신을 즐겁게 하는 것은 세상에 달려 있지 않다. 관심을 보이는 데에도 노력이 필요하다.

그 노력은 아마도 텔레비전을 끄는 것을 의미할 것이다. 아마도 '와비사비' 생활양식으로 가기 위한 제일 힘든 첫걸음이 될 것이다.

'와비사비'가 서양 문화 속으로 침투했다. 그와 동류의 것을 청교도와 세이커교도와 초월론자의 생활방식에서도 발견할 수 있다. 미술공예운동_{지나치게 격식을 따지는 빅토리아 시대에 대응으로 출현한 공예사조}에서 나온 가구나 임스^{Eames, 20세기를 대표하는 가구 디자이너}가 만든 의자를 보면 잘 나타나 있다.

'와비사비'는 과잉에 넌더리를 치는 사회에 나타나는 논리적인 반응이다(미술공예운동을 주도한 윌리엄 모리스^{William Morris}는 '부자들의 역겨운 돈지랄'에 대한 반감을 표하고는 했다. 그의 강연들은 오늘날의 캠페인에 활용해도 손색이 없을 것이다). 하지만 그것이 아름다운 것은 그것이 호된 질책에 머무르지 않기 때문이다. 그것은 관점의 변화를 의미한다. 물건을 사는 대신 우리는 만들어서 쓸 수 있다. 우리만의 것을 키워 나갈 수 있다. 신용카드를 내다 버릴 수 있다.

다도의 가장 중요한 교리를 받아들이는 것에서부터 시작할 수 있을 것이다. '이치고ichigo, 이치ichie', 다른 말로 '일생에 한 번'이라는 마음가 짐을 받아들이는 것이다. 이것은 우리에게 모든 만남이 좋은 사람과 일 행이 되고 아름다운 예술과 한 잔의 차를 음미할 수 있는 일생에 한 번 겪 는 경험이라는 것을 일깨워 준다.

우리는 내일 무슨 일이 생길지 알 수 없다. 혹은 오늘 이후의 일조차 알지 못한다. 하지만 이 순간 한 잔의 차를 마시며 이야기를 나누면서 쉬 어 갈 수 있다. 그러면 텔레비전에서 나오는 흉악한 소식들을 뇌리에서 지울 수 있을 것이다.

제이 월제스퍼는 《The Great Neighborhood Book》의 저자이며, 작가 공동체 활성화, 여행, 그 밖의 현안들을 주제로 집필 및 강연을 한다. 15년간 〈Utne Reader〉 잡지의 편집자였고, 지금은 〈OnTheCommons.org〉의 편집자이며, Project for Public Spaces의 임원이자 〈Ode〉 잡지의 편집도 담당하고 있다. 어린 시절부터 제이는 소박하게 사는 것에 매우 흥미를 느꼈다. 웹사이트는 JayWalljasper.com이다.

한 번에 동네 하나씩 ;
세상 바꾸기

Jay Walljasper

이웃은 인간사회에서 가장 기본단위의 건물집합체이다. 지구를 구해내기 위한 현실적인 노력은 여기서부터 시작하게 된다. 인도의 촌락이 되었든, 캘리포니아 교외의 한 구역이 되었든, 베를린의 집시촌이 되었든, 이웃은 강력하고 놀랄 만한 방법으로 사람들의 삶을 규정한다. 나는 이러한 사실을 뒤늦게야 깨달았다.

내가 놓치고 있는 것을 깨달았을 때, 아이러니하게도 나는 내 집에서 멀리 떨어져 있었다. 아내와 나는 라 데팡스의 현대적인 건물들에서부터 아랍지구에 이르기까지 도시 구석구석을 살펴보겠다는 원대한 계획을 품고 파리로 일주일간의 신혼여행을 떠났다. 하지만 여행 내내 우리는 라틴구역 내에 있던 호텔 인근 지역을 벗어나지 못했다. 도로를 산책하고, 길가다 만난 시장에서 점심을 사고, 룩셈버그 정원을 어슬렁거리고, 길가의 카페에서 느긋하게 저녁을 보냈다. 우리는 퐁피두 센터나 베르사이유는 다음 기회에 가기로 했다. 도시촌에서의 생활에 완전히 빠져버린 것이다.

크고 세계화 된 도시도 그들만의 활력과 특징으로 살아있는 이웃이라는 조각들을 모아 만든 조각보라 할 수 있다. 파리의 각 구는 구청을 중심으로 행정이 이루어지고, 근처에는 시민들이 모여서 잡담을 나누면서 이웃들과 교류할 수 있는 광장이나 카페가 있다. 시골 작은 마을의 마을 광장과 그다지 다를 것이 없다.

인간들은 자기에게 익숙한 얼굴들을 찾고, 어딘가에 소속되고자 하는 내면의 욕구가 있다. 그러한 욕구 발현의 예는 부족공동체까지 거슬러 올라 간다. 하지만 이런 욕구가 우리가 더 넓은 세상을 향해 뻗어나가는 발걸음을 막지는 않는다. 진출의 욕구 또한 소속하려는 욕구에 못지 않게 강력하다. 언제든 커피숍에 가면 인간의 이 두 가지 원초적 욕구들이 평화적으로 공존하는 것을 볼 수 있다. 사람들이 노트북 컴퓨터를 두드리면서 옆자리 사람에게 말을 건다. 심지어 전 세계를 누비며 홍콩에 있는 동료들과 자료를 나누고, 뉴질랜드에 있는 친구들과 채팅을 하는 사람들조차도 주변의 익숙한 사람들과의 접촉을 갈망한다.

21세기 인간을 특징짓자면, 한쪽 발은 세계에 담그고, 다른 한쪽 발은 자기가 속한 공동체에 굳게 뿌리박은 모습이 될 것이다. 우리의 지적, 경제적 지평이 확장되고 있음에도 불구하고 지역공동체는 여전히 우리가 삶을 영위하는 장이고, 우리의 발이 땅에 닿는 곳이며, 모두가 내 이름을 알고 있는 곳이다. 나는 경험을 통해 당신이 이웃공동체에 뿌리내리는 것이 안락함과 즐거움을 줄 뿐 아니라 당신의 공동체, 더 나아가서 세계를 변화시키는 최고의 기회라는 것을 알게 되었다.

이제 막 결혼한 다른 부부들처럼 줄리와 나도 신혼여행에서 돌아와 집을 사는 문제를 고려했다. 그리고 파리의 정취를 느낄 수 있는 장소를 찾아다녔다. 문제는 내 눈에 좋은 곳이면 다른 사람들 눈에도 마찬가지라는 것이었다. 맘에 드는 동네를 찾으면 가격을 도저히 맞출 수가 없었다. 그러다 보니 우리는 4년이 넘게 미네아폴리스 외곽에 위치한 방 하나짜리 아파트에서 살고 있었다.

그러다 마침내 마음에 드는 조금 오래된 집을 하나 찾아냈다. 자연스러운 나무 마감에 20세기로 넘어오는 시기의 정취가 매력적이었다. 새로 이사하게 된 킹필드는 쾌적한 동네였다. 길에는 나무가 늘어서 있었고 번듯한 집들로 가득했다. 하지만 활기차고 와자지껄한 거리풍경을 찾아볼 수 없다는 점이 조금 망명지의 느낌을 주었다. 그렇게 몇 달 지나지도 않았을 때 벌건 대낮에 빈집털이를 당하게 되었고, 우리는 이곳으로 이사 온 게 큰 실수가 아닐까 하는 생각까지 하게 되었다.

그런데 다행히 우리에게 좋은 이웃이 생겼다. 대부분 우리처럼 새로 이사 온 사람들이었는데 매주 금요일마다 모여서 같이 저녁을 먹는 모임을 만들었다. 집을 개조하거나 텃밭을 가꾸는 이야기를 나누고, 가보고 싶은 곳이나 킹필드를 위해 하고 싶은 일 등에 대해서도 서로의 포부를 이야기했다. 근절되지 않는 범죄 문제에 대해서도 의견을 교환했다. 이러한 논의는 결국 우리를 지역문제에 보다 적극적으로 참여하게 만들었다. 특히 시에서 우리 주변 도로를 확장하려는 계획을 발표하면서 이러한 움직임이 더욱 활발해졌다. 이미 번잡한 도로를 확장하게 되면 차량의 속도가 빨라지고 교통량도 증가해서 위험도가 높아질 수밖에 없고, 그렇게 되면 자산가치도 떨어지게 될 터였다. 줄리는 주민자치회의 대표가 되었고, 정기적으로 모임을 갖고 킹필드의 미래를 위해 목소리를 높였다.

점진적으로 킹필드가 변화를 보였다. 더욱이 우리가 꿈꿨던 도시촌의 모습과 근접한 형태를 보였다. 주변 이웃들의 노력에 힘입어 도로확장계획은 무위로 끝났고, 우리가 거둔 성공이 유사한 문제에 직면한 주변의 다른 지역들을 고무시켰다. 많은 카페가 들어서는 등 지역경제도 활성화되고, 거리를 오가는 움직임이 활발해지면서 범죄율도 떨어지게 되었다. 오늘날 킹필드는 직거래장터, 활기찬 상업지구, 지역예술을 육성하는 전시회, 빈민거주구구내의 주거개선센터, 증가하는 라틴계 주민을 대상으로 하는 거점 공동체 등을 갖추게 되었다.

아내와 나는 아들을 데리고 골목 어귀에 있는 카페에 걸어나가 크로와상과 아이스크림콘을 사가지고 야외테이블에 자리를 잡고 앉는다. 이는 우리가 주변 이웃들과 모임을 주도하고 카페 개업을 제한하는 규제를 철폐하도록 제안해서 누릴 수 있게 된 것이다. 나는 이제 사람들에게 그저 '남부 외곽 어딘가'라고 말하는 대신에 킹필드에 산다고 자랑스레 말한다. 많은 우리 이웃들도 공감하는 바이다.

나는 십대 이후로 전국적 규모의 정치캠페인에서부터 녹색환경을 위한 국제협약을 촉구하는 움직임에 이르기까지 다양한 환경운동에 참여해 왔다. 성공적인 경우도 있었고, 대부분의 경우 적어도 관심을 일으키는 성과를 거두었다. 하지만 어떤 것도 이웃과 함께 한 것처럼 지속적인 성과를 유지한 것은 없었고, 그 과정이 이보다 더 신났던 적도 없었다. 기후변화나 도시확장계획처럼 동네를 벗어나 더 큰 범위에 속하는 현안인 경우에도 가까운 곳부터 적용해 보면 더 효과적으로 접근할 수가 있다. 그 지역 주민들이야말로 그 지역문제에 한해서는 최선의 지혜와 대책을 내놓을 전문가들이기 때문이다.

근린능동주의neighborhood activism는 때로는 근시안적이고, 심지어 지역이기주의에 빠지기도 한다. 오존층에 구멍이 생겼고, 아프리카에서 사람들이 굶어 죽고 있는데, 직거래장터 유치에 그렇게 목을 매야 하냐는 비판도 받는다. 하지만 그렇게 치부해 버리는 것은 21세기의 삶이 가진 핵심적인 자산을 놓치게 되는 것이다.

전 세계 구석구석은 네트워크로 연결되어서 좋은 아이디어를 숨겨 놓는 것이 더 어려운 지경이다. 직거래장터 및 그곳에 참여해서 고기와 채소를 판매하는 농부들이 성공하게 되면, 그 실용적인 정보는 언젠가 개발도상국가들에게도 유용하게 쓰일 것이다. 마침내 이웃 현안에 능동적으로 대처한 사람들 중 대부분이 더 큰 사회문제에 대해서도 적극적으로 관심을 표명하는 것을 볼 수 있었고, 지역에서의 경험이 전 세계적 현안을 해결하는 데 영감을 주는 경우도 있었다. '전 지구적으로 생각하고 지역적으로 행동하라'는 말은 일리가 있었다.

이제 이웃에서의 성공 사례를 몇 개 소개하려고 하는데, 많은 다른 지역에도 적용할 수 있을 것이다.

🦋 시애틀에 있는 공동거주센터 예슬러 테라스의 할머니들이 마약거래로 악명 높은 구역에 간이의자를 들이미는 방법으로 그들의 이웃에서 마약거래상들을 몰아냈다. 그들은 그저 의자에 앉아 뜨개질을 했을 뿐인데, 마약거래상들이 얼마 안 가 깨끗이 사라진 것이다. 힘없는 노인네들이 그들의 이웃을 위해 들고 일어서는 것만으

로도 수십 명의 경찰관들보다 더 큰 일을 해낼 수 있다는 것을 증명한 예이다.

🌲 네덜란드 델프트에서는 성난 동네주민들이 주변도로에서 자동차들의 속도를 줄이기 위해 행동에 나섰다. 그들은 낡은 소파며 탁자들을 도로 한가운데에 끌어다 놓았는데, 천천히 운전하기만 하면 통과가 가능하도록 전략적으로 배치했다. 결국 경찰들이 도착했고, 그들도 비록 불법적이기는 하지만 좋은 아이디어라고 동의할 수밖에 없었다. 곧 시 차원에서 속도를 줄이기 위해 자체적인 장치를 설비하게 되었으며, 교통제한이라는 개념이 탄생하게 되었다. 도로를 보다 안전하게 만들기 위해 전 지구적으로 사용되는 아주 혁신적인 해결책이다.

🌲 브라질의 포르투알레그리에서는 지역 공무원들이 세금을 배분하는 가장 좋은 방법을 구하기 위해 지역주민들에게 지혜를 모아달라고 요청했다. 시민들은 지역구 단위로 모여서 그들의 마을에 필요한 것이 무엇인지 결정했고, 시의회에 예산책정을 요구하기 위해 대표자를 선출했다. 이러한 '참여예산제'는 실업률을 줄이고, 위생환경을 개선하고, 포르투알레그리의 빈민지역을 경제적으로 활성화시키는 효과를 가져왔다고 평가받는다. 지금은 전 세계적으로 1,200개가 넘는 도시들이 이 제도를 채용하고 있다.

🌲 콜로라도 골든의 하모니 빌리지라는 곳에서는 지역주민들이 한 달에 한 번씩 아침을 같이 하면서 지구온난화와 다른 환경 문제들에 대항하기 위한 의견을 교환하고 자원을 공유한다. 이 모임을 위해 자신의 주방을 개방한 댄 치라즈Dan Chiras는 그의 저서

《Superbia》에서 그들이 같이 일구어낸 성과를 다음과 같이 요약했다. 하모니 빌리지 주민들이 집집마다 태양전지판을 지붕에 설치하도록 하고, 마을 전체적으로는 외부설치등에 에너지효율등급이 높은 형광등을 사용하도록 제안했다. 그들은 주기적으로 정치인들에게 건의문을 보내고, 최근에는 개발 때문에 시멘트로 덮어버린 주변 공유지를 구해냈다.

🜋 오레곤의 포틀랜드에서는 100명이 넘는 주민들이 인근 개천의 방죽을 따라 피어 있는 야생식물을 보존하기 위해서 힘을 모았다. "동네에서 전문가를 찾을 수 있을까 해서 여기저기 물어보고 다니다 생물학박사를 하나 찾아냈지요." 활동을 주도했던 딕 로이의 증언이다. "우리 동네를 보다 안정적인 환경으로 가꾸어 나가기 위해서 필요한 건 모두 활용하려고 노력했어요."

🜋 토론토 교외의 미시사가에서는 데이브 마르쿠치가 앞마당에 벤치를 하나 만들어서 사람들이 자유롭게 쉬어 갈 수 있게 했다. 동네 사람들이 고개를 갸웃거렸다. "뒷마당에 두고서, 당신이 편하게 쓰는 게 좋지 않아요?" 이웃에서 물었고, 그의 대답은 "이 벤치는 당신이 쓰라고 있는 거예요"였다. 벤치가 완성되었을 때, 마르쿠치는 파티를 열고, 사람들에게 와서 벤치에 앉아보라고 초대했다. 그 때부터 그 동네는 이전과는 달라졌다. 나이 든 사람들은 가다가 쉬어갈 수 있는 장소가 생겨서 다시 산책에 나섰고, 아이들은 학교버스를 기다리는 동안 벤치에 앉아서 기다렸다. 심지어 그 회의적이었던 이웃도 와서 앉았다 갔다. 골목어귀의 다른 집에서도 사람들이 모일 수 있도록 앞마당에 새로 벤치를 들여놨다.

데이브 완은 작가이자 영화감독이며 환경친
화적 디자인과 환경친화적인 생활양식에 대
한 대변인이기도 하다. 그의 가장 최근 저서
《Simple Prosperity: Finding Real Wealth in a
Sustainable Lifestyle》은, 공동 저술해서 9개
국어로 출간된 베스트셀러 《Affluenza: The
All-Consuming Epdemic》의 후속편이다. 그
는 현재 《Beyond Simple Choices: 100 Value-
driven Decisions for a Sustainable World》(가
제)를 저술하는 중이다.

데이브는 두 자녀를 둔 아버지이고 Sustain-
able Futures Society의 대표이며, 전국적인 조
직인 〈Simplicity Forum〉의 일원이다. 그는
자신이 디자인에 참여한 공동거주공동체에
12년째 살고 있고, 대학에서 강의를 맡고 있으
며, 십 년 넘게 미 환경보호국에서 일하고 있
다. 그는 〈Designing a Great Neighborhood〉
라는 TV 다큐물과 〈Building Livable Commu-
nities〉이라는 단편작의 제작자이기도 하다.

멋진 우리 동네가 재산 ;
공동체 마을

Dave Wann

우리는 '사는 곳은 어디에요?'라는 질문을 별 생각 없이 한다. 때로는 그 질문이 의미하는 바는 여기까지 오는 데 얼마나 먼 거리를 움직였는지, 그리고 시간은 얼마나 소요되는지 묻는 것이다. 하지만 당신이 사는 곳의 의미는 보통은 당신이 차를 대고, 에너지를 소비하고, 하루에 서너 시간씩 텔레비전을 보고, 쓰레기를 배출하고, 배우자와 말다툼을 하는 그 곳을 의미한다. 당신의 경우에 그것은 훨씬 더 대단한 것을 의미할 수도 있다. 당신이 최고의 인간관계와 가장 창조적인 아이디어를 가지는 곳, 당신이 가장 만족스럽고 힘이 넘치는 곳, 당신이 살아있다고 느끼는 곳 말이다.

이상적으로 당신이 사는 곳은 단순한 집이 아니라 장소에 관한 함의를 갖는다. 이웃들이 나를 알고 내가 도움이 필요하면 나를 위해서 나서

줄 만큼 나의 가치를 인정해 주는 곳, 보편적으로 인간이 필요로 하는 것을 충족할 수 있는 곳, 건강한 이웃, 깨끗한 공기, 사람 본위의 건축물, 낮은 범죄율로 산책하기 좋은 곳 등.

이웃이 훌륭해지면 스트레스는 줄어들고, 전형적인 이웃보다 사회적자본과 신뢰는 증대되며, 토지와 수자원과 에너지와 물질적 자원을 적게 사용하기 때문에 환경에 주는 부담도 줄어들게 된다. 일반적으로는 부촌에 위치한 집을 항상 선호할 거라고 가정하지만, 그게 꼭 가장 가치 있는 것은 아니다. 그 번듯한 집을 감당하기 위해서는 허리띠를 졸라매어야 할 테고, 사용하지도 않는 방들을 청소하느라 많은 시간을 허비해야 하고, 손이 닿지도 않는 위치에 끝도 없이 달려있는 창문을 닦기 위해서 사다리를 타고 올라가야 할 것이다.

행복해지기 위해 무엇이 필요한지 한 번 생각해 보자. 훌륭한 이웃은 그 중 많은 것들을 직접적으로 제공해줄 수 있다. 우리는 소속감을 느끼고 싶어하고 참여하고 있다는 느낌을 원한다. 안정감과 안전하다는 확신도 필요로 한다. 건강한 음식도 필요하고, 자연이 줄 수 있는 모든 걱정을 털어버리고 자연과의 교감도 필요하며, 즐겁게 참여할 수 있는 활동도 있어야 한다. 이제까지 살아왔던 곳을 생각해 보자. 이러한 조건에 얼마나 부합했는지, 혹은 어떤 조건을 만족시키지 못했는지 생각해 보자.

나는 다행히도 이웃 복은 있다. 적어도 인생의 절반은 내 성장에 도움이 되는 곳에서 지낼 수 있었다. 그중 한 곳이 라치몬트Larchmont인데, 뉴욕시 외곽에 위치한 작은 지역으로 특히나 여러 곳과 연결되어 있었다. 바다와도 연결되어 있었고, 철도를 이용하면 도시와 도시에서 제공하는 온갖 문화에도 닿을 수 있고, 고풍스러운 가옥들 속에 자리한 유유한 역사의 향취를 보러 갈 수도 있다. 철도는 보스턴 포스트 로드와도 연결되어 있다. 보스턴 포스트 로드는 1670년에 건설되었는데, 찰스 2세가 미국 최초의 우편수송편으로 만들었던 구 알로퀸 인디언 철도가 전신이다. 워싱턴 대통령도 1789년 대통령 취임시 이 철도를 이용해서 뉴잉글랜드를 지나갔다.

라치몬트에서 살면 배도 타고, 고기도 잡고, 수영도 하게 된다. 그리고 대부분의 가정에 시내로 통근하는 구성원이 있을 텐데, 대체로 회사 중역이거나, 연예계 또는 금융계에서 일할 것이다. 북쪽으로 가면 울창한 숲이며 농장과 유쾌한 작은 마을들로 이루어진 세상이 나온다. 뉴욕시와 같은 지구상에 있는 곳이라는 생각이 들지 않을 것이다.

몇 년 전에 35년만에 라치몬트에 다시 가보았다. 다시 한번 인간이 필요한 모든 것을 갖춘 근사한 곳이라는 것을 확인할 수 있었다. 예전 집에 주차한 후 예전에 살던 동네를 걸으며 몇 시간을 보냈다. 초등학생 때 하던 것처럼 이웃집 뒷마당을 훔쳐보기도 했다. 나는 과거 어느 봄날로 회귀한 시간여행자가 된 느낌이었다. 층층나무에는 꽃이 활짝 피었고, 집들을 지나면 친구들의 소리가 귀에 쟁쟁했다. 어릴 때 사먹던 그 노점에서 산 핫도그를 우적거리면서 나는 영화감독의 눈으로 이 곳을 분석했다. 나의 고향마을은 훌륭한 뼈대를 가지고 있었다. 구역마다 공공 공간이 적절히 배치되어 있었고, 훌륭한 학교도 있었으며, 전체적으로 큰 나무들이 무성하게 숲을 이루고 있었다. 내가 다닌 초등학교에는 여전히 철제 계단과 돌벽이 굳건하게 자리를 지키고 있었다.

나는 예전에 살던 집에서 상가건물까지 걸어가는 5분이 남짓의 시간 동안 훌륭한 공동체를 가늠하는 표준지표를 따져보았다. 기름을 1리터 이상 쓰지 않고 우유를 사올 수 있으며, 길을 오가며 이웃과 인사를 나눌 수 있어야 한다. 그러자면 가볼 만한 도서관, 보행이 가능한 통행로, 활발한 주민들의 왕래로 안전한 환경이 선행되어야 한다.

좀 더 성숙한 시선으로 동네에 차량뿐 아니라 사람을 위한 공간도 있다는 것을 관찰했다. 멋진 공원들도 있었고, 조경에도 많은 신경을 썼으며, 인종적 다양성도 눈에 띄었다. 철도는 예전 그대로인 듯 했고, 여전히 때맞춰 운행되고 있었다. 여력만 되면 살아보고 싶다는 생각이 다시 들게 하는 동네, 주민들이 보전을 위해 노력하는 동네라는 생각이 들었다. 그리고 꾸준한 관심과 관리, 좋은 디자인, 시민의 참여, 공동체의 방향성에 대한 확고한 비전 등이 있어야 공동체를 훌륭하게 만들 수 있다.

이런 바람직한 가치들이 정부의 강력한 재정지원을 받아낼 수 있는 바탕이 되고 안정적인 인구를 유지하도록 해주는 것이다. 하지만 7만여 개가 넘는 미국의 근린공동체들 중 많은 곳이 이러한 목표를 이루지 못하고 있는데, 부분적인 이유를 들자면 공동체를 건설하고 유지보수하는 건설업체와 사람들이 원하는 것 사이에 보조가 맞지 않기 때문이다.

지난 몇십 년 동안 미국의 인구통계 및 가치체계는 상당한 변화를 보였다. 하지만 우리는 여전히 집을 짓고 단지를 조성할 때 경제적 상승을 꿈꾸는 가족이 거주하리라 가정한다. 시내로 출퇴근을 하고, 잔디를 돌볼 수 있는 시간도 충분한 가족들을 연상한다. 실제로는 미국 교외에 거주하는 가정에서 절반이 안되는 경우만 전통적인 가족 구성 형태를 보인다. 4분의 1이 넘는 가정이 1인 가구이다.

《The City: A Global History》에서 조엘 코트킨Joel Kotkin은 이렇게 지적한다.

미국 대도시지역의 일자리 5개 중 3개는 교외에 위치한다. 그리고 교외에서 시내로 출퇴근하는 사람보다 교외에서 교외로 출퇴근하는 사람이 두 배 이상 많다.

교외의 인종구성에도 변화가 있었다. 지역 내의 다양성이 증가하고 문화면에서도 풍성해졌다. 절대 다수의 아시아계 미국인, 50퍼센트에 달하는 히스패닉계 미국인, 흑인의 경우는 40퍼센트가 교외에 산다.

미국인들은 항상 차를 몰고 다니기를 좋아하고, 소비지출이 얼마나 되는지 신경쓰지 않는다고 가정하고 있기 때문에, 건축업자들은 미국 인구가 두 배로 증가하는 동안(1950~2005) 자동차를 타고 이동하는 것에 맞춘 설계 전략으로만 이에 대응했다. 공동체라는 개념은 전혀 고려대상이 아니었다. 거리의 설계도 그 안에서 주민들이 친교를 나누거나 햇빛을 받거나 운동을 할 수도 있다는 인간적인 고려는 배제된 채로 이루어졌다. 값싼 농지에 새로운 주택단지들을 조성하면서 여러 가지 기능장애가 같이 나타났다. 지역 내에서 가장 양질의 농토를 깎아내어 포장으로 덮어버렸을 뿐 아니라 우리가 직장 및 상점, 친구들에게 가기 위해서는 자원을 소모해야만 이동할 수 있게끔 만들었다.

이제 우리는 아이러니하면서도 외면할 수 없는 질문을 마주하고 있다. 지은 지 얼마 되지도 않은 건축물들을 어떻게 하면 전략적으로 다시 손봐서 제 기능을 하게 할 수 있을까? 거기에 더해서, 가까운 장래에 어떻게 하면 새로운 건축에서의 중점사항과 우선사항 등을 앞으로 수백 년 동안 자리를 지켜야 한다는 것을 고려해서 다듬어낼 수 있을까? 모든 새로운 건축은 자원효율성이 높아야 한다. 화석연료 및 원자재, 토지를 무제한으로 운영할 수 있던 시대는 이제 끝났기 때문이다. 새로운 건축은 삶을 풍요롭게 만들어야 한다.

삶은 사들이는 것이 아니라 경험하는 것이다. 미국 문화는 다양한 방식으로 우리가 이러한 모든 것을 외면할 수 있도록 했다. 텔레비전, 자동차, 그림같은 전원주택 등으로 우리가 언제든지 '여기'를 벗어나 다른 어딘가를 선택할 수 있다고 생각하도록 했다. 그 결과, 우리는 현재 우리가 발붙이고 있는 곳을 평가절하하고, 그 쓰임새를 제대로 개발해내지 못했다.

아메리칸 드림의 빛이 명멸해가는 상황에서 이제는 이웃공동체 및 지역을 활기차고 자생력 있게 일궈나가는 것이 최우선 과제가 되어야 한다. 도시교외의 생활모습을 다시 설계하는 시점에서, 우리는 지역의 주요시설들을 배치할 최선의 위치를 결정하고, 거기에 필요한 자금은 누가 조성해야하는지 등을 결정할 필요가 있다.

기존의 주택과 공터를 가게로 전환하는 사업도 자금조달의 한 방편이다. 주민센터와 같은 공공 기반시설의 경우는 우리가 낸 세금의 지원을 받아도 좋을 것이다. 수도, 전기 등의 공익사업기업체와 동맹관계를 맺는 것도 방법의 하나이다. 공익사업기업체가 각 지역에 자립시설의 설치 자금을 지원하는 것이 발전소나 상수시설을 추가하는 데 드는 어마어마한 비용의 압박을 벗어나는 방편이 될 수 있을 것이다. 자연에 미치는 영향을 줄이면서 전기를 생산해내는 방법은 지역공동체 단위의 시설로도 충분하다. 그런 소규모 발전소들은 오염과 소음을 발생시키지 않고도 일정 지역에 전기와 상수와 난방을 공급할 수 있다. 이러한 기술들이 아직은 많은 비용이 요구되지만 창출하는 가치는 들인 비용에 비교할 바 없이 클 것이다.

하수처리장을 수리하고 재건하는 데 5천 억 달러를 들이는 대신, 하수처리업체들을 지역단위로 설치하는 것을 검토해 볼 수 있겠다. 리빙머신living machine이라고 불리는 이 기계는 자연의 정수처리 방식을 모방하고 있다. 온실 내부에 뱀과 물고기와 부들과 다른 자연생물 종들이 살수 있는 시설을 갖춰놓고, 하수를 그 사이로 흘려보내면서 속도를 조절하는 것이다. 이것들은 기존의 하수처리장에 못지 않고 때로는 더 나은 성능을 수행하기 때문에 일부 주의 환경부는 그 사용을 인증해 주고 있다.

인디아나에 PAWS 사무실로 리빙머신을 보러 견학을 갔었다. 가필드라는 만화로 유명한 회사였는데, 고용인 80명 규모의 회사에서 폐기물을 효과적으로 처리하고 있었다. 거기다 분해과정이 자연에 가까우면서 속도도 빨라서, 그 과정에서 악취를 생산하지도 않았다. 오히려 설비의 최종 단계에 판매용 장미를 키우고 있어서 싱그럽고 달콤한 향을 풍겼다.

생각컨대 지역주민연대는 자생적이고 자활적인 삶을 건설하기 위해 필요한 소규모 사업이나 소규모 설비들을 운영하는 과정에서 경제적 가치를 창출할 수도 있다. 《Going Local》이라는 책에서 마이클 슈만 Michael Schuman이 보여주듯이, 공동체 소유의 기업이 가능할 뿐만 아니라 피할수 없는 추세인 듯하다. 우리가 사는 공동체에 직접 투자하지 못할 이유가 무엇인가?

또 하나 고려해야 할 것은 각지의 주민연대들이 연맹화되었을 때 가지게 될 힘이다. 5천 7백만 미국인들은 백만 자치구역 중 4분의 1에 해당하는 곳에서 참정권을 가지고 있다. 자립자생을 촉구하고 부양할 좋은 기회이다. 잔디밭에 조형물을 설치하거나 야구장 그물을 설치하는 등을 규제하고 규율을 행사하는 대신에 자원효율성 및 공동체 문화 건설을 고민하는 이웃연대를 상상해 보라.

콜로라도 볼더에 위치한 노우드퀸스 지역의 경우는 아주 흥미롭다. 그곳에서는 주민들이 자동차를 다른 대체교통수단으로 바꾸기로 결정했다. 그래함 힐이라는 주민이 주도적으로 일을 맡았다. 전기 자전거에서부터 세그웨이 스쿠터에 이르기까지 자동차를 배제한 탈 것에 대한 경험에 있어서는 전문가였던 힐과 주민들은 이웃을 인간친화적으로 만들기 위해 차근차근 단계적으로 일을 진행했다. 이제는 지역에 있는 210가구 중 130가구가 버스 이용에 사용되는 에코패스Eco-pass를 소지하게 되었다(시정부에서는 참여도가 높은 지역의 경우 에코패스를 할인해 준다).

또한 주민들을 위해 상업지구 진입보행로, 공터, 자전거 및 보행도로, 태양열로 불을 밝히는 산책로 등을 만들었다.

"주민들이 밤에 시장다닐 때 걸어서 다니지 않더라고요. 거리가 너무 어두워서 안전이 걱정되었던 거지요. 그래서 시에 태양열 전지를 갖춘 가로등을 설치하게 해달라고 해서 지원금을 받았지요. 지금은 밤에도 보행인구가 꽤 됩니다."

또한 40명의 지역주민이 차를 공유하는 모임의 회원이다. 50명이 넘는 주민들이 전기자전거 공유 단체의 회원이 되었다. 전기자전거는 태양열전지를 사용하는데, 자전거보관소에서 충전이 가능하다.

주민들은 이제 일반 주택으로부터 테두리 땅의 통행권을 얻어서 기존의 보행로 및 자전거 도로를 서로 연계시키는 방법을 모색, 접근성 및 활용도를 높이려 하고 있다. 근육과 화석연료의 효율성 차이를 극적으로 보여주기 위해서, 힐과 동료들은 자전거를 타는 시장과 전기자동차를 모는 지역운영위원 간의 경주를 기획했다. 몇 가지 주어진 임무를 수행한 결과, 자전거를 탄 시장이 승리했다.

〈멋진 우리 동네를 만드는 조건〉

문화적 자산들

🌳 훌륭한 동네는 능동적인 주민들이 있고, 지역신문과 메일링 서비스가 활성화되어 있어서 생활편의 및 공공 정보와 잔잔한 유머 등을 서로 나눌 수 있다. 활발한 토론 활동도 이루어지고 있고, 공원 정비나 하천 복원과 같이 공동으로 추진하는 사업도 있으며, 주민들 간의 친목을 위한 식사모임과 야유회, 운동회 등도 개최한다. 일리노이 엘진에 있는 동네에서는 1미터가 조금 넘는 크기의 나무 튤립을 집집마다 한 달씩 돌려가며 관리한다. 튤립이 자신의 잔디밭에 있는 동안에는 매주 금요일에 열리는 동네잔치를 주관한다.

🌳 기술 및 도구 공유, 어린 세대를 위한 연장자의 멘토링, 취업 추천서, 애보기, 애완동물 돌보기, 주민명부, 게시판 등의 활동은 '네이버넷 neighbornet'의 형성을 고무시킨다. (시애틀에 있는 피니 에코빌리지 Phinney Eco Village의 경우는 독거자 모임, 자연치료 모임, 평화 모임 외에도 다양한 모임이 활성화되어 있다. 최근에는 지구온난화에 저항하는 모임을 결성 중이라고 한다.)

🌳 해질녘 공원에서의 대화, 이웃집 마당에서의 와인 시음회, 자전거를

타다가 갑작스럽게 흥이 나서 벌이는 경주 등은 무료로 즐길 수 있
는 훌륭한 오락거리이다.

🌳 인생기복을 함께 나눌 수도 있다. (만약에 내가 퇴근길에 당신이 그
날 있었던 분통터지는 일을 토로하는 것을 들어준다면, 당신도 내가
그런 경우를 당했을 때 내 넋두리를 들어줄 것이다. 당신이 가족사
진첩을 나에게 보여준다면, 내 것도 기꺼이 보여줄 것이다.)

🌳 자신들의 집에 오래도록 거주해 온 사람들은 동네의 역사를 함께
만들어 나가며 동네를 관리하려는 책임의식을 갖는다. (연구결과
에 따르면, 은퇴 후 정착하고 싶은 곳으로 가장 인기 있는 곳은 자
기가 사는 동네이다. 1995년에서 2000년까지의 기간 동안 미국에
거주한 65세 이상의 성인남녀 3천 5백만 명을 대상으로 조사한 결
과, 자신들이 거주하던 곳을 떠난 사람의 비율은 22퍼센트에 지나
지 않았다.)

유형의 자산

🌳 공터에 만든 공용텃밭, 기반시설에 대한 사용권, 세금감면을 이유로
기증되거나 무상대여된 토지, 텃밭 산출물로 얻는 수입, 요리법과
화훼 및 작물 재배비법들, 계약으로 확보된 직거래 농민들.

🌳 근접성으로 확보되는 이동/운반의 편의성 : 상점, 공원, 통행로, 자
전거 도로, 대중교통 접근성.(이것이 확보된 지역의 집을 구매하는
경우, 일부 은행들은 저금리 및 분할상환의 혜택을 준다.)

🌳 차량운행 속도가 느리고 안전한 도로. 많은 지역공동체들이 시정

부와 연계해서 도로의 폭을 축소하고 원형교차로를 설치하고 있다. 연구조사에 의하면, 교통에서 차량의 속도와 발생하는 소음량이 친구 및 지인의 수에 영향을 준다고 한다. 차량속도가 빠르고 소음발생량이 클 경우 그 수가 10배까지 줄어든다고 한다. 대략 20여 개 주에서 안전한 등교길Safe Routes to School 프로그램이 공적 자금의 지원을 받아서, 아이들이 통학 시 이용하는 보행로와 횡단보도 및 자전거 도로의 상황을 개선하고 안전을 확보하는 데 힘쓰고 있다.

🌳 사람들이 모이는 장소 : 지역주민센터나 주민연대 소유 공간, 또는 도서관, 학교, 교회 등과 같이 적어도 익숙한 주변 공간.

《The Great Neighborhood Book》의 작가 제이 월제스퍼는 공동체 활성화, 여행, 그 밖의 현안들을 주제로 집필 및 강연을 한다. 15년 간 〈Utne Reader〉 잡지의 편집자였고, 지금은 〈OnTheCommons.org〉의 편집자이며, Project for Public Spaces의 임원이자 〈Ode〉 잡지의 편집도 담당하고 있다. 어린 시절부터 제이는 소박하게 사는 것에 매우 흥미를 느꼈다. 웹사이트는 JayWalljasper.com이다.

느린 것이 아름답다 ;
여유로움

Jay Walljasper

자명종이 울리면 당신은 침대에서 튀어 나온다. 또 하루가 시작되었고 바쁘게 흘러간다. 간단한 샤워 후, 아이들을 깨워서 늦지 않게 재촉하며 아침까지 먹여서는 버스에 태워 보낸다. 커피 한 잔을 내리고, 시리얼 한 그릇을 해치우고 서둘러 차에 오른다. 고속도로까지 꽁지빠지게 달리면서 저녁으로 타이음식을 사올 것을 잊지 않게 머릿속에 새긴다. (아이들의 축구연습은 6시 15분에 칼같이 시작한다.) 혹시나 빠른 차선이 있을까 이리저리 차선 변경에 바쁜 사이, 라디오 디제이는 악을 쓰고 시간을 중계한다. 8:33, 8:41, 출근 15분 전. 직장에 다와서는 건물로 튀어들어가고 계단을 세 개씩 건너뛰어 가면서 아슬아슬하게 사무실 입성에 성공한다. 숨을 고르고는 어제 마치지 못했던 프로젝트를 10시까지는 뉴욕에 팩스로 보내야 한다는 사실을 기억해낸다. 그런 와중에 음성사서함에는

5개의 메시지가, 전자우편함에는 7개의 메시지가 들어와 있고, 그중 두 개에 긴급 표시가 있다.

우리의 삶은 점점 더 도저히 결승선에 닿을 수 없는 험난한 경주같다. 아무리 빨리 달려도, 아무리 많이 포기해도 결코 시간은 충분하지 않은 것만 같다.

이건 사실 전혀 뜻밖의 상황이다. 나는 1960년대에(내가 어렸을 때) 미래에는 남아도는 시간을 어떻게 할지가 가장 고민거리가 될 거라고 했다. 미래엔 놀라운 발명들 덕분에 친구, 가족, 오락 등 우리가 정말 좋아하는 것들을 위해 많은 시간을 낼 수 있을 거라고 했었다. 실제로 제트비행기, 컴퓨터, 특급배송서비스, 휴대폰, 전자렌지, 차에 탄 채 주문 포장이 가능한 식당, 홈쇼핑 채널, 인터넷 등 시간을 비약적으로 절약해주는 혁신들이 홍수처럼 쏟아져 나오긴 했지만 삶은 오히려 30년 전엔 상상할 수도 없을 만큼 바쁘다.

신기하게도 이런 가공할 속도에 대해서 공적인 논의는 거의 없다. 사람들은 자신들이 얼마나 바쁜지, 현대인의 삶이란 것이 얼마나 많은 일에 치여 사는지에 대해 불평하지만, 빠른 속도는 여전히 긍정적인 요소로 평가되고 우리의 삶을 풍요롭게 만드는 데 도움이 된다고 간주한다. 언론인들, 기업인들, 정치인들, 학자들까지 우리 머릿속에 실시간으로 의사소통이 가능하고 초고속 여행이 실현되는 새로운 세상에 대한 비전을 불어넣고 있다. 심지어 현대 문명이 세상에 가져온 변화에 회의적인 사회운동가들조차 빠른 속도가 더 나은 사회를 건설하기 위한 자산임은 부인할 수 없다고 생각한다. 시속 200킬로미터의 기차는 대기오염 감소에 기여할 것이고, 전 지구적으로 연결된 통신망 또한 인간의 기본권 신장을 위한 활동에 기여할 것이라고 그들은 장담한다. 속도를 올리면 바쁜 생활 때문에 생기는 문제들을 해결할 수 있으리라는 기대도 있다.

정신없이 휘몰아치는 일 때문에 수렁에 빠진 기분이라고? 좀 더 빠르게 돌아가는 컴퓨터를 한 대 들여 놓도록 해라. 일정에 쫓겨서 팽이 돌듯하는 일상을 벗어날 수 없다고? 속독, 속기를 배워서 효율성을 높여보자. 인생을 즐길 시간이 없다고? 광고를 물색해서 빨리 먹고, 빨리 운동하고, 시간 잡아먹는 소소한 일을 빨리 끝낼 수 있도록 도와줄 만한 물건들을 다 사들여라.

이렇게 우리는 계속해서 가속을 붙이고 있지만 여전히 시간에 쫓기는 상황을 벗어나지 못한다. 해야 할 일을 제때에 끝내지 못할 뿐만 아니라 보다 근본적인 차원의 불안감까지 존재한다.

많은 미국인들이 그렇듯 나도 항상 모든 일을 바쁘게 처리한다. 잡담하며 노닥거리거나 줄서서 기다리는 것이 힘들고, 심지어 클럽에서 늘어지는 음악이 나오는 것도 못견뎌 한다. 내가 빨리 움직일수록 더 많은 일을 할 수 있고, 인생에서 더 많은 즐거움과 보람을 느낄 수 있으리라는 것은 너무나 명확했다. 그러다가 하루하루가 마치 버텨내기대회 같이 느껴지는 시점을 맞이한 것이다.

매일이 마라톤 같다. 밥을 먹고, 일을 하고, 가족에게도 시간을 내야 하고, 그렇게 여기 저기 정신없이 뛰어다니는 와중에, 나는 지금까지 놓친 것이 무엇인지, 어떤 감정이든 음미하기는커녕 인지할 여유도 없는 형편에 도대체 무슨 사는 낙이 있는 건지 따져보기 시작했다. 심지어 놀고 있다고 생각하는 순간에도 내 귀에는 타이머가 째깍거리는 소리가 들린다.

몇 주 전에는 한동안 가보지 못한 헌책방에 갔다. 물론 그날도 바쁜 하루였다. 나는 짬을 내서 서점으로 뛰어갔다. 여행도서 코너쪽을 급히 향하는 중에 삼 개월 이상 못 만났던 친구와 마주쳤다. 그 친구도 여유가 없기는 마찬가지여서, 각자의 시선은 구매할 책을 물색하는 데 고정한 채로 지나가는 말 몇 마디만 교환했다. 이내 각자 책 한 권씩을 뽑아들고 계산대로 달렸고, 멀리서 큰 소리로 인사를 나누고 헤어졌다. 그렇게 나오는데 갑자기 속상한 마음이 들었다. 나는 친구와 대화도 나누지 못했고, 책을 고르는 즐거움을 누리지도 못했다. 12.50짜리 1890년대 런던에 관한 책을 하나 건지기는 했는데, 사실 꼭 사고 싶었던 책도 아니었다.

이럴 때면 바쁜 일상에 대한 회의가 밀려오곤 한다. 목을 조르는 긴장이 가득한 삶은 그 속도감이 주는 자극 외에 어떤 만족감도 주지 못한다. 친구들에게 이런 불편한 심경을 털어놓으면 많은 친구들이 나와 마찬가지로 느끼고 있다는 것을 알게 되었다. 하지만 공적인 장으로 끌어내기에 이 문제는 아직 애매한 면이 있다. 발전하는 속도에 부정적인 입장을 내보였다가는 순식간에 지구가 평평하다고 믿는 사람 취급을 받기 십상이다. 현대라는 시대를 바로 직면하지 못하고 사는 대책 없는 낭만주의자로 낙인 찍힐 것이다. 하지만 점점 더 많은 미국인들이 간절하게 여유롭게 생활하기를 바라고 있다는 점은 분명하다. 내가 아는 사람들 중에서도 자신을 위해 투자하거나 아이들을 키우거나 공부를 다시 시작하거나, 좀 더 보람 있으면서 시간적 여유가 있는 삶을 영위하기 위해서, 수입을 줄이면서 시간제로 전환하거나, 아예 일을 그만둔 사람들이 꽤 있다.

하버드 출신 경제학자 줄리엣 쇼어에 따르면, 이런 일이 이제는 드

물기만 한 것도 아니다. 쇼어는 1991년도 베스트셀러 《과로하는 미국인들The Overworked American》의 저자이다. 그녀는 자신이 연구한 결과에 대해 다음과 같이 말했다.

수백만 명의 미국인들이 돈을 내놓고 대신 시간을 버는 방식의 삶을 선택하고 있다. 이것이 앞으로 미국사회에서 주도적인 경향이 될 것이라고 믿는다.

꽉 들어찬 일정에 휘둘리며 사는 삶에 지쳐, 많은 미국인들은 속도 경쟁에서 벗어나고 싶어한다. 한 연구에서는 응답자의 28퍼센트에 해당하는 사람들이 최근에 자발적으로 수입이 줄어드는 것을 감수하는 방향으로의 변화를 추진했다고 보고한다. 이런 결정을 내리는 사람들은 대체로 전체 노동인구의 평균보다 교육수준이 높고 연령은 낮은 경향을 보인다. 물론 다른 많은 사람들은 강제적으로 휴직 또는 실업에 이르게 되었지만 말이다.

통제할 수 없이 정신없이 돌아가는 생활 속에서 사람들은 이제는 속도를 늦추고 싶어한다. 매사에 속도를 높이는 것이 능사라고 대처하는 형편에 의아한 일이기는 하다. '삶의 속도를 높이는 주요 원인은 기술이 아니라 경제이다'라고 쇼어는 말한다.

오늘날의 변화된 일의 속성상 고용주들은 근무시간을 연장하도록 요구한다. 노동시간의 확대는 그 외의 시간 동안 우리가 촉박하게 움직일 수밖에 없도록 만들었다. 이 일 저 일 빠쁘게 뛰어다니며 항상 시간을 확인하면서 다닌다. 집밥은 냉동피자에게 자리를 내주었고, 일요일은 밀린 집안일을 처리하느라 태풍이 쓸고 간 듯이 정신없이 흘러간다.

그 속에서 작지만 점점 몸집을 불리고 있는 일단의 사회비평가들이 있다. 쇼어와 같은 이들인데, 그들은 속도가 증가하는 것이 항상 더 좋은 것만은 아니라고 말한다. 계속해서 가속패달을 밟아대고 있는 사회적 상황이 우리에게 심리적으로, 환경적으로, 정치적으로 어떤 영향을 줄지 유의해야 한다는 것이다. 환경운동가인 제레미 리프킨Jeremy Rifkin은 바람직한 속도에 대한 문제를 제기한 거의 최초의 인물이라고 할 수 있다. 1987년에 발표한 《Time Wars》에서 그는 다음과 같이 밝힌다.

우리는 삶의 속도를 올리는 동안 참을성을 잃고 있다. 일처리에 좀 더 조직적으로 대처하게 되는 동안 자발적으로 처리하거나 즐거움을 가지고 대하는 경우는 줄어들었다. 미래에 대한 대비에 만전을 기하는 동안 현재를 향유하고 과거를 반추하는 것에는 인색하다.

현대인의 생활이 모든 면에서 갈수록 빠른 속도로 진행되고 있는 가운데, 우리는 자연환경을 가깝게 접할 수 있는 기회를 잃은 채 지구의 생물학적 리듬에서 점점 더 멀어지고 있다고 느낀다. 인간의 시간은 더 이상 조류의 흐름이나 태양이 뜨고 지는 움직임, 계절의 변화와는 상관 없이 흐르고 있다. 대신에 인류는 기계적인 장치와 전기적 흐름으로 시간을 맞추는 인공적인 시간의 세상을 만들어 냈다.

리프킨은 '느린 것이 아름답다'라는 기치 아래 각 분야의 사람들이 모여 삶의 질을 향상시키고 환경을 보호하자고 촉구하는 새로운 사회운동을 주문하면서 책을 마치고 있다.《Time Wars》가 출간된 지도 십 년이 지난 현재, 세계화된 경제의 흐름 속에서 괄목할 만한 기술 및 경제적 성장에 힘입어 현대적인 삶이 가열차게 그 속도를 높여가고 있는 가운데, 리프킨이 촉구하는 운동이 결성되는 움직임이 아주 느리게나마 진척을 보여주고 있다.

느린 것은 정말 아름다울까

저명한 독일환경학자 볼프강 삭스Wolfgang Sachs는 느림의 미학을 창안한 힐리스의 관심을 공유하면서, 그것을 어떤 형태로 발현해야 할지에 대해 자신의 견해를 밝혔다.

중간 정도의 속도면 잘한 것이 될 것이다. 뭐든 빠른 것을 보면 그저 어깨를 으쓱하며 '저렇게까지 할 필요는 없잖아?'하고 넘겨버리는 것이다.

삭스는 속도는 사람들이 잘 깨닫지 못하지만 환경문제를 일으키는 중요한 요인이라고 믿는다. 그의 말을 빌리면, 생태학적 위기는 시간단위의 충돌로 야기된다고 말할 수 있다. 현대의 빠른 시간 단위가 자연과 지구의 느린 시간 단위와 부딪치는 것이다. 또한 유전공학은 생태학적 대혼란을 야기할 잠재성을 지니고 있으며, 진화를 촉진한다는 미명 하에 우리가 자연의 흐름을 얼마나 교란하고 있는 것인지의 예라고 할 수 있다.

녹색사회로 가는 길을 제시하고 있는 삭스의 최근 보고서 〈지속가능한 독일^{Sustainable Germany}〉는 속도를 늦추는 것을 환경운동의 목표로 끌어안는다. 그는 독일 고속도로에 100킬로미터 제한속도를 두고, 고속철도에 중간지점을 더 설치하자고 제안한다. 그는 또한 지역경제 및 지역 문화를 활성화해서 사람들이 장거리 이동을 감수할 필요가 없는 여건을 만들어야 한다고 주장한다.

'어떻게든 속도를 높이고 추월하고자 하는 사회는 절대로 지속가능한 사회가 될 수 없다'라고 삭스는 말한다.

빠르게 돌아가는 세상에서는 출발하고 도착하는 것에 많은 힘을 들이고, 그 경험 자체에는 관심을 두지 않는다. 아이를 양육하고, 친구를 사귀고, 예술활동을 하는 등의 일은 속도를 추구하는 방향과는 반대쪽 흐름을 탄다. 속도의 발전이 우주의 자연스러운 흐름이 아닐 수도 있다는 인식이 차츰 확대되고 있다. 사람들의 주의를 환기시킬 만한 주제이다. 이제까지 제대로 논의되지 않은 사항은 다음과 같다. 어느 정도의 속도가 적당한 것일까?

인도에서 다양한 공동체 활동을 주도하는 조기 팽흐알^{Jogi Panghaal}은 단순하게 빠른 속도가 좋은지 나쁜지 따지는 것이 아니라, 미래의 세상이 다양한 속도를 용인할 것인지가 논의의 대상이라고 한다. 팽흐알은 전세계가 일괄적으로 같은 속도로 움직이도록 하기 위해서 세계적으로 단일한 속도로 표준화를 추진할 수도 있다고 우려한다. 삭스와 팽흐알은 우리에게 우리 삶의 속도를 결정할 선택권이 주어질 지, 아니면 기술이 고도화된 사회의 과열된 질주에 끌려다니게 될지 의문을 제기한다.

나의 친구들이 너무 빠르게 진행되는 삶에 대해 불평하는 것을 들어보면, 그들은 빠른 속도를 전면적으로 부정하는 것은 아니고, 그저 짬을 내서 느리고 사색적인 활동에도 할애할 수 있었으면 하는 바람을 피력하는 것에 불과하다. 누군가는 속도감 있는 비트의 댄스음악, 속공이 펼쳐지는 야구경기, 청룡열차를 탔을 때의 전율은 좋아하면서, 삶의 속도까지 거기에 맞추기를 원하지는 않을 수 있다. 가끔 격렬한 욕구 발산의 기회가 있으면서, 평소에는 느긋하고 평온한 균형잡힌 삶이야말로 사람들이 갈망하는 것이다. 하지만 일에서 오는 압박, 선도하는 기술에 보조를 맞춰야 하는 현실, 속도감 있는 진행을 원하는 사회의 기대 등의 이유로 이러한 목표를 달성하기가 갈수록 어려워지고 있다.

밀라노 도무스 아카데미 디자인학교 학장인 이지오 만치니^{Ezio Man-}zini는 우리 삶을 가속시키는 요인들 속에서 이에 대한 해법 또한 찾을 수 있다고 보았다. 현대사회가 전 분야에 걸쳐서 보유하고 있는 기술적 탁월함이 우리의 든든한 지원군이 되어줄 것이라고 보는 것이다.

역사상 최초로 사람들이 자신들의 삶을 설계할 수 있다고 생각한다.

기술혁신의 시대에 우리는 무슨 문제가 닥치든지 결국에는 해법을 찾을 수 있을 것이라고 기대한다. 자, 문제는 우리에게 너무 많은 것들이 너무 빠르게 닥쳐온다는 것이다. 당연히 우리는 그것들을 늦출 수 있는 방법을 모색해야 할 것이다. 인류는 과거에는 느리기를 선택하려 하지 않았을 것이다. 그들은 계속해서 가속을 거듭하면서 삶의 질을 훼손

할 뿐 아니라 지구의 미래를 위협하는 수준에 이른 속도와 씨름할 필요
도 없었을 것이다.

천천히 서두르는 법

이 모든 담론들이 말하기는 좋다. 그러나 세상의 속도를 늦추었을 때
감수해야 할 그 엄청난 뒷감당을 생각한다면 감히 엄두나 낼 수 있을까?
세상은 가속라인을 타고 150년 동안이나 돌진을 거듭했다. 더욱이 만약
세계 경제의 수장들이 속도가 미래의 번영을 위해 필수불가결하다고 결
정해버리면 어떻게 되겠나? 우리를 둘러싼 세상이 가속 페달을 밟으며
전진하고 있을 때, 우리는 어떻게 우리 삶에 브레이크를 걸 수 있을까?

암스테르담이라는 도시 전체가 그 대답이 될 수 있을 듯하다. 세계
다른 어느 도시도 암스테르담만큼 의식적으로 교통속도를 줄이는 데 성
공한 곳은 없다. 암스테르담은 시속 30킬로미터로 달리는 자전거조차도
빠르게 느껴지는 기분 좋은 도시 환경을 만들어냈다. 단지 몇 분 동안만
좁은 거리를 거닐어도 거의 모든 종류의 상점들과 식당, 나이트클럽, 공
원, 광장, 은행, 극장 등을 모두 만날 수 있다. 그 정도의 쇼핑거리와 오락
거리가 모여 있는 곳은 대부분의 미국 도시에서라면 적어도 한 시간 정
도는 차로 이동해야만 만날 수 있다. 암스테르담에서는 느리게 이동하는
대신 더 많은 것을 경험하게 되는 것이다.

암스테르담의 노력은 이미 전 세계에 널리 퍼져, 차량 소음을 줄이고
차량 속도를 줄여서 안전 및 환경 상태를 개선하려는 활동가들에게 좋
은 선례로 자리잡았다. 과속방지턱 같은 차량 소음을 줄이는 방법이 유
럽, 오스트레일리아를 거쳐 이제 북미에까지 전파된 사례도 풀뿌리 시민

운동이 어떻게 '천천히 가는 사회'를 만드는 데 기여할 수 있는지에 대한 모범을 제시해 준다.

거리에서 거둔 성공을 일터나 정부, 시민조직에서도 재현해 볼 수 있을 것이다. 다국적기업의 경우 오늘날 세계화된 경제 상황 속에서 거의 전제주의적 권력을 휘두르는 것이 사실이다. 하지만 근무시간 단축, 휴가일수 확대, 노동강도 감소 등을 위한 국제적인 캠페인이 자신들의 힘을 미처 깨닫지 못한 노동자들을 일깨워서 강력한 정치적 힘으로 결집하도록 할 수 있다.

줄리엣 쇼어는 앞으로 다가올 시대의 정치적 목표는 경제적 성장이 아니라 추가적인 여가시간의 확보라고 주장한다. (그러한 움직임이 이미 시작되었는데, 여성단체와 노동조합이 공조해서 미국 노동환경 속에 육아 및 간호휴가를 도입하기 위한 캠페인을 전개하고 있다.) 하지만 정치적 행보를 시작하기 전에 속도와 그 중요성에 대한 생각을 먼저 바꿀 필요가 있다. 150년 동안을 우리는 미래는 현재보다 더 빠를 것이며, 이것이 인간의 행복을 확대하기 위한 최선의 길이라고 들어왔다. 그리고 속도의 증가는 실제로도 세상이 발전하는 데 많은 기여를 했다. 하지만 그것이 가져다 줄 잠재적인 혜택에 눈이 멀어, 그 폐해에는 눈을 감았다.

최초의 증기기관차의 운행으로 시작된 삶의 질주는 우리의 뼈를 부수지는 않았을지 모르지만, 우리의 영혼에 손상을 주었는지도 모르겠다. 우리의 삶은 너무나 바쁘고 정신이 없어서 우리는 해질녘의 전율할 장관에도, 어린 아기가 아장아장 걷는 모습에도, 서점에서 우연히 친구를 만난 행운에도 할애할 시간 따위는 없다. 인터넷, 구급서비스, 암스테르담까지의 비행기 여행 등을 포기하지 않고도 이러한 기쁨은 다시 얻을 수 있다. 세상에서 한 가지 속도만을 고수할 필요는 없다. 이지오 만치니가 말했듯이 우리에게는 우리의 삶을 '설계할' 특권이 있다.

볼프강 삭스^{Wolfgang Sachs}는 기후, 에너지, 환경 문제를 연구하는 독일 부퍼탈연구소에서 프로젝트 감독으로 근무하고 있다.

다른 사람들과 마찬가지로 속도를 늦춰 산다는 것이 나에게도 쉬운 일은 아닙니다. 하지만 중요한 것은 일마다 적당한 리듬을 부여하는 것입니다. 아이와 노는 일, 논문을 쓰는 일, 친구와 대화를 나누는 일마다 각자 요구되는 속도가 다르지요.

그는 삶에 과속하지 않도록 출퇴근 길을 걸어다닌다. 아침, 저녁으로 20분씩 주어지는 이 시간만큼은 재촉해대는 현대사회로부터 절대적으로 안전하다.

줄리엣 쇼어는 일할 때 시간 제한을 두는 방식으로 삶의 속도를 늦춰 왔다.

"내 작업시간은 아이들 유치원 시간에 맞춰져 있어요. 주말에는 일하지 않지요. 일할 때를 제외한 생활도 많이 단순해졌어요. 거의 운전은 하지 않고 자전거를 타요. 마음에 꺼려지거나 불편한 일은 그냥 하지 않기로 했거든요. 우리 남편은 인도 출신이라서 워낙 차분하고 조용한 삶을 즐기는데, 내가 느긋해질 수 있도록 이모저모 많은 도움을 받았어요. 한 번에 한 가지 일만 하라는 가르침도 받았지요."

우리에게는 속도를 늦출 수 있는 기회가 있다. 일이나 육아 때문에 힘든 경우라도 가능한 일이다. 텔레비전을 끄고 동네 산책을 나가는 일이 될 수도 있다. 생활비 규모를 줄이고, 토요일에는 쇼핑을 하는 대신 낚시나 텃밭가꾸기를 할 수도 있을 것이다. 일정표에서 명상이나 기도 또는 그저 몽상을 하며 흘려보낼 수도 있다. 그저 과욕을 부리지 않겠다고 결심하는 것에서 시작할 수도 있다.

나는 이런 방식으로 나만의 '느린 것이 아름답다' 혁명을 시작했다. 그 시작은 부엌에서부터였다. 바쁜 일정을 줄여서 제대로 요리하고, 또 그 요리를 가족과 지인들과 함께 음미하고 즐길 수 있는 시간을 만들었다. 심지어 식사 후 치우는 과정도 느림의 미학을 다시 한 번 체험하는 연장선이 되었다. 우리집 식기세척기가 고장이 났기 때문이다.

그 전에는 그저 설거지 할 그릇들을 기계 안에 채워넣고 서둘러 개수대를 정리한 후 좀 더 가치있는 일을 했다. 하지만 어쩔 수 없이 직접 설거지를 하는 동안, 비록 시간은 더 걸리지만 생각보다 재미있다는 생각이 들었다. 재즈나 블루스 음악을 틀어놓고 흥얼흥얼 따라부르기도 하고, 그릇이며 와인잔을 건조대 위에 정리하는 동안 딴 생각에 빠져들기도 했다. 예전에는 설거지가 고역스런 일이었는데, 이제는 마음을 비우고 여유로움을 되찾는 시간이 되었다.

지금 식기세척기는 고쳐져 있다. 하지만 나는 여전히 설거지 할 기회를 노린다. 이제는 자주 설거지 통에 손을 담근다. 그리고 식기세척기를 사용할 때도 천천히 그릇을 채워 넣으면서 그 과정 속의 여유를 즐긴다.

존 웨어는 생물학과 환경공학 전공 조교수이자 카타우바대학교 환경센터 the Center for the Environment at Catawba College, Salisbury, North Carolina의 설립 이사이다. 그는 대학교 및 전문대학들이 학교 자체적으로 또는 공동체와 연계해서 환경을 보전하는 삶에 기여할 수 있는 길을 제시해 준다. 그는 깨끗한 물과 공기, 토지 보호, 야생생물, 녹색건물, 공동체 개발 등 다양한 영역에서 활동 중이다.

존은 미국 지도자 포럼the American Leadership Forum의 회원이기도 하고, 2003년도에는 주지사상에 해당하는 '올해의 노스캐롤라이나 환경주의자'로 선정되었고, 2002년도에는 〈Charlotte Observer역자주: 노스캐롤라이나를 기반으로 하는 140년 전통의 신문〉에서 주관하는 '지구수호자 Guardian of the Earth'로 선정되었고, 2001년도에는 캐롤라이나 재활용 연합에서 올해의 환경인으로 선정되기도 했다.

변화를 위한 교육 기반 조성하기 ;
공동체와의 소통

John E. Wear, Jr.

잔물결이 철썩거리며 우리가 타고 있는 나무배에 부딪히고, 튀어 오른 물방울들이 바구니에 담긴 채소며 달걀에 물을 뿌렸다. 우리가 얼아저 씨네 선창에 배를 대면, 이미 아저씨는 신선한 저녁거리를 받아가려고 기다리고 있다. 아저씨는 우리가 오는 것이 멀리서 보이면 언덕을 따라 내려와 있곤 했다. 우리 누나는 그때 당시 13살이었는데 흥정을 담당했다. 그리고 11살짜리 부끄럼쟁이인 나는 누나의 조수였다. 내 역할은 3마력 엔진을 장착한 배를 운전하고 채소의 무게를 재서 가격을 매기는 것이었다. 거래를 마치면 우리는 하이락호수로 다시 배를 몰아 다음 선착장에서 기다리고 있는 다른 손님에게로 이동했다.

그날 아침에 우리는 아버지를 도와서 우리가 내다 팔 채소를 따고, 달걀을 모았다. 우리 작은 농장은 샐리스버리에 있는 우리집에서 이십 분

정도 떨어져 있었고, 우리 가족은 여름이면 이곳에서 여름을 보내고는 했다. 언덕 위에 우뚝 솟아있는 낡은 오두막집은 200년이 넘게 그 자리에 있었는데, 마당에는 오크 나무 한 그루가 대단한 장관을 이루고 서 있었다. 그리고 마당의 두 면이 아버지가 일구는 텃밭에 면해 있었다. 토마토, 호박, 녹색콩, 옥수수, 수박 등 온갖 작물을 키우고 있었다. 그 해에는 특별히 수확량이 많아서 용돈벌이로 누나와 나는 남는 것을 내다 팔게 되었다. 그 일은 누나가 다른 곳으로 관심을 돌리기 전까지 몇 년간 계속됐다.

내가 자라던 1950년대와 60년대에 부모님은 기회만 있으면 누나와 형제들과 나를 밖으로 내보냈다. 일하라고, 놀라고, 생각을 정리하라고, 부모님께 혼나거나 학교에서 문제가 생기는 등의 속상한 일이 생기면 마음을 풀라며 내보내곤 했다. 종종 생각을 정리하거나 자연과 교감하기 위해서 우리 스스로도 밖으로 나갔다.

내가 십대였을 때 아버지(본업은 의사였다)는 형과 나를 데리고 영농사업에 뛰어들었다. 우리는 옥수수와 콩을 경작하고, 소 75마리와 종마 5마리도 키웠다. 그러면서 우리는 이웃 농부들과도 교류하게 되었고, 필요한 장비와 노동력과 기술 등을 공유했다. 우리는 대가 없이 그저 선의로 필요한 곳이면 마다하지 않았고, 그들도 같은 입장이라면 기꺼이 그렇게 해주리라는 것을 알고 있었다.

이러한 농촌에서의 경험은 내가 인간과 자연 사이의 깊은 연대 및 인간의 자연에 대한 의존성을 이해하는 바탕이 되었다. 몇 십 년이 지난 지금 돌이켜 보면, 이런 경험 속에서 토지와 자연에 대해 경배하는 마음을 갖게 되었고, 지구를 지키고 감독하는 우리의 숭고한 역할에 대해서도 겸허히 받아들이게 되었다. 최근의 연구조사들이 보여주는 것처럼, 자연과의 교감이 단절되면 어린이들의 성장뿐 아니라 우리 모두의 삶에도 부정적인 영향을 가져온다.

경험으로 배우기

내가 어린 시절 자연과 가졌던 교감은 나를 환경을 교육하는 일에 헌신하는 삶으로 이끌었고, 내가 가진 핵심적 신념들의 토대를 마련했다. 궁극적으로 어린 시절의 경험들은 내가 1993년 고향인 샐리스버리로 다시 돌아가서 카타우바 대학교의 환경 프로그램을 시작하도록 이끌었다. 그리고 그것이 단초가 되어서 1996년에는 카타우바대학교 내에 환경센터의 설립을 가져왔다.

센터는 학생들과 일반 대중을 대상으로 환경지킴이로서의 책임과 지속가능성에 대해 교육하고, 학교 교직원 및 학생들과 센터와 관련된 사람들이 다양한 공동체 주도 프로그램 및 활동에 참여할 수 있도록 주선한다. 동시에 환경공학 및 이론이라는 과정을 개설했는데, 학생들에게 환경관련하여 다학문적 접근을 제공해주기 위해서 개발되었다. 우리는 학생들에게 학문적인 연구 외에도 공동작업 및 봉사의 정신을 심어주는 것을 목표로 하고 있다.

이 분야를 향해 놀랄 만큼 폭증하는 관심에 힘입어 우리는 건물도 세우게 되었다. 우리가 지향하는 바와 부합하는 녹색빌딩이고, 현재는 다양한 학내 활동 및 공동체 활동의 지렛대 역할을 톡톡히 하고 있다. 이 3층짜리 건물에는 강의실과 대형 컨퍼런스 룸, 도서실, 사무실 등이 갖춰져 있다. 센터는 많은 환경관련 교육이 이루어지는 곳일 뿐 아니라, 또한 공동체들이 무엇이든 해볼 수 있도록 깔려있는 멍석과도 같은 장소이다.

2001년도에 완공되어 친환경 건축물 인증제LEED-certification가 도입되기 전에 설계되었지만, 우리 센터에서 사용한 자재는 재활용되었거나 재사용가능한 것들이며, 목재의 경우도 대나무처럼 지속가능성이 있는 수목을 사용했다. 또한 21,000평방피트에 달하는 면적에는 지열냉난방 시스템이 설치되어 있다. 건물은 태양광을 최대한 활용할 수 있도록 자리잡았고, 한여름의 태양의 열기를 차단할 용도로 넓은 차양이 설치되었다. 지붕에 있는 태양전지판이 건물에서 사용되는 에너지를 생산해내고, 189에이커에 달하는 자연보호구역에 다니는 전기차량의 동력도 공급해주고 있다. 80피트에 달하는 통행로는 비를 흡수하기 위해 투과성 있는 소재로 포장되었다. 그렇게 저수조에 모인 물은 여기 저기 설치된 많은 연못들을 채우는 데 쓰이고, 이는 건물의 자연주의적인 외관을 완성하는 데 큰 몫을 하고 있다.

우리가 목표하는 바는 학교의 다른 학과 및 기관들과 연계해서 학생들에게 환경문제에 대한 관심을 유발하고, 경험을 통해서 체득되는 학습을 제공하는 것이다. 우리는 학생들에게 1,200명 정원의 문과대학에서 일반적으로 제공하는 교육의 틀을 넘어서는 경험을 제공하려고 애쓰고 있다. 학위를 수여하는 과정으로는 현재 환경공학, 환경이론, 환경교육, 지속가능한 사업 및 공동체 개발 등이 개설되어 있다.

우리는 정규과정 외에도 학생들의 참여를 활성화하려고 힘쓴다. 우리가 개설한 환경관련 과정에 나오는 학교 이사들에게 건의할 수 있는 기회를 제공하는 등 그들에게 보다 큰 책임을 느낄 수 있도록 하기도 한다. 학생들의 건의사항 중에서 실제로 받아들여진 안건은 쓰레기 관리실과 재활용 사무실을 만들자는 것이었다. 현재 교내시설관리부서 산하에 설치되어 있다. 이의 연장선 상에서 추진했던 프로그램은 이제 학교 내 모든 카페테리아에서 배출되는 음식물 쓰레기를 퇴비화하도록 만든다는 목표를 향해 움직이고 있다. 에너지 보존을 위한 조치들과 학교 전체적으로 운영되는 재활용 프로그램들 또한 자리를 잡은 상태인데, 예전 학생들이 미리 공을 들인 결과이다.

공동체 끌어안기

우리 센터를 전국의 다른 환경교육 과정과 차별화시키는 것이 있다면, 그것은 우리가 우리 학교의 학부생들 외에도 지역 주민들을 교육시키려고 노력한다는 점이다. 우리는 가능한 넓은 지역에서, 가능한 많은 다양한 사람들이 찾아오도록 하기 위해서 노력한다. 다 년간 우리 프로그램을 거쳐간 사람들은 이미 상당한 수에 달한다. 사람들의 사고방식을 바꾸어서 그들이 지구에 주는 부담을 줄이는 방향으로 노력하게 만드는 것은 결코 간단한 일이 아니었다. 특히나 전통적으로 보수적인 성향을 보이는 이 지역에서 말이다. 우리는 상당한 성과들에 대해서 우리가 노력한 결과물이라는 자부심을 가진다.

변화를 위한 촉매제가 되기 위해서 센터는 강연회, 토론회, 학회 등의 행사를 일 년에 8~10회 정도 주관한다. 특정 이슈에 공동체의 적극적인 참여를 유도하고자 할 때는 대화의 선봉에 설 수 있는 외부전문가들을 초빙해 온다. 우리는 단지 교육하는 수준을 넘어 실천을 이끌어내는 촉매제의 역할을 수행한다.

예를 들어, 우리는 과거 2006년에 지역에 환경적 영향을 미치는 계획이라면 어떤 것이든 받아들일 수 없다고 하는 어느 한 지역의 운영위원들을 대상으로, 랜달 아렌트$^{Randall\ Arendt}$를 초빙해서 그의 전문성과 지도력을 빌리기로 했다. 그는 자연보호 계획 수립 및 자연보호의 전제 하에 추진하는 개발의 전문가이다.

그의 혁신적인 계획들은 '녹색이 두 배$^{twice\ green}$'라고 표현하는데, 그가 주도하는 개발이 환경적인 측면과 경제적인 측면을 모두 만족시키는 방향으로 이루어지기 때문이다. 아렌트는 하루 과정의 워크숍을 진행했고, 그 지역의 공동체 활동을 계획하고 지도하는 인사들의 참석율도 꽤 높았다. 그 워크숍 이후 2년이 지난 어느 시점, 개발계획에 목청껏 반대 의사를 표명했던 운영위원이 아렌트가 제시했던 내용을 거의 차용한 듯한 계획을 발표했다. 이 운영위원은 다음과 같이 말했다고 한다.

"나는 자연보호와 함께하는 개발이라는 이 개념이 정말 좋습니다."

또 다른 경우로, 나는 오랜 기간 동안 개발업체 등의 기업들과 연계하기 위해 많은 노력을 기울였다. 우리가 가진 교육적 자산이 그들이 주도하는 변화를 바람직한 방향으로 이끌 수 있기를 기대했기 때문이다. 이때 건설 도급업자나 개발업자들이 워크숍에는 나오기를 꺼리지만 고급 레스토랑에서 열리는 만찬 초대에는 기꺼이 응한다는 것을 알게 되었고, 은행의 후원을 받아 코스 음식이 나오는 정찬 모임을 주최했다. 거기서 많은 개발업자들이 녹색건물을 원하지만 관료주의적인 규제에 막혀서 진행에 어려움이 있다는 것을 알게 되었다. 그렇게 해서 우리는 도시 설계자들 및 개발업자들을 모아서 원탁회의를 진행했고, 새로운 계획을 승인받을 때 생기는 어려움을 어떻게 해결해야 할지 모색했다.

비록 미국인들이 즉각적인 결과를 내라고 아우성쳐대는 경향이 있지만, 16년이 넘는 센터에서의 경험으로 씨를 뿌린다고 해서 바로 열매가 맺지 않을 수도 있다는 것을 배웠다. 하지만 이러한 이슈들에 관해서도 친분관계 및 인간관계를 발전시킬 수 있는 충분한 시간을 허용해주기만 한다면, 그 최후에 얻는 결과는 만족스러울 수 있다.

센터가 우리가 속한 사회를 변화하는 촉매체로서 초기에 거둔 성공사례 하나는, 샐리버리 시정부와 그린웨이 프로그램을 발족하기로 하고 협력관계를 맺은 것이다. 우리의 전략은 선형의 공원을 만들어 휴식도 가능하고, 이동을 위한 통행로로 활용할 수도 있고, 자연관찰 시설로 도시를 둘러치는 효과까지 내도록 하자는 것이었다.

우리는 먼저 위원회를 만들었고, 이후 프로젝트를 현실화 하는 데 5년을 소요했다. 필요한 정보 및 자원에 접근권한을 얻어내면서, 시 정부에 자금지원을 요청하기 전에 우리선에서 가능한 지원금도 확보해 놓았다. 이렇게 구체적인 진행상황이 있어야만 반대가 생활화된 사람들의 시선에도 무사할 수 있으리라는 판단 하에 전략적으로 움직인 것이다. 일단 그린웨이가 들어서면 어떤 점이 좋은지 실체적으로 경험하게 될 것이고, 아무도 이 놀라운 녹색자산을 해체하고 싶어하지 않을 것이라는 것이 우리의 판단이었다.

센터가 도화선이 된 성공사례의 또 다른 예는 지역 내 나무의 진정한 가치를 연구하도록 조직한 것이다. 이를 위해서 우리는 위성자료를 이용해서 연구를 진행할 수 있는 단체와 사람들을 한데 모았다. 연구팀은 사진 상에 보이는 나무꼭대기마다 금전적 가치를 가늠할 수 있었고, 우리가 가진 나무 자원들의 실제적인 가치를 수량화해서 기업관계자들 및 그 외의 사람들에게 제시할 수 있었다. 이 프로젝트는 우리가 현재 진행하고 있는 맑은 공기 만들기라는 프로그램과도 밀접하게 관련되어 있다.

우리 가족이 여름을 나던 오두막집이 지어진 후로 200년 동안 세상은 엄청나게 변했다. 우리가 지금 살고 있는 기술문명의 세상은 우리를 자연으로부터 떼어 놓고, 우리에게 말을 걸어 오고, 하나님의 피조물을 돌봐야한다고 속삭이는 우리 내면의 소리를 외면하게 만든다. 기술이 만들어내는 복잡함, 영상, 소리, 온갖 정신을 산만하게 만드는 것들이 우리가 단순한 메시지에 귀기울일 수 없게 만든다. 하지만 우리는 어느 때보다도 그 단순함이 필요하다.

인구, 식량, 에너지, 물, 그리고 갈수록 정도가 심해지는 환경오염물질들과 연관된 복합적인 문제들로 인해서, 다가올 25년 동안은 매우 힘든 도전에 직면하게 될 것이다. 우리가 지구 상에서 생존하는 방식에 변화는 반드시 필요하다. 그리고 그 변화는 이 행성이 허물어지는 속도를 따라잡을 수 있어야만 한다.

변화를 위한 촉매제

우리 센터와 같은 센터들이 긍정적인 변화를 위한 촉매제의 기능을 하고 있다. 우리는 공동체들을 이끌어서 그들로 하여금 생태면적을 줄이기 위해 노력하게 만드는 핵심적 역할을 수행한다. 우리는 학생들과 시민들 모두 변화하는 세상에 대처할 수 있도록 돕는다. 세상은 한때는 예측가능했으나 더 이상은 그렇지 않고, 환경 악화는 모든 사람들의 삶에 영향을 미치고 있다. 각 센터는 공동체 구성원들이 변화의 흐름을 읽도록 돕고,연계를 모색하도록 보조하며, 이슈가 발생하면 근본적인 원인을 찾기 위해 이면을 살펴볼 수 있도록 안내해 준다.

우리 센터는 특정한 이슈를 부각시키지 않는다. 대신에 공동체가 전면적인 각성을 통해 실천에 나서도록 격려한다. 이런 방식으로 접근했을 때 최대의 사람들과 공감할 수 있다. 우리는 전통적으로 환경문제에 민감하지 않았던 사람들의 참여가 가능할 수 있도록 하는 통로의 기능을 하고 있다. 그리고, 그런 통로가 되기 위해서는 몇 가지 해야할 일들이 있다.

첫째, 공통점에 촛점을 맞춰서 이야기를 이끌어야 한다. 둘째, 그들이 실천하는 행동을 했을 때 그들을 둘러싼 세상에 미치게 될 영향을 명확히 짚어 주어야 한다. 마지막으로, 그들이 우리가 희망하는 방향으로 변화를 만들어가기 위해 필요한 도구를 우리가 만들어 주어야 한다.

사람들이 지구 지킴이가 되도록 격려하기 위해서는 각 개인들의 시작지점이 모두 다르다는 것을 유념할 필요가 있다. 내가 그랬던 것처럼 어떤 사람들은 자연과 보다 밀접하게 연결되어 있다. 어떤 이들은 지구와 강한 결속을 느끼는 풍부한 경험을 가지고 있다. 그렇지만 그런 행운을 가지지 못한 다른 사람들도 있다.

단순한 메시지

그렇다면 이렇게 다양한 세계관을 가진 사람들에게 어떻게 이야기를 걸고, 또 우리가 지구에 주는 부담을 줄일 필요가 있다는 단순한 메시지를 따르도록 할 수 있을까? 어떻게 하면 우리와는 다른 사람들, 때로는 전면적으로 다른 사람들이 생각을 바꿔서 우리가 추구하는 변화의 흐름에 동참하게 할 수 있을까?

자연과의 조용하고 사색적인 소통들을 통해서 우리가 전달받는 메시지는 천천히 생각해서 맞추어야 보이는 메시지이다. 우리는 자연의 각 구성요소들이 마치 퍼즐 조각들처럼 서로 꼭 들어맞는다는 것을 깨닫는다. 이것은 우리도 지구 생태계가 작동하는 순리에 따라서 살아가야 한다는 메시지이다. 일부의 사람들은 퍼즐을 다 맞추고 그 메시지를 읽어낸다. 하지만 다른 사람들은 여전히 퍼즐을 맞추는 중이다.

나는 오늘날의 모든 젊은이들이 나처럼 자연과 어울리며 교감하는 경험들을 가질 수 있기를 바란다. 우리는 우리와는 세계관이 다른 사람들에게도 다가가야만 한다. 그들이 어디에 있든지 꼭 만나서 모든 조각들이 어우러져서 완벽해지는 것을 볼 수 있도록, 그리고 지구에 부담주지 않는 삶이 우리가 선택할 수 있는 유일한 길임을 볼 수 있도록 도와주어야 한다.

인구, 식량, 에너지, 물,

그리고 갈수록 정도가 심해지는 환경오염물질들과 연관된

복합적인 문제들로 인해서, 다가올 25년 동안은

매우 힘든 도전에 직면하게 될 것이다.

우리가 지구 상에서 생존하는 방식에 변화는 반드시 필요하다.

그리고 그 변화는

이 행성이 허물어지는 속도를 따라잡을 수 있어야만 한다.

Part Three

Policies

소박한 미래

정책이 변화하기 위해서는
조직적인 집단행동이 필요하다

사회 변화를 말할 때 개인적인 변화와 정책적 변화 중에 어느 쪽이 더 중요한지 논쟁이 일어나곤 한다. 하지만 의미없는 논쟁일 뿐이다. 우리는 둘 다 필요하다. 정책변화가 없이는 진정한 변화가 이루어졌다고 볼 수 없다. 예를 들어, 모두에게 4주의 휴가를 보장하도록 정책적으로 명시하지 않는다면, 경쟁력을 높이겠다고 휴가가 1~2주에 그치는(혹은 전혀 없을 수도 있다) 사업체가 분명 어딘가에서 나올 것이다.

그래서 정책이 중요하다. 하지만 개인적 변화가 없고서는 정책변화는 기대할 수 없다. 개인적 변화들은 조직적인 집단행동의 바탕이 된다. 그리고 우리가 정부에게 정책적 변화를 위한 압력을 행사하기 위해서는 조직적인 집단행동이 필요하다. 예를 들어, 여성들이 개인적으로 변화된 삶을 추구했을 때, 전체적인 여성의 삶이 변화되었다. 그들은 페미니스트가 되었고, 여성들의 권리를 위해서 싸웠다. 따라서 우리는 개인적 변화와 정책변화 둘 다 필요하다. 하지만 개인주의로 무장한 미국인들은 이를 이해하는 데 매우 느린 행보를 보인다.

한 가지는 분명하다. 우리가 대기업을 규제에서 풀어줄 때마다, 이윤추구를 위해서라는 미명하에 어떠한 대가든 감수하도록 해줄 때마다, 지나치게 큰 권력을 소수의 손에 맡길 때마다, 경제는 거꾸러졌다. 우리의 경제정책들은 반드시 최대 다수의 최대 행복을 지원해야 한다. 그렇지 않으면 고삐 풀린 이윤 추구가 지구와 그 안의 사람들을 파괴하게 될 것이다.

이 책에 참여한 저자들 대부분이 정도의 차이는 있지만 경제 위기, 기후변화, 개인의 행복 등과 관련한 정책에 대해서 논의했다. 나는 이들이 소박함으로 대변되는 문화를 건설하려고 노력한다고 생각한다. 그 안에서는 모든 사람들이 좀 더 소박하게 산다. 소비를 줄이고, 일하는 시간을 줄이고, 인생에서 보다 중요한 것들을 위한 시간을 내면서 말이다. 그런 차원에서 노동시간을 줄이고, 빈부격차를 해소하며, 녹색경제를 지원하는 정책들이 필요하다. 우리에게는 공공선을 장려하는 정책들이 필요하다.

우리는 사람들의 행동에 변화를 가져올 수 있는, 그래서 그들의 가치체계를 변화시킬 수 있는 정책들이 필요하다. 예를 들어, 사람들은 정부 정책으로 평등을 보장해 줄 때 공공선에 대해 고려하게 된다. 그렇지 않으면 누구나 자신들에게 이익이 되는 정책만을 원할 것이다. 사람들이 원칙 없이 이윤을 추구하도록 허용하고, 대기업들이 규제를 벗어나도록 놔둔다면 극악무도한 사회가 되고 말 것이며, 평등과 복지는 파괴되어 버릴 것이다.

이 책의 저자들이 언급하는 정책들은 굉장히 중요하다. 정부가 이런 정책들을 통과시키도록 압력을 행사하는 데 힘을 보태는 일은 개인으로서 가장 보람 있는 행동이 될 것이다. 우리는 궁극적으로 그러한 정책들을 수립하기 위해 노력하면서 자신이 가진 힘을 깨달을 수 있고, 전인체로서의 자신을 돌아보며 자부심을 키울 수 있을 것이다. 소비만능주의에서는 찾아볼 수 없는 자질들이다. 자존감이 있는 사람은 쇼핑몰을 기웃거리길 원하지 않는다.

모든 변화는 서로 연결되어 있다. 내가 좋아하는 루즈벨트 대통령의 일화가 있다. 시민들이 무리지어서 다가와 그에게 어떤 아이디어를 제시하면, 그는 이렇게 말했다고 한다.

"전적으로 당신들의 의견에 동의합니다. 이제 가서 내가 그 일을 추진할 수 있도록 나를 닦달해 주십시오."

세실 앤드류스

한 가지는 분명하다.

우리가 대기업을 규제에서 풀어줄 때마다,

이윤추구를 위해서라는 미명하에

어떠한 대가든 감수하도록 해줄 때마다,

지나치게 큰 권력을 소수의 손에 맡길 때마다,

경제는 거꾸러졌다.

빌 맥키븐은 환경운동가이자 저술가이다. 지구
온난화, 대체에너지, 인간을 대상으로 한 유전공
학이 가져올 위험 등을 주제로 많은 글을 발표
하고 있다. 2006년 여름부터 그는 지구온난화를
반대하는 시위를 이끌어냈는데, 이는 미국 역사
상 가장 규모가 큰 시위였다. 2007년 1월부터는
StepItUp2007.org를 설립해서, 2050년까지는 지
구온난화의 원인이 되는 오염상황을 80퍼센트
까지 감소할 수 있도록 탄소배출량을 규제하는
억제책을 법제화할 수 있도록 의회에 요구하고
있다. 그의 저서로는 《Hope, Human and Wild》
와 《Deep Economy: The Wealth of Communi-
ties and the Durable Future》가 있다.

지속가능한 성장인가 ;
성숙한 경제

Bill McKibben

　세상에서 가장 광범위하게 지지를 받는 생각이 있다면, 그것은 '경제의 지속적인 성장'일 것이다. 비록 지금 세상이 흘러가는 모습을 볼 때는 의아한 일이지만, 경제적 팽창이라는 개념은 사실 비교적 매우 새로운 아이디어이다.

　대공황의 시기에 루즈벨트 대통령은 주기적으로 미국은 경제적으로 충분히 성숙했기 때문에 더 이상의 확장은 없을 것이라고 했다. 그는 미국은 이미 너무 많은 공장들을 보유하고 있고 필요한 모든 것들을 생산해내고 있으며, 사실은 넘치게 생산하고 있다고 말했다. 그 반대로 그의 대선 경쟁상대였던 후버는 과학자들에게 유망한 발명품들이 수천 건이나 되어서 자본이 투자되기만을 기다리고 있다고 주장했다. 비록 후버가 선거는 떨어졌을지 모르지만, 이 점에 있어서는 후버가 승자였다. 그는 확실히 뛰어난 예지력을 보여주었다.

2차세계대전의 말엽에 우리는 엄청난 물량이 쏟아지는 풍요의 시대를 맞이하게 되었다. 1963년에 린든 존슨 대통령은 백악관에 입성하면서 다음과 같은 말을 하기도 했다.

"우리가 할 수 없는 일이 있다고 말하는 사람들이 정말 짜증스럽습니다. 우리는 세계에서 가장 부유하고 힘이 있는 나라에 살고 있습니다. 우리는 무슨 일이든 다 할 수 있습니다 …… 우리가 그에 대한 믿음이 있다면, 모든 일이 가능합니다."

그 혼자만이 이런 생각을 한 것은 아니었다. 흐루시초프는 이렇게 천명했다.

"산업생산성과 농업생산성의 성장이 공성 망치가 되어서 자본주의체제를 박살내게 될 것이다."

하지만 그때에도 보려는 마음만 있었다면 이미 드리워진 어두운 전조를 볼 수 있었을 것이다. 불타오르는 강이며, 매연이 자욱한 도시 풍경은 급속한 산업성장의 폐해로 인한 것이었다.

1972년에 세 명의 MIT 연구원들은 자신들이 '성장의 한계Limits to Growth'라고 명명한 일련의 컴퓨터 관련 전망들을 발표했다. 그 내용을 보면, 규제없이 진행되는 확장으로 우리가 보유한 자원이 고갈되어버릴 것이라는 전망을 담고 있다.

1년 후에는 영국의 경제학자 E.F.슈마허가 《작은 것이 아름답다Small is Beautiful》라는 베스트셀러를 발표했다. 1979년에는 사회학자 아미타이 에치오니AmitaiEtzioni가 카터 대통령에게 미국인의 30퍼센트만이 성장을 지지하며, 31퍼센트는 성장에 반대하고, 39퍼센트는 어느 쪽도 선택하지 못했다는 조사결과를 보고했다.

에치오니는 양극이 그렇게 대등하게 공존하는 상황은 '불안과 긴장 때문에 사회가 안정적으로 유지되기 힘들 것이다'라고 전망했고, 로널드 레이건이 등장해서 이를 증명해 주었다. 역자 주: 카터 행정부가 실각했다.

레이건은 우리에게 한계는 없고, 오직 번영만이 있는 '미국의 아침'이 왔다고 확언했다. 오늘날 진보주의 진영과 보수주의 진영의 대표인사들은 누가 경제를 더 달리게 할 수 있을지 질문해대느라 경쟁하고 있다. 클린턴의 재무장관이었던 래리 서머스는 클린턴 정부가 '미국 경제 성장에 속도제한을 가하려는 어떠한 시도도 받아들일 수 없고, 앞으로도 그럴 것이다. 경제를 가능한 급속하게, 지속적으로, 총체적으로 성장시키는 것이 경제정책의 임무이다'라고 선언했다. 한 마디로 바보같은 말이다.

세 가지만 지적하도록 하겠다. 첫째, 비록 경제가 지속적으로 성장한다고 하더라도 우리들 대부분이 더 부자가 되지는 않는다. 실제적인 통화가치에서 따져봤을 때, 오늘날 미국의 평균적인 급여는 30년 전과 비교해서 더 낮은 수준이다. 대학을 졸업한 사람들을 대상으로 따져보아도 2000년에서 2004년 사이에 노동생산성은 비할 바 없이 증가했지만 인플레이션을 반영한 소득은 5.2퍼센트 감소했다. 지구촌 전역에서 유사한 상황이 발생하고 있다. 지난 십 년 동안 60개국이 넘는 나라에서 1인당 국민소득이 감소했다.

두 번째 문제점은 석유 가격이다. 석유매장량이 급격히 줄어들고 있는 결과로 유가는 끝없이 상승하고 있다. 그런데 석유야말로 경제성장의 원동력이 되는 원자재라고 할 수 있다. 석유 덕분에 우리는 노예부대를 거느린 것과 마찬가지의 편안하고 윤택한 삶을 누리게 되었다. 그런데 석유가 바닥을 보이고 있다. 경제학자들은 이 문제에 대해서는 어떻게 대처해야 할지 갈피를 잡지 못하고 있다.

경제학자들은 정석적으로는 우리에게 어떤 물자가 부족하게 되면, 그에 대한 대체재를 개발하면 된다고 생각한다. 일반적으로는 통용되는 생각이고, 실제로 과거에 그런 예도 있었다. 크고 좋은 재질의 목재가 부족해지자 합판이 등장했다. 하지만 똑같은 법칙이 석탄, 석유, 천연가스 등에도 적용될 수 있을지는 분명치 않다. 이 경우에는 대체재를 발견하는 것이 결코 쉽지 않다. 비록 내가 우리집 지붕 위의 태양전지판을 좋아하기는 하지만, 그것들은 매일의 에너지를 모아들일 뿐이지, 수억 년 동안 축적된 에너지를 사용하는 것이 아니다. 화석연료는 일반법칙을 적용할 수 없는 예외적인 경우이다. 일회에 그치는 선물같은 것으로, 우리가 누리고 있는 성장의 밑거름이 되었지만, 다음은 없다.

이 문제는 세 번째 요점과도 연결된다. 우리가 현재의 행보를 유지하고 전 세계가 또한 미국의 발자취를 그대로 따른다면, 우리에게 바닥을 드러낼 자원이 석유 하나만은 아닐 것이다. 현재 중국경제가 성장하는 속도를 감안하면, 2031년이 되면 중국에서만 13억의 인구가 현재 미국의 수준으로 부유해질 것이다. 그때 중국인들이 지금 우리가 소비하는 정도의 식량을 소비하게 된다면, 그들은 일년에 13억 5천 2백만 톤의 곡물을 먹어치울 텐데, 그 양은 2004년 전 세계 곡물생산량의 3분의 2에 해당한다. 그들은 또 하루에 9천 9백만 배럴의 석유를 사용할 텐데, 그것은 현재 전 세계가 소비하는 양보다도 1천 5백만 배럴이 많은 양이다. 그들은 서구 전체에서 사용하는 것보다 더욱 많은 양의 강철을 사용할 것이고, 전 세계의 종이 생산량은 두 배가 되어야 할 것이며, 그들이 운전하는 차량은 11억대에 달할 텐데, 이는 현재 전 세계 차량의 1.5배에 해당하는 것이다. 그런데 이 모든 수치는 중국에 한정된 것이다. 그때가 되면 인도의 인구도 현재보다 더 많을 것이고, 경제규모 또한 중국에 못지 않게 빠른 성장을 보일 것이다. 거기에다 나머지 나라는 어떻겠는가?

지금의 정치체제나 경제 전문가들이 이러한 현실을 감당하기는 어렵다. 그들에게는 물적 성장 및 확장이 행복을 키우는 것과 동일한 것이기 때문이다. 하지만 최근 몇 년 동안 일부 연구자들은 세계가 그들이 알고 있던 것보다 더 복잡한 곳이라는 것을 깨닫고 모험적인 시도를 하고 있다. 그들은 개인이 아니라 두 명, 세 명의 무리로 접근하기 시작했다. 공동체라는 개념을 그들의 사유체계 속에 받아들이기 시작한 것이다.

전통적인 경제학자들은 인간을 일차적인 개인으로 파악하지, 공동체의 구성원으로 파악하지 않는다. 그렇다 보니 실제적으로 우리를 행복하게 만들어 주는 중요한 부분을 놓치게 된다. 하지만 자료가 말을 해준다. 너무나 명료하게 드러나서 수학적인 공식을 도출해낼 수 있을 정도이다.

종합적으로 말해서, 사람들 사이의 정이 돈보다도 우리의 안녕에 더 큰 기여를 한다. 《The Loss of Happiness in Market Democracies》를 저술한 예일대학교 정치학과 교수 로버트 E. 레인Robert E. Lane이 한 말이다.

이것에 대해 가난한 나라와 부자 나라 사이에는 두드러진 차이가 존재한다. 사람들 사이에 정은 넘치고 돈이 없는 경우에 사람들이 잘 산다고 느끼는 것에는 수입이 기여하는 바가 더 크다고 할 수 있다. 반대로 돈이 상대적으로 풍족하지만 사람들 간의 정이 부족한 곳에서는 정을 느낄 수 있을 때 더 잘 살고 있다고 느낄 수 있을 것이다.

당신이 중국에 사는 가난한 사람이라면 당신 주변에는 가족과 친구가 넘쳐날 것이다. 아마도 네 명의 다른 사람들과 방을 같이 쓰고 있을 수도 있다. 한 사람이 더 들어온다고 해서 당신이 더 행복해지지는 않을 것이다. 다섯이 함께 고기를 구워먹을 만한 돈이 더 생긴다면, 분명 기분이 아주 좋아질 것이다. 반대로 당신이 미국의 어느 교외에 거주하고 있다면, 커피메이커를 한 대 들여놓는다고 해서 당신이 느끼는 행복감에 그다지 영향이 있지는 않을 것이다. 오히려 어디다 두어야 할지, 제대로 좋은 제품을 고른 것인지 등을 고민하느라고 전체적인 만족도는 떨어질 수도 있다. 하지만 새 친구나 새로운 인연이 생기는 것은 아주 대단한 사건이다. 과도한 개인주의로 서로 간의 정이 메마른 사회에서 인간관계는 훨씬 더 가치 있는 것이다.

우리는 공동체 생활을 하도록 유전적으로 프로그램 되어 있다. 생물학자 에드워드 O. 윌슨Edward O. Wilson이 발견한 바에 의하면, 대부분의 영장류들은 단체 속에서 생활하고 동료들과 헤어지면 슬픔을 느낀다.

"한 마리만 고립시켜 놓으면 다른 보상 없이 다른 원숭이를 잠깐 볼 수 있게 해놓은 장치의 손잡이를 반복적으로 잡아당긴다."

사람들은 왜 그렇게 대학시절을 되돌아 보고, 살면서 가장 좋았던 시절로 기억하는 걸까? 그들이 받은 수업이 너무나 인상적이고 훌륭했었기 때문에? 아니면 대학시절이야말로 우리가 공동체 속에서 사람들과 보다 친밀하고 깊이 있는 교류를 나눈 시기이기 때문일까?

정신건강을 측정하는 모든 지표는 같은 결론을 가리킨다.

사람들은 결혼을 한 상태이고, 좋은 친구들이 있고, 가족들과 가깝게 지내는 경우 그렇지 않은 경우보다 행복하다.

스워스모어 대학 교수인 심리학자 배리 슈와르츠Barry Schwartz의 말이다. 그는 이 사실이 놀랍다고 말하는데, 이유는 사회적인 유대가 선택의 자유를 감소시키기 때문이다. 좋은 친구 노릇을 하기 위해서는 희생이 따르기 때문이다.

공동체 안에서 더 행복하다는 것은 그저 우리의 생각일까? 감상적인 반응에 지나지 않는 것일까? 그렇지 않다. 우리의 신체도 반응을 보이고, 다양한 방법으로 측정이 가능하다. 하버드대학교의 로버트 퍼트넘Robert Putnam 교수가 그의 책《Bowling Alone》에서 인용한 연구결과에 따르면, 현재 아무런 연고가 없는 사람은 아무 모임이나 단체에 가입함으로써 다음 해에 죽을 수도 있는 위험을 절반이나 줄일 수 있다고 한다.

카네기멜론대학교의 연구원들이 감기바이러스를 피실험자들의 콧구멍에 직접 넣는 실험을 했는데, 사람들과의 관계가 활발한 사람들의 경우 감기를 피할 확률이 4배나 높았다고 한다. 개인주의가 판치는 경제는 우리를 근본적으로 약화시키는 셈이다.

마음에 새겨둘 만한 통계자료가 하나 더 있다. 소비자들은 직거래 장터에서 거래를 하는 경우 수퍼마켓에서 물건을 구입할 때보다 10배나 많은 대화를 나눈다고 한다. 그 자체만으로 인생을 바꿀 만한 일은 아니지만 중요한 것을 알게 해준다. 어떤 경제환경에서는 당신이 소비자이면서 능동적인 참여자가 될 수도 있다. 당신이 사는 세상에 어떤 사람들이 같이 살고 있는지 그리고 어떻게 같이 어우러져 사는지를 엿볼 수 있다. 동시에 지역농업은 에너지 사용량도 적다. 그것도 매우 큰 차이로. 유가는 나날이 고공행진 중이고 기후변화가 진행되고 있는 현실에 비추어 볼 때, 그 차이는 충분히 고려해 볼 만하다.

그러니 이제 어떻게 하면 좀 더 지속가능한 경제로 전환할 수 있을지 상상해 보자. 변화를 유도하는 정부 정책을 생각해 볼 수 있겠다. 기업식 농업에 흘러들어가는 보조금을 없애는 대신 영농인들을 육성·지원하고, 석유거래를 보호하는 데 드는 비용의 극히 일부라도 돌려서 풍력발전소에 드는 비용으로 충당하고, 원거리 배송 상품에 관세를 부과할 수도 있다. 고속도로에 들이는 돈을 근무지 인근에서 살 수 있도록 해주는 프로젝트에 사용하도록 할 수도 있다(출퇴근 시간을 줄이면 아이들과 보낼 수 있는 시간을 벌게 된다).

이러한 생각들을 그저 감상적이지 않다. 정말 감상적이고 과거지향적인 일은 우리가 그저 익숙하다는 이유만으로 기존의 방식을 고수하고 것이다.

공동체 안에서 더 행복하다는 것은

그저 우리의 생각일까?

감상적인 반응에 지나지 않는 것일까?

그렇지 않다.

우리의 신체도 반응을 보이고, 다양한 방법으로 측정이 가능하다. 하버드대학교의 로버트 퍼트넘^{Robert Putnam} 교수가

그의 책 《Bowling Alone》에서 인용한 연구결과에 따르면,

현재 아무런 연고가 없는 사람은 아무 모임이나 단체에 가입함으로써

다음 해에 죽을 수도 있는 위험을 절반이나 줄일 수 있다고 한다.

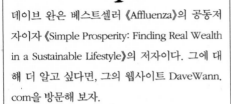

데이브 완은 베스트셀러 《Affluenza》의 공동저
자이자 《Simple Prosperity: Finding Real Wealth
in a Sustainable Lifestyle》의 저자이다. 그에 대
해 더 알고 싶다면, 그의 웹사이트 DaveWann.
com을 방문해 보자.

이 세계는 왜 지속가능하지 않은가 ;
소박하게 살아야 하는 이유

Dave Wann

만약에 아주 많은 사람들이 조국을 위해서 죽기를 각오할 수 있다면, 어째서 조국을 위해 이기적인 마음을 버리고 사는 것을 겁내는 걸까? 어째서 우리는(우리를 포함한) 살아있는 생명체들의 안녕보다 편리함, 크기, 속도 등에 더 높은 가치를 두는 것일까? 앞으로 우리가 직면한 전 지구적 규모의 많은 도전은 큰 틀에서의 사회 및 정신적 변화를 요구하게 될 것이다.

우리는 사는 곳, 일하는 방식, 먹는 것에 이르기까지 삶의 패턴을 바꿀 필요가 있다. 하지만 문화적 타성과 소비하는 즐거움에 빠져서 그저 살던 대로 계속 살면 되지 않을까 하는 비현실적인 희망을 놓지 못하고 있다. 만약에 우리가 형광등으로 갈아끼고 장보기용 천가방을 사용한다면 우리가 지구와 새로운 관계를 설정해야 할 필요를 피할 수 있을까? 우리가 전기차, 초효율적인 건물, 거대한 풍력발전단지 등의 새로운 기술들로 무장하게 되면 일단은 괜찮을 것이라고 희망적인 관측을 하기도 한다. 이것으로 충분한 것일까?

그렇지 않다. 생활습관을 바꾸고 비약적 기술을 도입하는 것도 물론 중요하고 시급한 일이다. 하지만 그것만으로는 충분하지 않다. 우리가 온통 편의적이고 에너지 소모적인 생활방식을 고수하는 한, 우리의 문명은 지구를 위험에 빠트리고 스스로도 자멸을 향해 갈 수밖에 없다. 우리가 생활 편의를 위한 온갖 잡동사니 도구들과, 공장에서 영양은 아랑곳없이 음식들을 만들어내느라고 생태계에 대한 약탈을 지속하는 한 우리는 계속해서 대량의 이산화탄소를 배출하게 될 것이다.

자원이 바닥을 드러내고 자연에도 한계가 있다는 현실을 바꿀 수는 없다. 우리가 바뀌어야만 한다. 소비자 문화는 효율성과 내구성을 높이도록 보상체계를 마련하고 과소비에 대해서는 처벌하는 가치지향적 정책들을 시급히 도입해야만 한다. 우리는 잘못된 습관들을 깨트릴 수 있도록 확실한 가이드라인을 설정하는 데 있어서 너무나 미흡한 모습을 보이고 있다. 1980년에서 1990년 사이에는 차량 효율성을 높이도록 의무화 함으로써 석유소비량을 안정화시켰다. 하지만 제멋대로의 미국인들은 더 크고 더 힘이 좋은 차를 선호해서 결국 효율성을 높여서 얻은 효과를 무력화시키고 석유수요를 증가시켰고, 이것이 휘발유 가격 상승의 주요원인이 되었다.

가전제품들도 꾸준히 성능이 개선되고 있지만, 대형 TV와 컴퓨터와 플레이스테이션 등 새로운 전자제품들의 등장으로 새로운 수요가 발생함에 따라 그 절감효과는 전체적인 전력소비량을 감소시키는 데는 역부족이다. 가정 내 평균 전력소비량은 지붕에 태양전지판을 설치해서 충당할 수 있는 수준을 넘어서고 있다. 사실 태양열, 풍력, 지열 등의 재사용 가능한 에너지는 중용과 절제가 있는 경제에는 필요한 동력을 충분히 제공할 수 있다. 단지 과잉소비를 장려하는 경제를 떠받칠 만큼은 되지 못할 뿐이다.

1950년 이래로 평균적인 미국가정의 상황을 보면, 주택 크기는 2배로, 1인당 비행거리는 3배로, 1인당 육류 소비량 또한 2배 이상 증가했다. 1975년 이래로 플라스틱 물병의 사용량은 20배 이상 증가했다. 미국인들은 잘못된 인식을 바탕으로 건강과 멋과 청결함을 추구하면서 이러한 소비를 부추겼다. 쓰레기를 양산하는 일회용 포장, 유지하기 까다로운 잔디밭, 상점들이 없는 교외 주택단지, 비행기로 실어나르는 수입상품들에 이르기까지, 에너지를 게걸스럽게 먹어치우는 우리의 생활행태를 개선하지 않는 한 지속가능한 사회를 건설할 수 없다. 단순히 현재 사용하는 연료의 대체제를 구하거나 신기술을 도입한다고 해서 열병과도 같은 과잉생산과 과잉소비의 폐해를 근절할 수는 없다. 오직 '충분한'과 '성공'이라는 단어의 뜻을 되새기고 새롭게 정의한 후에야 우리는 우리 사회를 보다 건강하고 바람직한 방향으로 이끌어 갈 수 있을 것이다.

데니스 쿠시니치Dennis Kucinich 하원의원은 최근 지위는 소비정도가 아니라 봉사수준에 기반해야 한다고 제안했다. 이 제안을 사회적 목표로 채택할 수 있다면 현재의 파괴적인 우리 경제체제를 본질적으로 바꿀 수 있을 것이다. 그런 새로운 경제체제에서라면 우리도 자연이 필요로 하는 것을 고려하고 자연이 제공할 수 있는 것들에 맞춰 가며 보다 자연에 부응하는 방식으로 대응할 수 있을 것이다.

예를 들어, 지구온난화에 대처할 수 있는 가장 효과적인 방법은 수백만 그루의 나무를 심는 것이다. 하지만 나무를 심으려는 다양한 노력들은 결실을 보지 못했는데, 이유는 나무가 충분히 성장하도록 돌보는 데 실패했기 때문이다.

우리는 너무나 바쁜 일정으로 자연에 대해서 배울 수 있는 시간이 없었다. 하지만 이제는 이 바쁜 일정을 타파해야만 할 것이다. 우리가 자연을 그저 빛깔 좋은 뒷배경으로 여기거나 원자재를 얻을 수 있는 창고로만 취급한다면, 우리가 후세에 남기게 되는 것은 황무지와 무생물들로만 채워진 폐허일 것이다.

우리의 이상적인 지향점인 자원을 적게 소비하면서 만족도는 높은 지속가능한 문화는 인간문명의 신진대사 속도를 늦추어야 가능하다. 예를 들면, 공산품들의 성능을 높여서 사용수명을 늘리는 것이다. 최종 목표는 벌들이 꽃에는 아무런 해를 끼치지 않으면서 꿀을 생산해내는 것과 같은 방식으로 상품과 서비스를 생산해내는 것이다.

역사학자인 아놀드 조셉 토인비Arnold Joseph Toynbee는 궁극적으로 성공한 문명들은 '점진적 단순화 법칙law of progressive simplification'을 따른다고 보았다. 내용은 그러한 문명들은 문화적으로 풍부해지면서 물질적으로는 담백해진다는 것이다. 덴마크와 코스타리카와 같은 나라들이 이미 해냈듯이, 미국도 새로운 지도력 하에 그러한 전환을 이룰 태세를 갖추었다. 삶의 질을 양에 우선하는 지속가능한 경제 내에서, 우리는 좋은 제품을 쓰되 사용량을 줄이고, 전체적인 물질의 이동 및 배출량을 감소시키며, 과정에서 감사하며 사는 마음을 키우게 될 것이다.

쇠퇴하고 있는 문명의 징후

- 자원 보유량이 떨어지고, 쓰레기 및 오염물질은 쌓여간다.
- 자원과 자본이 이전에는 자연에서 무상으로 제공해 주었지만 이 제는 더 이상 쓸 수 없는 기능 및 서비스를 보충하는 데 쓰인다.
- 존재량이 드물고, 원거리에 위치하며, 더 깊숙히 매장되어 있거나 농도가 낮은 자원까지 손을 뻗는다.
- 생태계에 혼란이 가중되고, 자연 재해가 자주 발생한다.
- 군대와 산업계에서 자원을 획득하고 지켜내기 위해 요구하는 자본, 자원, 노동력이 갈수록 증가한다.
- 교육, 의료, 보호시설 등 인적 자원을 위한 투자가 당장 시급한 소비항목이 안보의 필요, 부채 삭감 등의 이유로 지연된다.
- 공적부분의 필요성 및 민주주의에 대한 존중이 사라진다.

미국적인 삶의 방식은 최대한의 소비와 '감수할 만한' 범위 내의 환경파괴를 바탕으로 설계되었음을 부인할 수는 없다. 하지만 지금 우리는 소비의 정점을 찍고 있고, 내리막길만이 기다리고 있다. 전 세계의 인구가 현재의 10분의 1에 불과했고 자원이 무한한 것처럼 보였을 때, 우리는 자원추출을 기반으로 한 기술, 새로운 개인주의적 자유, 소비지출로 돌아가는 경제를 만들어냈다. 그리고 누구나 근면·성실하기만 하면 물질적 부를 축적할 수 있다는 신화를 만들어냈다. 경제적 성장이라는 개념이 지배적인 주제로 자리잡았다.

그 신화는 너무 깊숙히 새겨져서 우리는 그 이념의 의미를 충분히 숙고하지 못한다. 실상은 세계경제가 성장하는 속도가 빠를수록 미약한 삶의 기반이 무너지는 시기도 빨라질 것이다. 미국인들이 현재의 생활방식을 고수할 때 이를 만족시키기 위해서는 1인당 평균 30에이커의 일등급 농지와 바다 면적이 필요하다. 국가 전체적으로는 90억 에이커가 필요하다. 이것은 미국 전체 면적의 3배 이상에 해당하기 때문에, 우리가 소비수준을 유지하기 위해서는 다른 나라들을 괴롭힐 수밖에 없다. 우리는 군사력에 더 많은 자본을 배분해야 할 것이고, 이를 위해 노동강도 및 노동시간을 늘리게 될 것이며, 결국 스트레스와 채무에 허덕이며 심리적인 불안감과 도덕적인 수치심도 감당해야 할 것이다. 우리는 또 9·11이나 카트리나나 부동산 거품의 붕괴 등과 같은 국가적 재난상황이 닥치면 필요하지도 않은 물건들을 애국적인 이유로 구매하도록 요구받는다.

물질적인 부가 아니어도 우리가 삶의 질을 측정하고 누리는 기준으로 삼을 만한 것들은 다양하다. 시간적 여유로움, 건강으로 인한 기쁨과 만족감, 다른 사람들과의 끈끈한 결속, 시민활동, 창조성, 친절함, 자립성, 안전성, 평화, 관대함, 지혜 등등. 하지만 이런 형태의 부유함은 우리가 밀려드는 일과 약속에 치여 살며 그 보상으로 물건을 사들이는 생활을 유지하는 동안은 무시되기 십상이다.

최근 여론조사들의 결과를 보면, 반이 넘는 미국인들은 휴가를 하루 더 쓸 수 있다면 하루치 봉급을 기꺼이 반납할 수 있다고 대답한다. 하지만 주 40시간 근무하는 규칙은 거의 깰 수 없는 성역이다. 네덜란드나 덴마크와 같은 나라에서는 40퍼센트에 달하는 인구가 시간제 근무를 하고 있지만, 차별금지법으로 보호받기 때문에 임금에 있어서 아무런 불이익은 없다고 한다.

전체 인구의 3분의 2에 해당하는 미국인들은 가능하면 작은 마을에 살고 싶다고 말한다. 비슷한 숫자의 사람들이 남 보란 듯이 장만한 집을 이웃환경이 좋은 중간크기의 집과 맞바꿀 용의가 있다고 한다. 하지만 적당한 작은 마을과 훌륭한 이웃 조건을 찾기가 어렵다. 실제로 많은 건축 및 도시계획 규제들이 다채로운 구성의 보행자 중심의 이웃환경을 설계하는 것을 불법으로 만들어 버린다. 차량 통행이 불편하다거나 '정상적인' 유형이 아니라는 이유에서이다.

하지만 정상에 대한 새로운 인식이 빠르게 자리잡아 가고 있다. 의심할 바 없이 미국인들은 환경문제에 대해 이제까지와는 다른 방향으로 대처하기를 원하고 있다. 미국인들 5명 중에 4명이 온실가스 배출량을 의무적으로 규제하는 것에 찬성한다. 10명 중에 9명은 자동차 연비 기준을 높이기를 원한다. 4명 중에 3명은 전기료가 조금 오르더라도 청정에너지를 사용하기를 원한다. 그리고 4명 중에 3명은 대중교통을 확충하기 위해 더 많은 공적 자금이 투입되는 것을 지지한다.

미국인들은 창조적이지 못하고 수동적인 우리의 일상에 피로감을 느끼고 있다. 심리학자 미하이 칙센트미하이Mihaly Csikszentmihalyi는 자신을 잊고 어느 순간 시간이 훌쩍 지나버리는 상태를 '몰입flow'이라고 부른다. 몰입하는 경험을 하게 되면, 우리는 재충전될 뿐만 아니라 기술도 늘고 자신감도 상승하게 된다. 순전히 행복해지기 위해서는 대중매체나 광고전문가들이 우리에게 제시해주는 삶의 모습을 수동적으로 따라가기보다는 우리가 직접 경험하고 삶을 설계해 나가야 한다. 우리는 몰입해서 일을 할 때도 있고, 여가 시간에 몰입해서 하는 일이 있을 수도 있다. 그렇게 몰입하게 되면 부자병affluenza은 저절로 치료할 수 있을 것이다. 우리가 매순간 자족하고 산다면, 소비욕구는 발붙이기 힘들어진다.

우리에게는 삶을 누리고, 아이들을 양육하고, 생활 속에 몰입할 거리를 찾기 위해서 더 많은 시간이 필요하다. 하지만 현재의 생활방식은 온통 시간을 다 빼앗아 가버린다. 전형적인 미국인은 일생 중 6개월을 신호등 빨간불을 기다리느라 보낸다. 8개월을 스팸메일을 열어보는 데 쓰고, 1년은 제자리에 없는 물건들을 찾아헤매느라 쓰고, 4년을 청소하는 데 쓰며, 5년을 줄서기에 보낸다. 그리고 이 모든 활동들은 충성스러운 소비자로서의 우리 모습과 관련되어 있다. 미국인들 중 단지 14퍼센트만이 2주 이상의 휴가를 쓰는데, 이유는 다른 127개국들과 다르게, 미국은 유급휴가제도가 마련되어 있지 않기 때문이다. 오스트레일리아는 법으로 유급휴가 4주가 보장되어 있고, 유럽의 경우는 4~5주를 보장하며, 일본의 경우에도 2주를 보장해 준다. 우리는 최악의 환경이다.

1930년부터 1985년까지 캘로그사는 근로자들에게 6시간 근무제를 시행했는데, 그들의 삶의 질이 괄목할 만하게 향상되었다. 매주 10시간이 넘는 시간을 재량껏 사용할 수 있게 되면서, 근로자들은 자신들이 거주하는 곳의 지역문화를 바꾸는 데 큰 역할을 한다. 배트 크리크와 미시간 지역이 좀더 활기차게 변했고, 학교들은 '생활의 기술'에 관한 수업을 도입하고, 학부모들도 학교활동에 참여하는 경우가 증가하고 있다. 공원, 주민센터, 스케이트장, 교회, 도서관 등의 지역공동체가 형성되어 활동하는 장소의 기능을 하고 있다. 켈로그의 근로자들은 그들의 삶의 추가 일에서 생활로 기울었다고 말한다. 그들의 시간에 무엇을 할 것인지가, 그들의 돈으로 무엇을 살 것인지보다 중요하게 되었다.

학습된 무력감과 순진한 낙관주의와 같은 사회적 습성들은 우리가 지속가능한 삶을 모색하는 길을 막는다. 정책들도 마찬가지로 시장이 효율성, 내구성, 재활용성 등을 추진하도록 하는 대신 오히려 지속가능성을 규제하고 있는 형국이다. 몇 가지 예를 들자면, 정부보조금이 재생가능에너지업체들이 아닌 석유 및 가스회사들에게 지급된다. 농업보조금도 대상작물 5가지는 지속가능한 농업이냐가 아니라 산출량이 얼마나 되느냐 하는 조건으로 선정된다. 연비효율성 기준을 높이는 일이 지지부진한 상황은 자동차 및 석유 산업에 혜택을 주는 것이나 마찬가지이고, 그들을 대신해서 운전자들이 징벌을 받는 꼴이다.

만약에 미국인들이 보다 지속가능하고 분별력 있고 만족할 수 있는 세상에서 살고 싶다면, 문화, 경제, 정책의 방향을 중용이 있는 새 시대로 적극적으로 이끌고 나아가야 할 것이다.

지속가능성을 장려하는 정책들

1. 미국의 소득세 제도는 소득에서 큰 몫을 떼어가면서 저축과 투자를 저해한다. (해결책 : 소득세율을 낮추고, 대신 탄소배출비율이 높은 연료 및 기술에 세금을 부과할 수 있다. EU 소속의 20개국이 넘는 나라에서 이미 도입하고 있다.)

2. 주 40시간 근무를 의무로 해놓았기 때문에 노동자들이 수입을 포기해서 자유시간을 늘릴 수 있는 선택의 여지가 없다. (해결책 : 많은 EU 국가들이 이미 실행하고 있는 것처럼 동일노동 동일임금을 법적으로 보장해 주어야 한다.)

3. 국가차원의 의료보험제도가 없기 때문에 의료혜택을 목적으로 원하지 않는 일에 종사하는 경우가 생긴다. (해결책 : 단일의료보험제도를 도입하고, 주력하는 방향성에 있어서도 치료 위주에서 예

방위주로 전환할 필요가 있다.)

4. 직장에서의 무료 주차는 운전자를 위한 혜택일 뿐이며 도보, 자전거, 카풀 등을 이용하는 사람들에게 아무런 보상도 해주지 않는다. (해결책 : 모든 고용자들에게 통근비를 지급해서, 차량을 사용하지 않을 경우 원하는 용도로 쓸 수 있도록 한다.

5. 유치원비 등에 대한 세금환급정책은 고용자들이 일을 줄이고 아이들을 돌보는 대신에 보육료를 지불할 때 혜택을 받는다. (해결책 : 아이 1명당 정해진 금액의 돈을 지급하고 그 용도는 부모가 선택할 수 있도록 한다.)

6. 쓰레기 배출에 대해 일괄적인 세금을 부과하는 정책은 애써 재활용할 필요를 느끼지 못하게 만든다. (해결책 : 쓰레기 배출량에 비례해서 처리비를 내도록 하고, 제대로 하면 비용을 절약할 수 있도록 해준다.)

7. 현재 음료수병에 관한 정책은 재활용에 대한 보상이 없다. (해결책 : 빈병 회수를 의무화 하도록 법제화 한다.)

8. 드문드문 넓게 퍼져 있는 교외지역은 시간, 돈, 토지, 에너지를 낭비하게 만든다. (해결책 : 대중교통을 활성화시키고 개발할 때는 집약적으로 설계한다.)

물질적인 부가 아니어도

우리가 삶의 질을 측정하고 누리는 기준으로 삼을 만한 것들은

다양하다.

시간적 여유로움, 건강으로 인한 기쁨과 만족감,

다른 사람들과의 끈끈한 결속, 시민활동, 창조성, 친절함, 자립성,

안전성, 평화, 관대함, 지혜 등등.

하지만 이런 형태의 부유함은 우리가 밀려드는 일과

약속에 치여 살며 그 보상으로 물건을 사들이는 생활을

유지하는 동안은 무시되기 십상이다.

짐 머클은 《Radical Simplicity》의 저자이고, 다트머스 대학교Dartmouth College에서 지속가능성 업무담당 이사로 일하고 있다. 짐은 원래 대외군사판매국foreign military sales에서 군사관련 기술전문가로 훈련받았지만 엑슨발데즈 원유유출 사고와 이라크 침공을 계기로 소박한 삶, 사회정의, 세계평화를 위해 헌신하기로 결심했다. 그는 Global Living Project(GLP)를 조직하고 GLPSummer Institute를 발족시켰다. GLP-Summer Institute에서는 연구원들이 팀별로 참여해서 일정한 크기의 생태구역에서 생활체험을 시도한다.

급진적 지속가능성 ;
탄소배출량 제로

Jim Merkel

숲은 아주 조용하다. 아무런 움직임도 없다. 조금 떨어진 곳에서 물결이 이끼로 뒤덮인 바위를 덮치고는 한다. 가벼운 물방울이 가끔씩 텐트를 때린다. 침낭 속에서 여기저기 결리는 몸을 굴려서 시간을 확인한다. 오후 1:34. 알람을 자꾸만 연장시키다가 폭우가 쏟아지는 소리에 결국 알람을 죽이고, 달콤한 휴식의 유혹에 굴복하며 애팔래치아 길Appalachian Trail을 따라 12마일 정도 더 걸으려던 계획을 접는다.

어제의 산행길은 마치 딴 세상인 것 같았다. 캄캄한 속에 야영지에 진입하는데, 전조등 불빛 속으로 짙은 안개가 떠다니고 있었다. 일기예보에서는 천둥번개를 동반한 폭우에 우박이 내릴 것이라고 했다. 나는 운에 맡겨보기로 했다. 80파운드나 되는 짐꾸러미를 무릎 높이로 들어올린 후에 웅크리고 앉은 자세에서 어깨 너머로 넘겨서 등에 질 수 있게 했다.

양 어깨에 가방끈을 매고 가방 허리끈도 아픔이 느껴질 만큼 단단히 조여서 고정시켰다. 짙은 안개를 뚫고 산 정상을 넘어오는 산길을 따라 물을 흠뻑 먹은 물이끼와 산딸기 나무들이 늘어서 있었다. 고산지역에는 키작은 철쭉나무, 래브라도 차나무, 블루베리 나무의 꽃이 한창이어서 그 순간의 정취를 한껏 고조시켰다.

나는 피어스산, 아이젠하워산, 프랭클린산, 먼로산을 가로질러 클라우즈호수를 향했다. 호수는 숲의 폐부와 협곡과 뱀처럼 펼쳐진 능선을 엿볼 수 있는 구멍 같은 장소이다. 6,288피트 높이의 워싱턴산이 음산하게 서있었다. 내가 산을 오르기 시작할 때 비가 내리기 시작했다. 무거운 짐을 내리고 우장을 갖추고 있는데, 아래쪽에서 등산용 지팡이가 바닥에 부딪히는 소리가 들려오기 시작했다. 지난 밤에 야영할 때 근처에 있던 대학생 세 명이었다. 그들은 남쪽으로 1,842마일 떨어진 조지아 스프링거에서 산행을 시작했다. 그들도 장비를 갖추려고 잠시 길을 멈췄다. 나는 그들의 가벼운 짐을 훔쳐보면서 물었다.

"그 속에 텐트는 들어 있나요?" 내가 물었다.

"물론이지요." 한 명이 대답했다.

"휴대용 가스렌지는요?"

"그건 없어요."

"다 해서 무게가 얼마나 나가지요?"

"25파운드 나갑니다."

'나 힘들어요'라고 써있는 내 얼굴 표정을 보면서 그 친구들은 자신들은 이미 한 짐 덜어서 집으로 보내버렸다는 말을 해주었다.

내가 가진 대부분의 장비들은 10년에서 20년씩 묵은 것들이긴 하지만, 사실 충분히 가벼운 것들이다. 나와 함께 캐나다를 자전거로 두 번이나 횡단했고, 히말라야를 올랐으며, 멕시코와 뉴 잉글랜드에도 갔었다. 물론 새로 나온 초경량의 장비들이 무게를 덜어주기야 할 테지만 내가 이렇게 무거운 짐에 눌려 고생하는 이유는 짐을 꾸릴 때 충분한 고려없이 쓸데없는 짐까지 넣었기 때문이었다. 달리 말하자면, 소박함으로 기술을 이겨먹을 수도 있었다. 앞으로 3주는 먹는 건 따로 해결하기로 하고, 거추장스러운 장비들은 모아서 집으로 보내버릴 테다. 그러면 무게를 지난 주보다 35파운드까지 줄일 수 있을 것이다. 다음 여행에는 텐트와 침낭 외에는 1파운드짜리 단출한 짐을 챙기리라 다짐해 본다.

우리는 무심결에 소박함을 놓치기가 너무 쉽다. 등에 지던 무거운 짐을 내려놓고 나서야 깨달았다. 집에 돌아와서 별 쓸모도 없이 거추장스럽게 지고 다니던 장비들을 몇 상자씩이나 통나무집에 풀어놓고 나서야 불필요하게 너무 많은 것들을 갖추고 있다는 생각이 들었다. 이 정도의 깨달음은 사실 매우 소소한 것으로, 그저 남아도는 것을 보관함으로 밀어넣으면 그뿐이다. 하지만 식료품비나 연료비 등이 인상되는 상황에 처하게 되면 우리는 그보다는 나은 대처방법을 모색하게 될 것이다. 장보러 갈 때 자전거를 이용한다거나 텃밭을 확장하는 등으로 말이다.

1853년, 헨리 소로우는 '단순하게, 단순하게, 단순하게'를 제창했다. 이 말은 몇 번씩이나 반복해야만 할 만큼 중요하다. 이 말은 만족을 모르는 동시대인들에게 던지는 직언이었다. 첨단기술이 넘치고, 인구는 100억을 바라보고, 기후변화로 생물종들의 멸종과 재앙이 빈번하며, 미국은 지속적으로 대량살상무기 보유량을 늘려가고 있고, 빈곤문제와 식량부족과 유전자변형식품 등의 문제들이 곳곳에 산재하고 있는 현실에서, 그 어느 때보다도 소로우의 외침을 새겨봐야 할 때이다.

나는 현재 대부분 대학과 관련된 일을 하고 있다. 자문역할도 하고, 강의도 하고, 지속가능성에 관한 워크숍을 진행하기도 한다. 내가 2005년 다트머스대학교에 지속가능성 업무담당 이사로 고용되었을 때, 아이비리그의 다른 모든 대학교에도 지속가능성 관련 보직이 있었고, 수백 개의 다른 대학교들의 경우도 마찬가지였다. 당시 다트머스대학교는 1년 만에 전기료가 4백만 불에서 7백만 불로 껑충 뛰어서 이를 절감하기 위한 대책이 시급했었다.

전국에 걸쳐서 많은 대학교들이 건물을 업그레이드하고, 쓰레기를 줄이고, 풍력 및 태양열 에너지를 활용하기 시작했으며, 투자의 방향을 변경하고, 유기농업을 시작하고, 지속가능성을 대학 문화 내에 정착시키려고 노력하고, 새로운 교과과정과 학위과정을 도입하고, 물품 구매시에는 공정무역제품인지, 지역산물인지, 유기농 제품인지 등을 따져보게 되었다. 2008년 가을까지 582개의 대학교가 미국대학총장기후결의American College and University Presidents Climate Commitment에 동참해서 '탄소발생을 억제하는 날'을 제정하고 탄소발생 원인을 추적해 감소하는 계획을 수립하기로 했다. 여기서 탄소발생을 억제한다는 의미는 대학 교내 모든 활동에서 탄소배출량 제로를 달성하는 것을 의미한다.

어느 정도 규모가 있는 기반시설을 갖추고 있고, 자원 및 에너지의 투입량과 쓰레기 및 오염물질 배출양이 많으며, 국지적으로나 국제적으로 교류가 활발하게 일어나고 있는 대학교에서 이것이 가능한 일일까? 이론적으로는 탄소배출량 제로 상태에 매우 근사하게 접근이 가능하다. 사실상 그런 삶을 매일 실천하고 있는 사람들은 전 세계적으로 많이 존재하고 있다. 하지만 대학교들은 아직 가야할 길이 멀다.

여기서 2050년까지 온실가스배출량을 80퍼센트까지 줄일 수 있을 만한 지속가능성 전략을 소개하겠다.

이 전략의 첫 번째 단계는 개인이나 기관이 환경에 영향을 끼치는 특정한 활동을 하게 될 때 이에 영향을 주는 독립변수들을 가능한 많이 따져보는 것이다. 먼저 자동차와 관련해서 보도록 하자. 이에 대한 독립변수들은 다음과 같이 뽑아볼 수 있을 것이다.

- 얼마나 많은 사람들이 자동차를 공유하고 있나?
- 월간 주행거리는 얼마나 되나?
- 자동차 연비가 어떻게 되나?
- 자동차의 기대수명은 얼마나 되나?

당신 혼자 차를 타고 가는 상황을 가정해 보자. 갤런당 20마일의 연비이고, 매달 40갤런의 기름을 사는 데 160불을 쓴다. 생태면적으로 환산하면 4에이커에 해당한다. 당신은 기름 때문에 불필요하게 발생하는 전쟁의 비극과 갤런당 4불의 지출이 필요하다는 불편한 진실에 눈을 뜨게 된다. 그래서 차를 다른 사람들과 같이 타고 다니는 방법을 모색하게 되고, 평균적으로 2명을 같이 태우고 다닌다. 월 주행거리를 반감시키기 위해서 장보기 목록을 작성하는 데 공을 들이고, 자전거 이용 및 보행을 늘리고, 인근의 친구들 위주로 방문계획을 세운다. 광고란을 검색해서 중고로 갤런당 40마일 연비 성능의 차를 구입한다. 딱히 내세울 만한 환경

운동을 한 것도 아닌데, 당신의 월간 주유량은 5갤런에 지나지 않고, 절반의 생태면적을 사용하며, 기름값으로는 20불 밖에 지출하지 않는다.

하지만 이게 끝이 아니다. 당신은 타이어 공기압, 엔진오일 교환, 차량점검 등의 사항을 보다 면밀히 관리하게 된다. 또한 운전 속도를 늦추고 차량관리에 신경쓰게 되면서 차량의 수명을 2배까지 연장시키게 된다. 결과적으로 제품의 제조 및 폐기에 필요한 생태 면적을 절반으로 줄이게 된다. 또한 오래된 차량의 경우, 보험회사 정책상 보험료를 절감할 수 있다.

이렇게 나누고, 관리하고, 보존하는 기술로 '다수화multiplication'라고 알려진 현상이 확산되고 있다. 차량과 관련해서 적어도 에너지 사용량을 80퍼센트 감소시켰다. 나누고 관리하고, 보존하는 기술을 당신의 주택에 적용해 보는 것은 어떨까? 빈 방을 세놓거나 규모를 줄여서 사용면적을 반감시킬 수 있을 것이다. 페인트칠을 새로 하거나, 비가 새는 곳을 보수하고 습기문제를 해결해서 수명을 연장할 수도 있을 것이다. 틈새를 메우고 단열처리를 강화해서 에너지 소비량을 줄일 수도 있을 것이다.

이 '다수화' 개념을 한 단계 더 나가서 공공건물 하나에 적용시켜 보자. 장기적으로 20년을 보고 계획을 잡아보면 다음과 같을 것이다.

- A : 입주자 일인당 사용면적을 20퍼센트까지 감축하기
- T : 첨단기술을 도입해서 에너지 효율성을 30퍼센트 증강시키기
- E : 보강재를 이용해서 열손실을 30퍼센트까지 줄이기
- O : 난방/냉방/환풍 시설에 센서 및 타이머를 장착해서 불필요한 사용량 30퍼센트까지 줄이기

- M : 건물의 공실률을 20퍼센트 이하로 낮추기
- U : 지속가능성 있는 삶을 추구하도록 사용자들의 생활습관을 계도해서 환경에 대한 영향을 20퍼센트까지 줄이기
- L : 건물 보수 및 관리를 통해서 건물 수명 30퍼센트까지 연장시키기
- F : 탄소배출량이 적은 청정연료 사용비율을 20퍼센트까지 높이기
- C : 태양, 바람, 지역, 매립지가스, 수력발전을 이용한 전기발전량의 사용비율을 30퍼센트까지 높이기

여기에서의 예를 보면, 각 요인들은 상대적으로 독립적이어서 각각의 효과를 곱해서 종합적 결과를 얻을 수 있다. 20년 내에 이 건물의 탄소배출량은 다음과 같이 계산될 수 있다.

A (0.8) × T (0.7) ×

E (0.8) × O (0.7) ×

M (0.8) × U (0.7) ×

L (0.8) × F (0.7) × C (0.7)

= 기존 배출량의 0.069, 대략 7%의 배출량으로 93% 감축된 결과

여기서 풍력, 태양열, 수력발전 에너지 설비를 늘리면 이 건물을 탄소배출량을 제로에 가깝도록 만들 수 있을 것이다. 주목할 점은 이 과정에서 우리는 탄소배출권을 사지도 않았고, 탄소배출량을 줄이는 대신 다른 폐기물을 양산하는 원자력 같은 에너지를 사용하지도 않았다. 또한 외국에서 사오는 기름에 대한 의존도를 줄이는 방편으로 식량생산 용도의

귀중한 땅을 가로채 가는 바이오 연료도 쓰지 않았다는 것이다.

한쪽에서는 아직은 기술적으로 준비되지 않았다고 주장하는 동안, 아틀란틱 대학교를 포함한 다른 일부에서는 2007년 12월 19일 수력발전 및 대체에너지를 사용하고, 효율적인 에너지 소비로 사용량을 줄이는 실천방안과 함께 탄소중립선언을 발표했다. 뉴햄프셔대학교의 COGEN 공장은 온실가스배출량을 21퍼센트까지 줄였으며, 2009년 쓰레기 매립지까지의 12.7마일에 달하는 파이프라인이 완공되면 배출량은 67퍼센트까지 줄어들게 될 것이다.

기술적인 실현가능성은 문제가 아니다. 의지에 달려있는 것이다. 어떻게 해야 정치, 제도, 경제 지도자들을 이 흐름 속으로 끌어들일 수 있을까? 지속가능성을 수용하는 의사결정권자들의 비율이 높아짐에 따라 에너지정책에 변화의 조짐이 보이고 있다. 유가가 배럴당 30불이던 2000년에는 지속가능성은 그저 수사적 어구에 불과했다. 하지만 2008년 유가가 배럴당 100불을 넘어서더니 그해 7월 3일에 최고가인 145불을 기록하자 자전거 바퀴에 바람을 채우는 손길들이 바빠졌다.

유가가 다시 배럴당 30불로 떨어질 것이라고 기대하기는 어렵다. 그보다는 정치가들이나 경영가들은 원자력, 석탄, 생물연료, 전쟁, 해양굴착 등을 모색하게 될 것이다. 그들이 성공하게 된다면, 소비중심주의의 확산과 맞물려 기후변화 및 생물종의 멸종을 가속시키게 될 것이다. 그들을 저지하기 위해서 일반 대중이 나서서 우선순위를 변경해야만 한다.

내가 학생들과 함께 공개적으로 추진하는 의제는 그들이 기본적으로 서로를 배려하고 사려 깊은 개인들로서 문제의 해결을 위해 나설 준비가 되어 있다는 것을 전제로 한다. 고통을 겪고, 또 이 고통이 우리 아이들의 미래에 종말의 암운을 드리운다는 사실이 견디기 어려워지는 순간, 변화가 생긴다. 우리가 세상과 자연과 우리 자신에 대한 사랑을 깨닫는 순간 변화가 생긴다.

급진적 지속가능성이 돈을 절약해주기 때문에 우리가 움직이는 것이 아니다. 단지 옳은 일이고 해야 하는 일이기 때문에 나서게 될 뿐이다. 정직하고 신나고, 우리를 온전하게 만들어 주는 일이다. 강력한 동기부여와 대체제에 대한 지식과 공동체의 지지가 있다고 해도 전체 사회의 분위기를 무시하기는 힘들다. 그 분위기에 동참하도록 끌어들이려는 유혹은 매우 강력하고 어디에서나 존재하고 있다.

현재 우리가 처한 상황은 마치 80파운드 무게의 짐을 지고 있는 형국이다. 아마 주변에서 자신들의 자녀 세대의 미래가 건강하고, 안전하고, 지속가능하리라고 생각하는 사람들을 찾기는 어려울 것이다. 많은 사람들이 초조해 하고 걱정에 휩싸여 있다. 무슨 일이 벌어질지 두려워한다. 이를 긍정적인 방향으로 생각하자면, 그러한 두려움이 세상을 지속가능하게 만들고자 하는 움직임을 끌어낼 수 있을 것이다. 그래서 2차세계대전에 집집마다 텃밭가꾸기 운동을 벌였던 것과 유사한 집단적인 행동을 이끌어낼 수 있을 것이다.

이번에는 판이 더 크다. 우리는 그때보다도 더 많은 사람들을 구해내길 희망하고 있으니까 말이다. 그 와중에 우리는 소중한 하루하루를 흘려보내고 있다. 지속가능하지 않은 활동에 점령당한 채, 때로는 꼭 필요하지도 않은 일을 하면서 말이다. 이러한 불협화음으로 인해서 불안, 체념, 냉소에 빠지고 우울증을 겪는다.

학생들과 함께 하면서 그들이 실생활의 힘든 문제들을 해결하면서 얼마나 창조적이고 열성적인지를 볼 수 있었다. 이미 힘 있는 대중운동은 전개 중이다. 아직 온 세상에 떠들고 있지 않을 뿐이다.

소박함. 지속가능성. 욕심을 버리면 정말 더 많은 것을 얻을 수 있다. 다 덜어내서 30파운드로 줄여 놓은 짐을 어깨에 지고 가방허리끈을 채우자. 이제 신나고 여행을 하게 될 것이다.

자신들의 자녀 세대의 미래가 건강하고, 안전하고,
지속가능하리라고 생각하는 사람들을 찾기는 어려울 것이다.
많은 사람들이 초조해 하고 걱정에 휩싸여 있다.
무슨 일이 벌어질지 두려워한다.
이를 긍정적인 방향으로 생각하자면,
그러한 두려움이 세상을 지속가능하게
만들고자 하는 움직임을 끌어낼 수 있을 것이다.

줄리엣 쇼어는 현재 보스턴대학교 사회학 교
수이다. 하버드대학교에서도 17년간 경제학과
여성학을 가르쳤다. 저서로는《Born to Buy:
The Commercialized Child and the New Con-
sumer Culture》,《The Overworked American:
The Unexpected Decline of Leisure》,《The
Overspent American: Why We Want What We
Don't Need》등이 있다.

탄소친화적 경제규모 줄이기 ;
소비 규모의 축소

Juliet Schor

　　많은 논란이 있기는 하지만 온실가스 배출량을 적정한 수준까지 억제하기 위해서는 미국의 1인당 소비규모를 줄여야 한다는 주장이 있다.

　　그 이유를 따져 보자면, IPAT회계체제의 관점에서 고려해보는 게 필요하다. IPAT는 생태에 끼치는 영향을 인구(P), 일인당 소비량(A), 소비단위당 환경에 끼치는 영향(T) 등의 세가지 요소로 분해해서 파악한다. 지금까지는 더 깨끗하고 재생가능한 에너지자원으로의 전환을 통해 T를 줄일 수 있는 길을 모색하는 방향으로 논의가 주로 이루어졌다. 특히 정치권에서 이러한 방향을 주도해 왔다. 물론 단열재를 사용한 건축이나 자동차 연비 증강 등 기타 다양한 정책과 더불어 에너지 자원의 전환은 필수적으로 추진되어야 할 안건이다. 하지만 기술발전을 통해 T 요소를 줄여나가려는 데에 노력만으로는 충분하지 않다.

먼저, 줄여야 하는 온실가스배출량의 규모가 너무 막대해서 다각적인 해결방법을 모색해야만 한다. 둘째, 정상적인 경제 형편에서 소비규모는 매년 평균적으로 3퍼센트 가량 지속적으로 증가하고 있다. 이것이 의미하는 바는 기술적으로 감소시켜야 하는 양이 기하급수적으로 늘어난다는 것이다. 마지막으로, 기술력 향상으로 에너지 효율성을 높여놓아도 대개는 오히려 사용 규모가 커져서 그 효과가 상쇄되거나 오히려 무력화되는 경우가 많다.

1970년 이래로 미국사회에서 이러한 현상들은 자동차와 에너지 분야에서 극명하게 나타났다. 자동차 연비를 향상시켜도 이내 1인당 주행거리가 늘어나서 연료사용량은 줄지 않았다. 가정용 전력 소비를 보아도, 에너지 효율성이 높아지면서 가정용 전기제품이 대형화되는 추세이다. 애초의 기대는 지나치게 낙관적이다. 온실가스 배출량을 감소시키기 위해서는 소비 유형의 변화가 필요하다.

이런 주장은 사실 미국 정치계에서는 터부시 되는 주제로, 가볍게 던지는 것은 아니다. 하지만 분명 사람들의 필요조건을 충족하고 경제적 관점에서도 효용가치가 있으면서 1인당 소비는 안정적이거나 혹은 감소되는 경제로 점진적으로 전환할 수 있는 방법이 있다. 최근 1~2년 사이에 정치 분야에서도 이러한 해법에 대한 논의가 점차 확대되고 있으며, 기후변화가 현실로 닥쳐오고 있다는 것을 정면으로 마주하게 되면 더욱 활발해질 것이다.

규모를 줄이고, 돈 대신 시간 받기

소비 규모를 줄이기 위한 열쇠는 수입의 궤적을 따라가는 것이다. 부유층을 제외하고 전 계층에 걸쳐서 벌어들이는 대로 다 써버리는 풍조가 매우 만연해 있다. 현재 미국의 자유저축률은 1퍼센트 미만에 머무르고 있다. 자유저축을 증대시키려는 노력은 그 자체적으로는 칭찬할 만하지만 별 실효를 거두지는 못할 것이다. 월급에서 일정 부분을 저축으로 미리 떼어 놓게 하기보다는 수입을 손에 넣기 전에 저축이 이루어질 수 있도록 구조적으로 설계하는 편이 훨씬 효과적일 것이다. 하지만 그렇게 저축률을 높여 놓는다고 해도 온실가스 배출량에는 그다지 기대한 만큼의 영향을 주지 못할 수 있다. 가계저축으로 확보되는 자본이 많아질수록 이에 대한 수요가 발생해서 결국에는 경제적 활동량이나 온실가스 배출량의 감소로 이어지지는 않을 것이다.

보다 효과적으로 저지할 수 있는 방법은 생산성 증대와 수입 증가 사이의 연결고리를 끊어내는 것이다. 오랜 세월 동안 경제는 포괄적인 성장(토지, 자본, 노동의 투입량을 늘림)이 아니면 집중적인 성장(가용자원의 생산성을 증가시킴)을 통해서 그 규모를 확장시켜 왔다. 선진 경제의 경우, 생산성 증대가 성공의 열쇠이자, 경제가 제대로 기능하기 위한 필수조건이다.

노동생산성이 증가했다는 말은 정해진 노동시간에 산출되는 생산량이 증가했거나 생산량이 유지되는 상황에서 노동시간이 줄었다는 의미이다. 지난 50년 동안 생산성 증대는 수입 증가를 위한 기준 잣대가 되어 왔다. 고용계약서 상에 생산성 증가율로 임금 인상을 결정한다는 계약조건을 심심치 않게 볼 수 있다. 1960년 이후로 1인당 국민총생산량은 심지어 생산성 증가분을 넘어서는 증가율을 보이고 있다. 나는 어딘가에서 이것을 '노동과 소비의 악순환'이라고 이름을 붙였는데, 더 높은 생산성은 수입 및 소비의 증가로 이어지고, 그러면 소비자들은 그렇게 늘어난 소비 수준에 적응하고 고착되어 이러한 경향이 반복적으로 지속되기 때문이다.

지속가능한 소비유형으로 가는 길은 생산성 증가분을 수입을 늘리는 방향이 아니라 노동시간을 줄이는 방향으로 전환하는 것이다. 상당한 수의 노동자들이 노동시간의 감소를 수입보다 선호한다고 말할 정도로, 노동자들은 이것을 확실한 혜택으로 받아들인다.

행동경제학에서 이루어진 연구결과에 따르면, 사람들은 개인적으로 수입 손실에 대해 매우 민감하다. 이런 이유로 '소비를 줄이자' 또는 '수입을 줄이자'라는 것은 정치적으로는 인기 없는 제안이다. 하지만 사람들은 미래의 수입에 대해서는 현재의 수입만큼 민감하지 않다. 따라서 1인당 소비를 조절하는 전략이 정치적으로 성공하기 위해서는 수입증가분을 떼어내는 대신 다른 무언가의 양을 늘려서 이를 보전할 수 있도록 해주는 것이다. 특히나 보전책이 주 4일 근무제나 노동시간 감소 등이라면 소비동결이나 감축 등을 받아들이는 것이 심리적으로 훨씬 용이해질 것이다.

이를 가능하게 하기 위해서는 몇 가지 중요한 정책적인 변화가 요구된다. 다른 곳에서 이미 다룬 주제이기 때문에 여기서는 간단하게 언급하고 끝내겠다.

먼저 고용비용을 인당 계산하는 것이 아니라 시간당 계산하도록 바꿔나가야 한다. 그리고 현재는 인당 계약을 해서 지원되는 급료 외적인 보상 부문을 회사 외적으로 지원하는 체계로 전환해야 한다. 의료복지는 급료 외적인 보상 부문 중 가장 중요한 부문이다.

둘째, 연봉이나 월급으로 임금을 지급하는 대신, 시간당 급료를 지급하는 방식으로 전환한다면 수입 대신 시간을 선택하는 움직임이 보다 활발해질 수 있을 것이다.

마지막으로, 소득 분배에 있어서 분배정의를 실현하게 되면 장시간 노동을 택할 수밖에 없는 압박이 줄어들게 될 것이다. 그렇게 돈보다 시간을 선택하는 사람들이 늘어날 것이고, 결국에는 자발적으로 일을 줄이는 움직임이 확산될 것이다.

규모를 줄이는 경제의 경제적 성과

시장경제가 성공하기 위해서는 성장이 담보되어야 한다는 것이 널리 인식되고 있다. 나는 이것이 항상 의아스러웠는데, 정석적인 경제학 이론에서 나온 견해가 아니기 때문이다. 경제적 성과의 영역 중 일부는 저속성장하는, 또는 성장이 정지된 경제적 상황에서 검토될 필요가 있다. 특히 생산성 증대라는 측면이 그렇다. 일반적으로 건강하고 제대로 기능하고 있는 경제는 총생산량이 일정하다. 여기서 총생산량이 개별 기업들의 매출량이 아니라는 점을 유념하자. 기업의 매출량은 당연히 증가할 것이다. 하지만 추상적인 개념인 총생산량은 매년 늘어날 필요는 없다.

내가 말한 '규모를 줄이는 경제'의 경우, 그 성패는 노동시장의 역동성에 달려 있다. 사람들이 수입 대신 시간을 보전받는 방향으로 선택하기 시작한다면 노동시장에서 시간이 빠져나가게 될 것이고, 완전고용이 이루어지는 경우에 필요한 소비의 양도 비례해서 줄어들게 된다(여기서 핵심은 소비자가 요구하는 수요량과 노동시장이 같이 움직인다는 것이다). 규모를 줄이는 사람들은 돈을 적게 벌고, 상품의 수요량이 줄고, 생활수준을 유지하기 위해 필요한 노동시간도 줄어들게 된다. 경제는 점진적으로 1인당 노동시간, 1인당 소비, 1인당 필요한 생태면적이 줄어드는 방향으로 전환하게 된다.

이러한 길이 꼭 경기후퇴, 저임금, 더 적은 일자리를 의미하는 것은 아니다. 사실 정책이 어떤 식으로 운용되는지에 따라서 고용기회가 확대될 수도 있다. 즉, 각 일자리마다 평균 근무시간을 줄이게 되면 고용인원을 늘릴 수 있다(최근 수십 년간 우리는 전일근무제에서의 노동시간을 늘리는 정반대의 행보를 보였다).

성공적으로 이러한 전환을 이루기 위해서는 몇가지 유의할 점이 있다. 하나는 변화가 점진적이어야 한다. 둘째는, 노동시장에서 돈 대신 시간을 선택할 수 있도록 정책적 뒷받침이 있어야 한다는 것이다. 의료복지의 대안 및 보상체계의 변화가 필요하고, 전일 근무를 고집하지 않는 직장환경으로의 개선도 필수적이다. 또한 기술의 연구와 발달 및 교육에 공적 지원이 필요할 것이다. 이러한 것들이 총생산량의 변화가 없는 거시적 환경에서 높은 생산성을 유지할 수 있는 핵심요인이다.

규모를 줄이는 것이 정치적으로 실행가능한 길일까

제대로만 시행된다면 돈보다 시간을 선택하도록 장려하는 정책들이 인기도 챙기고, 기후 조건을 완화시키는 데에도 기여할 수 있을 것이다. 연평균 노동시간은 최근 수십 년 동안, 특히나 구조적으로 불완전고용 및 실업을 관리하게 된 이래로 상당히 증가해 왔다. 많은 미국인들은 시간부족을 경험하고 있으며, 따라서 경력에 심각한 불이익이 생기지만 않는다면 돈과 시간을 맞바꾸는 것이 용이하도록 도와주는 노동시장정책을 환영할 것이다.

예를 들어, 뉴아메리칸드림Center for a New American Dream이 시행한 여론조사에서, 전국 표본의 3분의 1(36%)에서 절반(52%)에 이르는 대상이 돈 대신 시간을 선택하는 여러 가지 제안들에 긍정적인 답을 내놓았다. 주당 근무 일수를 하루 줄이는 제안은 특히 호응을 얻었다. 상당한 수의 미국인들이 일을 줄일 수 있는 기회를 환영한다는 설문조사 결과가 점차로 쌓여가고 있다.

전체적인 소비량을 줄여나가려면, 생산성의 증가를 노동시간을 줄이는 방향으로 돌릴 수 있도록 구조적인 틀을 마련하고, 이러한 선택을 했을 때 개인 및 가계에 불이익이 가지 않도록 부가적인 정책(의료보험 등)으로 지원해야 할 것이다.

이 길이야말로 가족과 공동체와 삶의 질의 향상을 동시에 주도하면서 온실가스 배출량을 줄일 수 있는 길이며, 기후변화에 대한 적극적인 대처방법이 될 것이다.

존 드 그라프는 〈시간되찾아오기Take Back Your Time〉 캠페인에서 전국을 총괄하는 간부이사로 활약하고 있으며, 《Affluenza: The All-Consuming Epdemic》의 공동저자이자 〈Take Back Your Time: Fighting Overwork and Time Poverty in America〉의 편집자이다. 그는 또한 영화감독으로도 활약 중이고 최근 〈The Motherhood Manifesto〉라는 작품을 공동제작했다.

존은 대학을 졸업하기도 전에 공동체를 활성화하기 위한 시민운동에 뛰어들어서 어머니에게는 천추의 한이 될 대학중퇴자로 남은 것을 후회한다. 속죄하는 마음으로 소박하게 살기로 결심했는데, 다큐멘터리 영화감독이라는 직업상 어쩔 수 없이 내린 결정이기도 하다.

그런데, 무엇을 위한 경제인가 ;
최대 다수의 최대 행복

John de Graaf

만약에 그들이 당신으로 하여금 틀린 질문을 하도록 만들 수
있다면,

그들의 대답에 대해서는 걱정할 필요도 없다.

– 토마스 핀천^{Thomas Pynchon}, 《중력의 무지개^{Gravity's Rainbow}》

현재 우리가 직면한 현실을 타파하기 위해서 강력한 환경보호정책
이나 근무시간의 단축과 같은 대안책을 제시한다면, 기자들에게 받을 첫
번째 질문은 다음과 같다.

"그런데 그게 경제에 어떤 영향을 미칠까요?"

그리고 당신은 반사적으로 당신이 한 제안들이 경제성장이나 다우
존스 공업평균지수 등에는 악영향을 주는 일이 없을 것이라고 증명하려

할 것이다. 새롭게 공격의 틀을 짜야할 때이다. 대답을 요하는 질문을 던지고, 입증할 책임은 변화를 거부하는 사람들에게 넘기도록 하자.

도대체, 무엇을 위한 경제인가

이제는 현 상황의 챔피언들에게 위의 질문에 대해 그들이 암묵적으로 제시해 온 답변을 요구할 때이다. 그들은 정말로 경제의 목적이 국내총생산을 최대로 끌어올리고 최상위 부유층들이 한계없이 재산을 불리도록 해주는 것이라고 믿고 있는 것일까? 실상 그들의 대답은 '정말 그렇다'이다. 하지만 우리는 다르게 대답해 보면 어떨까? 초대 미국 산림청장이었던 기포드 핀쇼Gifford Pinchot가 1세기 전에 했던 대로 말이다. 그의 대답은 '장기적으로는 최대 다수의 최대 행복'이었다.

그런 맥락에서 볼 때, 경제적 성공은 국내총생산(GDP)이나 주가로만 측정할 수 있는 것이 아니다. 경제적 성공은 최대 행복을 구성하는 건강, 행복, 지식, 따뜻한 마음 등을 고려하고, 최대 다수를 위할 수 있도록 평등, 열린 기회 등도 고려하며, 장기적으로 가능할 수 있도록 건강한 민주주의와 지속가능한 환경 등의 가치까지도 함께 고려해야 한다.

이제 미국을 제 자리에 돌려 놓을 때가 왔다. 2차 세계대전에서부터 시작되어 1970년대 중엽까지 미국에서는 사회적 평등이 증가하고, 건강 수준도 대단히 향상되었으며, 여가시간의 증가와 같은 삶의 질적인 수준도 큰 발전을 보였다. 하지만 그 후에 갑작스럽게 경제의 기조가 궤도를 변경했다.

1974년 〈비즈니스위크〉지 10월호는 다음과 같은 예상을 했다.

대기업들이 이윤을 늘리기 위해서 인력을 감축한다는 아이디어를 미국인들이 받아들이기는 어려울 것이다. 현대 역사 속에서 우리나라는 물론 다른 어떤 나라에서도 일자리를 팔아치워야 하는 새로운 현실을 사람들이 받아들이게 하는 것보다 더 어려운 일은 없었다.

1972년 대선에서의 리차드 닉슨^{Richard Nixon}의 압도적 승리로 인해 대담해진 극단적인 보수주의자들은 부유한 미국인들의 부담을 덜어주기 위해(그리고 부를 더해 주기 위해서) 팔을 걷어붙였다. 반면에 저소득층과 일반 노동자들을 위한 공공서비스는 삭감해 나갔다. 이러한 정책적 기조는 1980년대를 거쳐 1990년대 초반까지 가속의 흐름을 탔고, 이제 연방정부는 '각자가 자기 할 탓'이라는 식이다.

그 동안에 서유럽에서는 전혀 다른 움직임을 보였다. 서유럽 국가들은 그들이 가지고 있던 사회계약을 유지했고, 저소득층을 위한 사회안전망을 느리게라도 확충했다. 미국보다 높은 세율과 좀 더 혁신적인 세금정책을 통해서 재원을 확보한 후, 의료복지, 교육, 대중교통, 공용 공간 등의 공적 서비스를 제공해서 개인들이 수입을 극대화해야 할 필요(욕망)를 감소시켰다.

무슨 일이 벌어졌을까

먼저, 시간당 노동자의 생산성 면에서 보면 서유럽인들은 미국과의 격차를 거의 따라 잡았다. 1970년대에 그들은 미국인들의 시간당 생산량의 65퍼센트에 해당하는 생산성을 기록했다. 2000년에 와서는 그들의 생산성은 미국인들의 95퍼센트가 되었다. 하지만 다른 한편으로 1인당 국민총생산으로 가늠할 수 있는 그들의 상품 및 서비스 소비 수준은 1970년대와 거의 동일했다. 미국인들의 70퍼센트에 해당하는 수준이었다.

언뜻 정상적이지 않아 보이는 이 결과에 대해 간단하게 설명하자면, 1970년대에는 유럽의 근로시간이 미국보다 조금 길었다가 2000년도에는 미국 근로시간의 80퍼센트 수준까지 떨어졌다. 유럽인들은 그들의 생산성 증가분을 돈이 아니라 시간과 맞바꾼 것이다. 반면에 미국인들은 의식했든 그렇지 못했든 그들이 얻은 모든 것을 1인당 국민총생산을 증가하는 데 쏟아부었다.

이제 질문을 던져보자. '이것이 경제에 어떤 영향을 주었는가?' 그 대답은 분명, 국민총생산이 훨씬 큰 미국인들이 승리했다가 될 것이다.

하지만 질문을 바꿔보자. '그런데, 무엇을 위한 경제인가?' 20세기 말 유럽인들의 삶의 질은 거의 모든 지표에서 미국인들보다 우위에 있었다.

건강

1970년대 이래로, 미국인들의 건강은 절대적인 측면에서는 향상되었다. 한때는 전반적인 건강 부문에서 거의 최고 순위에 자리하기도 했다. 지금은 다른 모든 산업국가들에게 뒤처져서 자리하고 있다. 사실 GDP 대비 의료비 지출 비율이 가장 높은데도 불구하고 말이다.

평등

평등에 대해 살펴봐도 거의 유사한 유형이 발견된다. 1974년의 미국은 경제적 평등이라는 부문에서 산업국가들 사이에서 거의 중간수준이라고 할 수 있었다. 이제는 가장 빈부격차가 심한 나라가 되어버렸다.

저축

저축은 많은 사람들에게 안전과 보장성을 보여주는 핵심지표이다. 1970년대에는 미국의 개인저축률(10%)이 유럽 쪽보다 아주 약간 더 높았다. 하지만 지금^{2008년}은 마이너스 수준(-1.6%)까지 떨어졌다. 반면에 EU 시민들은 평균적으로 수입의 12퍼센트를 저축하고 있다.

지속가능성

유럽의 혁신적인 행보로 환경에 있어서도 더 적은 비용이 소요된다. EU 국가들은 미국인들의 소비를 따라잡기 위해 일을 더 하는 대신에 더 많은 여가시간을 보내는 쪽을 선택하는 한편, 지속가능성을 향해서도 더 놀랄 만한 조치를 취했다. 결과적으로 EU 국가들은 1인당 에너지 소비량이 미국인들의 절반에 지나지 않는다. 생산성이 70퍼센트에 달하는데도 말이다. 평균적인 미국인들의 생태면적은 24에이커이고, 유럽인들은 12에이커이다.

삶의 질과 관련한 다른 많은 영역에서 유사한 결과를 볼 수 있다. 신뢰도, 범죄, 투옥률, 가족의 해체, 문맹률, 행복지수, 유아교육, 그리고 정보기술에 대한 접근성 등의 영역에서도 결과는 대동소이하다.

말하자면, 국민총생산의 대안으로 개발된 복지지표$^{Genuine Progress Indicator}$는 미국인들의 삶의 질이 수치상 1973년 최고점을 찍은 이후로 꾸준히 하락하고 있다는 것을 보여준다. 유럽의 경우에는 삶의 대부분의 영역에서 속도의 진폭은 있으나 꾸준히 개선되는 경향을 보여주고 있다.

우리의 욕구를 충족시키기

우리가 제안하는 경제적 성공을 판단하는 모형은 그 경제가 시민들의 기본욕구를 충족시키는가를 따져보는 것이다. 심리학자 에이브러햄 마슬로우Abraham H. Maslow는 그의 욕구단계이론에서 인간은 기본적으로 음식, 거처, 건강, 안전 등이 확보되어야 하고, 그 다음으로 소속감이 필요하며, 그 후에는 그의 언어를 빌리면 '보다 높은 수준의', 혹은 '고차원적인' 욕구를 충족시키기 위한 단계로 넘어간다고 주장했다.

1970년대 초에 마슬로우는 미국 사회가 시민들의 생리학적 욕구와 안전을 확보하려는 욕구를 거의 모두 충족시키고 있으며, 보다 높은 수준의 욕구를 만족시키기 위해 나아가는 중이라고 진단했다. 우습게도 우리는 그 당시와 비교해 볼 때 나아지기는커녕 오히려 퇴보를 거듭해 왔다. 지금의 현실은 그때보다 더 많은 구성원들이 빈곤에 허덕이고, 안전에 대해서도 훨씬 큰 불안을 느낀다. 국민총생산은 60퍼센트나 증가했음에도 불구하고 말이다.

대부분의 미국인들은 국민총생산이 증가한다고 해도 건강이나 여타 사회적 여건이 다른 나라와 비교해서 떨어지고 있다면 경제적 성공이라고 볼 수 없다는 것을 알고 있다. 이것이 우리가 정치지도자들에게 무시할 수 없을 만큼 강력하게 '도대체, 무엇을 위한 경제인가?' 물을 수밖에 없는 이유이다. 그리고 다음으로 다음과 같은 질문을 던져야 한다.

장기적으로 최대다수의 최대 행복을 달성하기 위해 시장, 정부, 비정부 조직들, 복지제도가 해야 할 역할은 무엇인가?

물론 가장 우리의 입장에 공감하는 사람들에게서 조차도 다음과 같은 질문을 받는 것을 피할 수는 없을 것이다.

'우리가 유럽처럼 경제의 방향을 수정한다면 여전히 세계경제 속에서 경쟁력을 유지할 수 있을까?' 아주 단호하게 대답할 수 있다. '그렇다.'

세계경제포럼 발표에 따르면, 미국은 세계경제 경쟁력 2위인데, 정부 규모를 줄이고 세금감면을 하고 사회안전망을 허물어버리고, 게다가 빈부격차를 키우는 방향으로 경제를 굴리고도 경쟁력을 유지했다. 하지만 경쟁력 최상위의 다른 4개국이 핀란드(1위), 스웨덴, 덴마크, 노르웨이라는 것에 주목하자. 모두들 우리에 비해서 훨씬 더 세계화 되어 있고, 세계시장에서 경쟁하는 압박을 훨씬 더 심하게 받고 있는 국가들이다. 그러면서도 이 나라들은 미국보다 훨씬 더 제대로 된 평등을 실현하고 있다.

핀란드의 경우, 다른 어떤 나라보다 빈부의 차이가 적다. 핀란드의 사회안전망은 매우 후하다. 노동자들은 평균적으로 유급휴가 30일을 보장받고 있어서 상당한 여가시간을 누리고 있다. 다른 유럽국가들도 상황은 비슷하다. 보다 공정하면서 사람 냄새 나는 경제를 운용하면서도 경쟁력을 유지하는 것이 가능하다는 것을 분명히 알 수 있다.

이 모든 것의 요점은, 단순하게 특정한 정책을 바꾸자는 것이 아니라 사유화와 불평등에 접근하는 방식을 전면적으로 재고할 수 있도록 사고방식의 전환을 이끌어내야 한다는 것이다. 우리가 장기적으로 지속가능하도록 삶의 질을 높이고 싶다면, 경제에 대해 가지고 있는 상식이라는 것들이 사실은 매우 상식적이지 않다는 것을 보여줘야 한다.

도대체 무엇을 위한 경제인가? 이 단순한 질문을 잊고 산다면 국민총생산에 목을 매는 위정자들의 손에 우리를 내맡기게 되는 것이다. 그렇지 않고 우리가 계속해서 이 질문을 던지면서 그 답을 요구한다면, 더 나은 새로운 세상을 볼 수 있는 가능성이 생길 것이다.

데이비드 코튼은 〈YES!〉 잡지를 출판하는 Positive Futures Network의 공동설립자이자 의장이다. People-Centered Development Forum의 대표이면서, Business Alliance for Local Living Economies(BALLE)의 이사이기도 하다. 저서로는 세계적인 베스트셀러인《When Corporations Rule the World》와《The Great Turning: From Empire to Earth Community》와《The Post Corporate World: Life after Capitalism》등이 있다. 스탠포드경영대학원에서 석사와 박사 학위를 받았고, 하버드경영대학교 교수를 역임했으며, 아시아, 아프리카, 라틴 아메리카의 다양한 국가에서 30년 동안 개발전문가로서 활약했다. E.F. 슈마허의《작은 것이 아름답다》의 영향으로 소박하게 사는 삶에 대해 관심을 갖게 되었다.

우리는 사귀고 배려하며 살도록 만들어졌다 ; 인간의 행복

David Korten

다양한 관습, 언어, 종교, 정치 이데올로기 속에 반영된 모든 문화적 차이들에도 불구하고, 정신적으로 건강한 인간들은 핵심적인 가치와 소망을 공유한다. 비록 어떻게 이룰지에 대한 생각은 다를지언정, 우리는 아름답고 건강한 자연 속에서 건강하고 행복한 아이들, 사랑 가득한 가족, 배려가 있는 공동체와 같이 하기를 원한다.

우리는 서로 협력하고 정의와 평화가 살아있는 세상, 우리의 삶에 영향을 끼치는 결정들에 우리의 의사가 반영될 수 있는 세상을 원한다. 퍼플아메리카선거결과가 민주당과 공화당의 대결 결과만을 반영해서 청색 아니면 적색으로 전체 선거구를 덮어버리면서 그 격차와 상관없이 패배한 쪽의 투표량을 무시해버리는 데에 반발해서 결과를 보라색의 스펙트럼으로 표현하고 전반적인 표의 향배를 파악하려고 노력하는 운동에서 지향하는 가치는 이러한 인간의 근원적인 소망을 담고 있다. 이것이 미디어재벌이나 광고쟁이들과 정치 선동꾼들의 왜곡을 벗겨낸 진정한 아메리카 드림이다. 그리고 인류의 미래가 존립하기를 바란다면 우리는 이 꿈을 반드시 실현시켜야 한다.

지난 5천 년 동안 인간들은 상당한 창조적 힘을 탐욕과 폭력을 행사하는 데 쏟아부었다. 그리고 그 대가는 아이들과 가족과 공동체와 자연이 떠안았다. 환경 및 사회 붕괴로 가는 낭떠러지의 끝자락에 서있는 지금 우리는 나누고 공감하는 능력을 배양함으로써 우리가 꿈꾸는 세상을 실체화 해야 할 절대적 당위성을 느낀다.

인간의 탐욕과 경쟁에 대한 '대안은 없다'고 하지만, 일상에서의 경험과 점차 드러나는 과학적 증거는 다른 말을 하고 있다. 우리 인간들은 서로 교류하고 배우며 봉사하는 존재로 태어났고, 우리 안에는 다음과 같은 것들을 이룰 수 있는 잠재력을 가지고 있다.

- 물질적인 소비가 아니라 배려하고 돌보는 관계를 통해서 만족을 얻는 가족 중심의 공동체 건설
- 아리스토텔레스에게서 기원을 찾을 수 있는 빈부의 양극단 없이 중산층으로 구성되는 민주주의 사회 건설이라는 이상의 실현
- 건강한 지구를 복원하고 지구의 풍요로움을 모두가 오래도록 누릴 수 있도록 결의하는 국가들로 구성된 전 지구적 공동체 형성

우리가 원하는 세상을 이룩하기 위해 첫 번째로 할 일은, 현재 우리가 사는 방식에 대한 대안이 있다는 사실을 인지하는 것이다. 우리 인간들은 탐욕과 폭력을 좇는 유전적인 경향이 있어서 분열과 반목을 거듭할

수밖에 없는 존재가 아니다.

우리가 이룩한 문화는 오히려 우리에게 그 신념과 가치와 인식을 바탕으로 우리의 운명을 선택할 수 있는 특별한 능력을 부여한다. 우리가 이 능력을 현명하게 사용할 수 있을지는 보장하지 않지만, 우리에게 전체적인 의식의 전환을 도모해서 사회 진행 방향을 바꿀 수 있는 수단을 제공해 주었다.

머릿속에 박혀있는 이야기

우리의 꿈을 성취하는 길에 일차적 장애물은 평화와 공존의 세계라는 것이 우리의 본성과 상치된다는 생각이다. 이런 주장은 조금씩 차이는 있지만 결국 내용은 매한가지로, 다음과 같다.

인간은 본성은 경쟁적이고 개인주의적이고 물질주의적이다. 따라서 우리가 잘 살기 위해서는 강력한 지도자가 경찰과 군대의 힘으로 서로에게서 우리의 안전을 지켜주고, 자유시장이 규제 없는 경쟁을 허용해서 우리의 개인적인 탐욕을 건설적으로 발산하도록 해주어야 한다. 생존과 지배를 위한 경쟁은 비록 폭력적이고 파괴적인 성향을 지닐 수도 있지만 진화의 원동력이다. 이것이야말로 태곳적부터 인간이 성공을 거두기 위한 열쇠였고, 가장 지도력이 발휘되어야 할 대상이며, 궁극적으로 모두에게 이익이다.

위 글은 5천 년에 걸친 지배자 계급의 논리를 확인시켜주고 있다. 이런 주장은 경제적이고 과학적인 논리로 접근하기도 하지만, 종교적으로 이를 더욱 공고히 하기도 한다. 현생에서 불의와 폭력을 견뎌내면 내세에서 영원한 평화와 축복을 누리게 된다고 약속하면서 말이다.

이러한 제국의 신화를 더욱 강화하기 위해서 미디어재벌에서는 탐욕과 폭력으로 점철된 기사들을 쏟아붓고, 물질적으로 성공했지만 도덕적으로 문제가 있는 정치가들이나 대기업 경영인들을 자신들의 책임으로 인간 및 환경에 초래된 결과에 대해서 철저한 무시로 일관하고 있음에도 영웅인 양 떠받들어 준다.

그러니 이 이야기는 이제 신경을 끄도록 하자. 이것은 도덕적으로 모순이고, 우리의 경험과도 합치되지 않는다. 우리는 친구, 가족, 그리고 낯선 사람들과도 서로 배려하고 신뢰하는 관계를 형성하고 유지하는 일이 가능함을 경험적으로 알고 있다. 이야기는 그저 우리를 혼란스럽고 불안하게 만들어서 무엇이 옳고 그른지 제도권에서 우리에게 정해주는 대로 휘둘리게 만들 뿐이다.

또한 이런 이야기는 민주사회를 지탱해 주는 책임 있는 시민의식의 필수요소인 서로 배려하고 함께 나누는 관계의 발달을 저지시키는 정책들과 제도들이 유지되도록 지탱해 주고 있기도 하다. 다행히 우리를 회복시켜 줄 만한 좀 더 긍정적인 이야기도 있다. 더구나 최근의 과학적인 발견들과 우리의 일상적 경험들, 그리고 위대한 종교지도자들의 시대를 초월한 가르침들이 힘을 실어 주고 있다.

인간은 같이 살도록 프로그램 되어 있다

첨단 영상기술을 이용해서 뇌의 기능을 연구하는 과학자들은 인간의 뇌가 배려, 협조, 봉사를 받으면 보상하도록 프로그램 되어 있다고 보고한다. 이 연구에 따르면, 단지 다른 사람들이 해를 입는다고 생각하는 것만으로 우리의 뇌는 아기가 불편해 하는 것을 보는 엄마의 뇌와 동일한 반응을 보인다. 역으로, 다른 사람을 돕는 행위는 즐거움을 관장하는 뇌의 영역을 활발하게 만든다. 또한 면역력을 신장시키고, 심박수를 감소시키며, 사람들과의 교류 및 위안을 기대하게 함으로써 건강 증진에도 기여한다. 공감과 같은 긍정적인 감정들도 유사한 효과를 가져온다. 반대로, 부정적인 감정들은 우리의 면역력을 약화시키고, 심박수를 증가시키며, 싸움 또는 도망을 준비하도록 만든다고 한다.

이러한 발견은 협력이 잘 이루어지는 팀의 일원이 되거나 다른 사람에게 조건 없이 도움의 손길을 내밀었을 때 우리들 대부분이 기분이 좋아지는 경험을 하게 되는 이유를 설명해 준다. 사실 이는 매우 논리적인데, 만약에 우리의 뇌가 공동체적인 삶을 지향하지 않았다면, 우리 인류는 이미 오래 전에 멸종되었을 것이다. 우리는 집단을 보호하려는 본능적 욕구를 가지고 있는데, 두드러지게는 세상에서 가장 약하고 보호받아야 하는 존재인 아이들을 보호한다. 그리고 이러한 기본에 반하는 행동은 심각한 사회적, 심리학적 장애를 드러낸다.

행복은 서로 돕는 공동체에서 나온다

이러한 신경학적인 발견은 사회과학적 발견에 의해 확증되는데, 인간은 기본적 욕구를 충족할 만한 수입수준을 일단 넘어서게 되면 월급이나 은행예금의 크기보다는 공조와 배려가 잘 이루어지는 공동체에 소속되어 활동하는 것이 행복이나 정서적 안정을 훨씬 잘 보장해 준다고 한다. 아마도 이러한 사회과학적 발견 중 가장 인상적인 것은 일리노이대학교 에드 디너Ed Diener가 주도한 연구일 것이다. 재정적인 면에서 큰 격차를 보이는 집단별로 삶의 만족도를 조사했는데, 최상위 4개의 집단이 7단계 지수에 있어서 거의 동일한 점수분포를 보였다.

물질적인 소비를 행복의 기준으로 삼는 제국의 신화에 맞게, 포브스가 선정한 최상위 부자 미국인들의 삶의 만족도 지수는 5.8로 매우 높았다. 그런데 그 점수가 실상은 평범하고 공동체적인 삶을 지향하는 다른 세 집단의 결과와 거의 같았다. 펜실베니아에서 자동차와 트랙터 대신 여전히 말에 의존하는 삶을 선택한 아미쉬Amish 교파의 만족도 또한 5.8이었다. 그린랜드 북부에서 사냥과 물고기 잡이를 통한 토착적 삶을 고수하고 있는 이누이트 족의 만족도는 5.9였다. 동아프리카에서 말린 소똥으로 만든 움막집에서 전기와 상수도 시설도 없이 사는 전통적인 유목민 마사이족의 경우도 만족도 지수가 5.7에 달했다.

이처럼 지역에 깊이 뿌리내리고 집단 내 결속이 강한 집단의 일원으로서 느끼는 행복감을 돈으로 사야 한다면 어마어마한 양의 돈이 들 것이다. 이러한 결과는 우리가 너무 돈 버는 일에만 신경 쓰는 대신에, 구성원이 서로 아끼고 돌보는 공동체를 양성하기 위해 보다 더 큰 노력을 기울인다면 훨씬 더 건강하고 행복한 삶을 누릴 수 있다는 것을 보여준다.

건강한 아이들, 가족, 공동체, 그리고 자연과 더불어 사는 사회를 건설하겠다는 퍼플 아메리카의 꿈은 무슨 요행을 바라는 것이 아니다. 오히려 인간의 가장 본연적이고 긍정적인 욕구의 표현이자, 우리 사회가 아직은 일그러진 정치가들이 생각하는 것보다 더 건강하고 덜 분열된 사회라는 신호이다.

인간다움 배우기

　만약 정상적으로 기능하는 인간의 뇌가 배려, 협조, 봉사 등을 선호하도록 프로그램되어 있다면, 지금 우리의 집단적 생존을 위협하고 있는 고삐풀린 탐욕과 폭력을 어떻게 설명할 수 있을까? 우리 인간에게는 성숙한 시민의식을 형성하는 데 필수적인 영역의 뇌기능 발달을 억누르거나 촉진할 수 있는 특징적인 능력이 있다고 한다.

　우리 인간들은 세 영역으로 구성된 복잡한 뇌를 가지고 있다. 가장 밑바탕에 있는 영역은 파충류 뇌라고 하는데, 호흡, 사냥, 식생활, 재생산, 영역 지키기, 투쟁 혹은 도피 반응 등을 관장한다. 이러한 기능들은 생존에 필수적이며 인간의 본성 중 가장 현실적인 부분이지만, 가장 원초적이면서 가장 진화의 영향을 받지 않은 영역으로, 광고나 정치 방면의 선동가들은 가장 근원적인 공포 및 욕망을 자극함으로써 이 영역을 공략해서 우리를 조정 및 선동하는 법을 터득했다.

　파충류 뇌의 바로 위쪽에 위치한 부분은 대뇌 변연계라고도, 포유류 뇌라고도 한다. 감정과 관련한 인지를 관장하는 영역으로, 이 부분이 있어서 포유류들이 감정을 경험하고, 다른 포유류들의 감정 상태를 읽어내며, 사회적으로 결속을 도모하고, 자식을 양육하며, 협동적인 공동체를 형성할 수 있는 능력을 가지게 된다.

　세 번째로 가장 큰 면적을 차지하는 영역이 신피질이다. 인지능력과 상징을 이용한 사고와 자의식 등을 관장하는 곳이다. 이 영역이 우리를 다른 포유류와 구별되게 만든다. 하지만 이 영역의 온전한 능력은 파충류 뇌와 포유류 뇌가 상호보완적인 기능을 수행할 때 발휘된다.

　우리를 인간으로 특징 지을 수 있는 능력에 필수적인 변연계와 신피질의 발달은 출생과 더불어 시작되며, 가족과 사회와 자연과의 평생에 걸친 상호작용을 통해서 이루어진다. 발달심리학자들은 인간의식이 성숙 단계에 이르는 바람직한 경로는 아이가 자기 중심적이고 태어난 그대로의 미지의 상태에서 현명한 어른의 성숙하고 포괄적이고 다면적인 정신세계로 가는 것이라고 설명한다.

인간이 가진 온전한 가능성을 인식하기 위해서는 공감을 관장하는 변연계와 인지적인 신피질의 균형 잡힌 발달이 필요하다. 변연계와 신피질이 발달해야 그들이 관장하는 영역의 본능이 파충류 뇌의 원초적이고 사회에서 벗어난 본능보다 우선할 수 있게 된다. 비극적이게도 대부분의 현대사회들은 이러한 발달을 무시하거나 심지어 억누르고 있다.

지역적인 연고도 필요 없는 비인간화된 경제체제는 공동체 및 가족의 결속을 방해하고, 부모가 자식들에게 변연계의 발달에 필수적인 관심과 보살핌을 제공하는 것도 거의 불가능하게 만든다.

파편화된 지식을 주입식으로 학습시키는 교육체제 하에서 비판적이고 전인적인 사고 능력을 발달시키기는 어렵다. 지식 외적인 교육이 정상적으로 이루어지지 않는 현실에서 성숙하고 도덕적인 사회적 존재의 양성은 요원하다고 할 수밖에 없다. 우리는 의도하지는 않았지만 일종의 실험을 진행하고 있는 셈으로, 지적 수준은 높지만 감정적으로 미성숙한 파충류들을 양산하면서, 그들에게 전체 생태계를 쥐고 흔들 수 있는 기술을 휘두르도록 맡겨놓고 있다.

대화의 힘

현재 우리가 처해 있는 난관에서 벗어나는 길은 우리 본성에 대해 문화적으로 통용되는 이야기를 바꾸자는 대화로 시작될 수 있다. 여성운동이 좋은 본보기를 제공한다.

십여 년 전에 몇 명의 용감한 여성들이 여자의 행복은 적당한 남자를 만나서 결혼하고 그 남자를 온전히 내조하면서 사는 것이라는 문화에 반기를 들었다. 여자들이 거실에 모여서 서로의 이야기를 나누는 토론모임에서부터 새롭게 성 역할을 정의하는 이야기가 만들어지고 퍼져나갔다. 그전까지는 사회적으로 통용되는 이야기에 대치되는 경험을 가진 여성들은 자신이 부족해서 그렇다고 생각했다. 하지만 여성들이 서로의 이야기를 공유하면서, 사회적 통용이라는 것에 문제가 있다는 것을 깨닫게 되었다. 곧 수백만 명의 여성들이 여성이 주인공이 되는 새로운 이야기를 전파하게 되었다.

자발적인 소박함을 추구하는 운동은 이와 유사한 방식으로 사람들에게 무엇이 그들을 진정으로 행복하게 만드는지, 자신들의 이야기를 서로 공유하는 기회를 만들어 주었다. 그 결과로 물질적인 소비가 행복에 이르는 길이라는 거짓말은 낱낱이 드러나고, 오히려 소비를 줄이고 시간을 들여서 진정한 행복을 가꾸어 나가야 사람답게 살 수 있는 길이 열린다는 사실을 깨닫고들 있다.

이제는 경쟁이 아니라 공조를 택한 사람들이 인간 본성을 이겨내기 위해 고투하는 것이 아니라는 인식을 확산시켜 나가야 할 때이다. 본성에 반하기는커녕 오히려 인간의 본질을 회복하는 길이고, 그 길이 우리에게 생존을 위해 사는 것을 넘어서 행복하게 살 수 있는 최선의 기회를 제공해줄 것이다.

우리의 삶을 규정짓는 지배적인 서사를 바꾸는 과정은 거실에서, 도서관에서, 교회에서, 회교 사원에서, 그리고 유대교 회당에서 사람들과 함께 대화를 나누면서 시작될 것이다. 자신의 이야기를 풀어놓고 서로에게 귀기울이면서 진정한 인간 본성이 지닌 힘과 우리가 공통으로 꿈꾸는 세상을 알아갈 것이다. 전혀 새로운 대화는 아닐 것이다. 수천 년 동안 어딘가에서는 끊이지 않고 이런 대화가 나오곤 했지만, 자기들만의 담론으로 그쳤을 뿐이다. 새로운 것은 통신기술로 이제는 이 이야기가 더 이상은 한 자리에 머무르지 않고 전 지구적인 목소리를 낼 수 있게 되었다는 것이다.

이러한 대화가 비판적인 대중을 일깨워서 오류투성이에 파괴적인 제국의 역사를 깨닫도록 해준다면, 우리는 남을 배제하며 경쟁하는 능력을 갈고닦는 대신 포용하며 협력하는 능력을 갈고닦게 될 것이다. 그렇게 되면 우리 사회의 지배적인 신화는 경쟁과 양극화가 인간이기 때문에 피할 수 없는 결과가 아니라 오히려 가장 건강한 영역의 인간 본성을 억눌렀기 때문에 가능했던 일이라는 이야기를 들려주게 될 것이다.

흥정은 없다. 환경적·사회적 붕괴를 막기 위해서는 문화 및 제도의 변환이 요구된다. 그러기 위해 필요한 것은 공감을 관장하는 변연계를 발달시키고, 인간의 의식이 가진 창조적 잠재력을 풀어, 우리가 원하는 세상을 건설하는 데 필요한 것과 정확히 일치시키는 것이다. 즉, 생존본능의 파충류 뇌, 유대 및 공조담장의 포유류 뇌, 그리고 자기반성적 의식의 성장을 책임지는 신피질의 융합이 이루어져야 할 것이다.

만약에 우리의 뇌가 공동체적인 삶을 지향하지 않았다면,
우리 인류는 이미 오래 전에 멸종되었을 것이다.
우리는 집단을 보호하려는 본능적 욕구를 가지고 있는데,
두드러지게는 세상에서 가장 약하고 보호받아야 하는 존재인
아이들을 보호한다.
그리고 이러한 기본에 반하는 행동은
심각한 사회적, 심리학적 장애를 드러낸다.

🌲

이제 소박함을 이야기 하자

> 국가는 정부와 개인 사이에 수많은 집단들이 존재하고 그 집단
> 들이 개인들에게 가까이 위치해서 개인들이 활동에, 그러니까 시
> 민활동에 참여하도록 할 수 있어야만이 유지될 수 있다.
>
> – 에밀 뒤르켐Emile Durkeim

최근에 불안정한 경제 상황에 대한 반응으로 저축 열기가 새롭게 일
어난 것에 대해서, 전문가라는 인간들이 사람들이 정말 변한 것인지 아
니면 일시적인 현상인지 의문을 제기하는 것을 들었다. 대부분 일시적인
현상일 것이라고 결론을 내렸는데, 사람의 본성이 항상 더 많이 갖기를
원하기 때문이라고들 했다. 길게 봐서 세상은 변하지 않는다는 것이다.

하지만 우리가 지금까지 봐온 것처럼 다른 사람들을 배려하고 다른
사람들과 공동체 활동을 하는 것도 인간이 가진 본성이다. 우리는 배려
하고 교류하며 살아가도록 프로그램 되어 있다. 사람들의 행동은 부분적
으로 본성을 따르고, 부분적으로는 환경의 영향을 받는다. 다른 말로, 우

리는 어떤 영향을 받느냐에 따라 다양한 존재가 될 수 있다. 이제까지 봐 온 대로 우리 경제체제는 우리를 무정하고 경쟁적이 되도록 내몰았다. 본성적으로 사람들은 부를 차지하기 위해 경쟁한다.

그러나 우리는 지금 역사적으로 볼 때 다시 없을 특별한 상황에 처해 있다. 선택의 여지가 없는 상황이다. 기후변화가 세계의 변화를 요구하고 있다. 변화의 종류는 다양할 수 있다. 앞으로 그려질 시나리오 중 하나는 우리가 그동안 하던 대로 사는 것인데, 목숨 걸고 경쟁하면서 줄어드는 자원을 차지하기 위해 전쟁도 불사하는 방식으로서 '내 밥그릇은 내가 챙긴다'는 철학에 기반하고 있다.

다른 하나는 우리가 모두 한 배를 타고 있다는 인식을 가지고 공공선을 위해 결의하는 것이다. 한쪽은 갈수록 벌어지는 빈부격차를 묵인하는 것이고, 다른 한쪽은 평등한 사회를 추구하는 것이다. 첫 번째 시나리오는 실패했다. 그래서 두 번째 시나리오에 주력해야만 하는 것이다.

그것이 가능하게 하기 위해서는 사람들의 가치체계부터 변화가 이루어져야 한다. '좋은 생활'에 대한 관점이 바뀌지 않는 이상, 더 많은 것을 확보하려고 하는 우리의 파괴적인 충동을 막을 수가 없을 것이다. 욕심을 덜어내면 더 행복해진다는 것을 받아들여야 한다.

우리가 신봉하는 가치를 바꾸기 위한 방법으로 프랭클린 루즈벨트 Franklin Roosevelt의 어록에서 영감을 얻을 수 있을 것이다. 1933년 추수감사절 선포문에서 그는 다음과 같이 기도했다.

"탐욕과 이기심과 과도한 부에 대한 욕심으로는 결코 지속적인 행복을 가져올 수 없으며, 개인이나 그 이웃들에게도 아무 유익을

가져오지 못한다는 고대로부터의 가르침을 좀 더 깊이 새길 수 있
도록 우리를 인도해 주시옵소서."

1936년 추수감사절 선포문에서는 이렇게 말했다.

"국가적으로 어려운 시기에 우리 모두는 공동의 이익과 공공의
목표 아래에서 함께 모였습니다. 점점 더 많은 우리 국민들이 최
대 다수의 최대 행복의 가치를 이해하고 동참해 가고 있다는 것
에 참으로 감사하는 마음입니다. 이웃의 희생을 딛고라도 개인적
인 성공을 추구하겠다는 이기적 목표들이 그 힘을 잃어가고 있음
에도 감사드립니다."

어떻게 하면 우리 문화를 루즈벨트의 신념쪽으로 끌어갈 수 있을까?
많은 사람들은 부자가 된다고 해서 꼭 행복해지는 것은 아니라는 것을
'알고는 있다'. 복권당첨자는 첫 주에는 열광하지만, 한 해가 지나면 과거
보다도 그리 행복하지 않고, 사실 불행해진다는 이야기도 익숙하다. 그
러나 여전히 대부분의 사람들이 자신이 복권에 당첨된다면 자신만은 예
외가 될 거라고 생각한다! 부자가 되면 행복해진다는 우리의 믿음은 아
주 아주 확고하다.

그러니 변화를 생각할 때 사실에 근거해서 사람들을 설득하는 데 그
쳐서는 안 된다. 우리가 지구를 파괴하고 있다고 말하는 것만으로는 변
화를 가져올 수 없다! 사람들에게 부자가 된다고 행복해지는 않는다고
백날 떠들어 봐야 아무 소용이 없다. 어떻게 하면 미국인들을 물질만능

주의에서 구해낼 수 있을까?

먼저, 우리가 물질만능주의자가 된 이유를 이해해야만 한다. 다양한 이유가 존재하지만, 미국 건국 초기의 외로운 카우보이들과 외따로 고립되어 있던 농부들이 미국인들의 전신임을 떠올려보자.

'각자 자기 할 탓. 자기 밥그릇은 스스로 챙기기.'

그들이야말로 시퍼렇게 날을 세운 원조 개인주의자들이었다. 다른 사람들에게 기대지 않고 사는 사람들은 자연스럽게 물질적인 것에 눈을 돌리게 된다.

더 나아가서, 우리는 그다지 사색적인 사람들이 아니다. 항상 행동에 나서는 것을 좋아하지, 둘러 앉아 수다나 떠는 사람들이 아니다. 가만 있지 못하고, 찬찬히 생각을 정리하기에는 참을성이라고는 없는 사람들이다. 그러다 보니 지난 세월 우리는 선택을 충분히 검토하지 못했고, 새로운 것이 나타나면 분주히 쫓아다녔다. 따라서 관계의 결여와 사색의 결여가 우리를 소비하는 사람들로 만들어 낸 것이다.

변화를 위해서는 이러한 경향을 돌릴 방법을 찾아야 하는 것이다. 우리는 사람들이 공동체 생활 및 심사숙고 하는 경험을 할 수 있는 기회를 만들어 주어야 한다. 다같이 모여서 즐거운 대화를 나누도록 하는 것이다. 대화 시간을 갖자!

모든 창조적인 사회는 그 중심에 대화가 있다. 그리스인들은 아테나 에움에 모여서 자유와 민주주의에 대해 토론했다. 18세기 영국사상가들은 커피점에서 만났고, 프랑스 혁명가들에게는 살롱이 있었다.

미국 건국 초기, 벤자민 프랭클린Benjamin Franklin은 준토Junto라는 모임을 조직해서 매주 토론과 모의를 진행했다. 1850년대에는 에머슨, 로웰,

호손, 휘티어, 롱펠로우, 올리버 웬달 홈즈 등이 매달 마지막 토요일 오후에 같이 모여 식사하며 이야기를 나누었다. 윌리엄 제임스와 올리버 웬달 홈즈는 자신들의 글 속에서 자신들이 몸담았던 형이상학모임Metaphysical Club을 언급하기도 했다. 마가렛 풀러는 여성들 전용 대화모임을 이끌었는데, 그 안에는 여성의 권리신장을 위해 헌신한 엘리자베스 캐디 스탠턴이 함께했다.

사람들은 이러한 모임에서 공동체 속에서 사색하는 경험을 가질 수 있었다. 이야말로 민주주의가 아닌가! 우리 미국인의 피에 살아 숨쉬는 민주주의 말이다. 공동체와 사색이야말로 민주주의의 핵심이다.

미국 철학자 존 듀이John Dewey는 그의 90살 생일에 이렇게 말했다.

민주주의는 대화 속에서 꽃핀다.

오늘날 민주주의의 도도한 흐름은 서로 대화를 나누면서 성장했다. 로자 파크 때문에 촉발되고 마틴 루터 킹이 주도했던 몽고메리 버스 보이콧 사건을 어떻게 알게 되었겠는가? 사람들이 말을 전하고 강력한 공동체의 힘으로 동참했기 때문이다. 20세기 여성운동은 몇몇 의식 있는 소모임들이 불붙였다. 교회 지하실이나 좁아터진 자취방에 모여서 서로 이야기를 나누고 진솔한 삶의 모습을 드러내고 그 전에는 느끼지 못했던 동류의식을 키웠던 것이다.

대화와 사색이 모든 혁명의 도화선이었고, 우리의 소박함을 추구하는 운동에도 불을 붙여줄 것이다. 특히, 공민권운동에서 배울 점이 많다. 로자 파크스Rosa Parks는 그 영웅적 행동을 하기 바로 얼마 전에 공동체에서 운영하는 하이랜더High-lander라는 기관에 다녔다. 공민권운동의 많은 부분에서 하이랜더의 그림자를 볼 수 있는데, 마틴 루터 킹과 엘레노어 루즈벨트와도 인연이 있었다. 하지만 하이랜더는 주로 보통 사람들이 대화를 나눌 수 있는 장이었다. 하이랜더의 철학은, 지혜는 사람들 안에서 찾을 수 있다는 것이다. 사람들이 모여서 각자의 문제를 털어놓으면, 그 안에서 해결책들을 찾아낸다. 같이 모여서 이야기를 나누면서 그들은 공동체가 되고 함께 나서서 문제를 해결하는 것이다. 이것이야말로 민주주의의 참모습이라 하겠다.

나는 바로 이런 전통에 따라 소박함을 이야기하는 모임을 만들고자 노력해왔다(내가 《Circle of Simplicity》를 출간한 이후로 수백 개의 소박함을 논하는 모임들이 형성되었다. 소박함의 가치는 새롭게 주목을 받게 되면서 다시 한번 중흥의 계기를 맞이했다).

본질적으로 이러한 모임들이 있어야 소박함의 실현도 가능한 것이다. 진지한 논의도 없이 소박한 삶을 시작할 수는 없다. 충분한 논의가 없이는 그저 전도자들이나 정치가들, 교회와 학교 등의 선동에 휘말려가게 될 뿐이다. 소박함은 깨어 있는 정신으로 선택해야 하는 문제이고, 따라서 진지한 논의가 선행되어야만 한다.

노벨상 수상자인 앨 고어Albert Arnold Gore 또한 기후변화라는 우리의 위기상황에서 진지한 논의가 필수적이라고 말한다. 그의 저서 《Assault on Reason》 안에서 그는 '교류가 활발한 시민연대a well-connected citizenry'에 대해서 말한다.

오늘날의 세상은 서로 친교하는 시민연대가 없고서는 정보에 밝은 시민연대가 가능하지 않다. 교육은 물론 중요하지만 지금은 그보다 교류가 중요하다. 교류가 활발한 시민연대는 남녀가 함께 모여 그들의 문제를 같이 논의하고, 정부에서 나온 것뿐 아니라 서로에게서 얻은 정보 및 그에 대한 평가를 지속적으로 서로 점검한다. 현 시국의 상황에 대한 진솔한 정보의 흐름을 외면하고서는 제대로 필요한 정보를 받을 수 없다. 그리고 토론의 기회를 놓쳐버리고서는 이를 기대할 수도 없다. 우선해야 할 것은 미국인들이 이러한 진지한 논의로 얻는 결실의 혜택을 받을 수 있도록 조직화하는 것이다.

모임과 공동체에서 이 책에서 논의되는 내용들에 대해서 이야기하는 것이야말로 고어가 말하는 진지한 논의의 과정이 될 수 있겠다. 이렇게 되면 소박함의 문화를 만들기 위해 애쓰는 동안, 우리는 동시에 민주주의를 수호하는 것이 된다.

소박함과 민주주의는 살아도 같이 살고, 죽어도 같이 죽는다.

- 세실 앤드류스

소박하게 사는 즐거움

초 판 l 발행 2014년 8월 10일
개정판 l 발행 2016년 9월 10일
——
지은이 l 세실 앤드류스 · 완다 우르반스카
옮긴이 l 김은영
——
만든이 l 이은영
만든곳 l simpli-city
등 록 l 제300-2014-14호
주 소 l 세종시 마음로 181
메 일 l ohoonbook@naver.com
전 화 l 070-7531-1226
팩 스 l 044-862-7131
——
ISBN l 979-11-950750-04-2
값   l 15,000원